# PACTO Y CONVERSACIÓN
## UNA LECTURA SEMANAL DE LA BIBLIA JUDÍA
## ÉXODO: EL LIBRO DE LA REDENCIÓN

THE RABBI SACKS LEGACY

מגיד
MAGGID

Otras obras del autor

*Ceremonia y celebración*

*Hagadá de Pesaj*

*Pacto y conversación – Génesis*

*Lecciones de liderazgo*

*Ensayos sobre ética*

Rabino Jonathan Sacks

# PACTO Y CONVERSACIÓN

## Una lectura semanal de la Biblia Judía

**ÉXODO: EL LIBRO DE LA REDENCIÓN**

**EDICIÓN ACHAR / CHOMER**

Traducido por:
Israel Diament & Carlos Betesh

Maggid Books
The Rabbi Sacks Legacy

*Pacto y conversación*
*Una lectura semanal de la Biblia Judía*
*Éxodo: El libro de la redención*



*Maggid Books*
*Una edición de Koren Publishers Jerusalem Ltd.*

POB 8531, New Milford, CT 06776-8531, USA
& POB 4044, Jerusalem 9104001, Israel
www.maggidbooks.com

Edición en español traducida por Carlos Betesh e Israel Diament

Imagen de portada: *Moisés rompiendo las Tablas de la Ley*, 1659 (óleo sobre lienzo) obra de Rembrandt Harmensz. van Rijn (1606-69)

Gemaldegalerie, Berlín, Alemania / The Bridgeman Art Library

Nacionalidad / estatus de derecho de autor:
Holandés / sin derechos de autor



ISBN 978-1-59264-669-2, tapa dura

Un registro de este título en su idioma original inglés está disponible en el catálogo CIP a través de la Biblioteca Británica.

Impreso y encuadernado en los Estados Unidos de América

Son nuestro motivo, nuestro orgullo y más aún, nuestra esperanza.

Dedicamos esta obra a nuestros queridos hijos:

Eduardo y Tere, Zury, Jonathan, Bella y Alex

León & Sofía Achar

Dedicamos este libro a nuestros amados hijos

Simón y Teresa Chomer

como testimonio de nuestra confianza, ilusión y optimismo de que serán portadores y transmisores de nuestra sagrada Torá, y que sus vidas reflejarán la luz de Su enseñanza.

Mayer & Malka Chomer

Jonathan Sacks

THE RABBI SACKS LEGACY

La organización The Rabbi Sacks Legacy perpetúa la sabiduría eterna y universal del Rabino Lord Jonathan Sacks como un maestro de Torá, un líder de líderes y una voz moral. Explora el archivo digital que contiene gran parte de los escritos, transmisiones y discursos del rabino Sacks, o apoya el trabajo de dicha organización en www.rabbisacks.org, y sigue The Rabbi Sacks Legacy en las redes sociales @RabbiSacks

# Contenido


Prefacio para la edición en español 1

Éxodo: el nacimiento de una nación 3

SHEMOT

Desobediencia civil 23

La luz en el corazón de la oscuridad 29

La creencia de un líder 35

¿A qué le temía Moisés? 41

VAERÁ

La copa de la esperanza 51

El corazón endurecido 57

Un puñado de polvo 63

El Dios que actúa en la historia 69

BO

Corazón de la oscuridad 83

Escuelas de libertad 89

El pacto del destino 95

Dejando ir el odio 105

BESHALAJ

El tiempo y la transformación social 111

El mar dividido: ¿natural o sobrenatural? 117

Cuatro modelos de liderazgo 123

El punto de inflexión 129

ITRÓ

¿Justicia o paz? 141

Un reino de sacerdotes 147

Una nación sagrada 157

El Monte Sinaí y el nacimiento de la libertad 167

MISHPATIM

Ayudando a un enemigo 177

Texto e interpretación: el caso del aborto 185

Dios está en los detalles 191

Amando al extranjero 199

TERUMÁ

Un hogar portátil 209

Contribución voluntaria 213

El hogar que hacemos para Dios 219

La elaboración de un arca 227

TETZAVÉ

Sacerdotes y profetas 239

¿De quién son los pasos que seguimos cuando rezamos? 245

Hermanos: drama en cinco actos 253

¿Acaso la ropa hace al hombre? 259

## KI TISÁ

Un pueblo de dura cerviz 273

Shabat y el becerro de oro: reflexiones sobre la gran crisis del 2008 283

Contando judíos 291

Despertar desde arriba, despertar desde abajo 297

## VAYAKEL

Shabat: ¿el primer día o el último? 305

Tres tipos de comunidad 311

La construcción de una nación: una respuesta antigua a un problema contemporáneo 317

La belleza de la santidad o la santidad de la belleza 325

## PEKUDEI

Por encima de toda sospecha: integridad en la vida pública 333

Dios en el centro 341

Campamentos y travesías 351

Éxodo: la estructura narrativa 359

Sobre el autor 369

# *Prefacio para la edición en español*

El Rabino Lord Jonathan Sacks fue sin duda el erudito más destacado de nuestra época. Sus perspectivas de la Torá, su sabiduría eterna y universal y su incomparable voz moral sirven como una auténtica luz guía de verdad y ética para muchos. La profundidad de sus palabras continúa expandiéndose y permeando el mundo entero, mientras personas de todas las religiones y orígenes se encuentran a sí mismas y a sus valores en sus hermosos y poderosos escritos. Nos complace el poder ofrecer a la audiencia de habla hispana la segunda entrega de la colección *Pacto y conversación*, en la cual el Rabino Sacks comparte sus ensayos sobre las porciones semanales de lectura de la Torá del libro de Éxodo: el libro de la redención.

**NOTA SOBRE LA TRADUCCIÓN:**

El estilo literario del Rabino Sacks se caracteriza por su carácter conciso, así como por su fluidez y precisión en el lenguaje. En esta traducción hemos intentado apegarnos al estilo literario del original inglés y capturar la voz única del Rabino Sacks.

El principal problema que planteó esta edición fue el criterio a utilizar para la traducción de nombres. El Rabino Sacks optó por traducir todos los nombres hebreos a su equivalente en inglés, tales como "Abraham" (a diferencia de la transliteración "Avraham"), Moisés (en vez de "Moshé"). En esta traducción al español intentamos adherirnos a este estilo siempre que fue posible. Sin embargo, se han hecho algunas excepciones y tomamos la decisión de desviarnos periódicamente de esta regla general en situaciones en las que el nombre transliterado es más familiar para la mayor parte de la audiencia, así como por otras razones estilísticas. Por ejemplo, se han decidido utilizar las formas transliteradas de "Itró" y "Koraj" (por encima de su traducción española "Jetro" y "Coré") para que sean consistentes con las parashot (lecturas semanales de la Torá) del mismo nombre.

Oramos para que esta traducción cumpla su objetivo de transmitir a una audiencia completamente nueva la importante erudición del Rabino Sacks, así como su visión de vivir acompasado al tiempo presente a través de un diálogo continuo con la Torá.

Gila Chitiz
Gerente de proyecto

# *Éxodo: el nacimiento de una nación*

El libro de Éxodo es la meta-narrativa de la esperanza de Occidente. Nos cuenta la asombrosa historia de cómo un grupo de esclavos fueron liberados del imperio más poderoso de la antigüedad. Desde el punto de vista teológico, su mensaje es aún más revolucionario: el poder supremo interviene en la historia en defensa de los vulnerables. Nunca antes, ni tampoco desde entonces, el mensaje del monoteísmo había resultado tan transformador para el mundo, y el relato del éxodo ha inspirado a muchos de los que, en épocas posteriores, lucharon contra la opresión en nombre de la libertad e iniciaron un largo viaje a través del desierto en la búsqueda de la Tierra Prometida.

En el siglo XVII, este relato inspiró a los puritanos ingleses y a los parlamentarios en su batalla contra un rey dominante. Estuvo grabado en los corazones de los Padres peregrinos (*Pilgrim Fathers*) mientras navegaban a través del Océano Atlántico en busca de un mundo nuevo. Tanto Thomas Jefferson como Benjamín Franklin lo usaron como imagen, cuando en 1776 dibujaron sus diseños para el *gran sello* de los Estados Unidos. Cuando los afroamericanos cantaban sobre la libertad, decían: "Moisés, ve y desciende a la tierra de Egipto, dile al viejo Faraón: 'Deja salir a mi pueblo'".

El 3 de abril de 1968, Martin Luther King pronunció un sermón en una iglesia en la ciudad de Memphis, Tennessee. Al final de su disertación, habló del último día de la vida de Moisés, cuando el hombre que había guiado a su pueblo a la libertad fue llevado por Dios a la cima de una montaña desde la cual, a la distancia, podía divisar la tierra a la que no estaba destinado a entrar. Así, dijo King, es como él se sentía en esa noche. "Yo solamente deseo cumplir la voluntad de Dios. Y Él me ha autorizado a subir a la montaña. Y he mirado desde la cima Y he visto la tierra prometida. Puede ser que no llegue a ella junto a ustedes. Pero esta noche quiero que sepan que nosotros, como nación, llegaremos a la tierra prometida". Esa noche fue la última de su vida. Al día siguiente fue asesinado. Cuarenta años más tarde, por primera vez en la historia, un afroamericano fue electo presidente de los Estados Unidos.

Ninguna historia ha sido más influyente en la formación del paisaje interior de la libertad, enseñando a sucesivas generaciones que la opresión no es inevitable, que no está entretejida en la trama de la historia. Puede existir otro lugar, otro tipo de sociedad, otra forma de vida. Lo que ocurrió una vez puede repetirse para aquellas personas que tienen fe en el Dios que cree en la humanidad. El Dios de la libertad nos llama a ser libres.

Nietzsche, el gran ateo, fue quien mejor lo expresó. Él llamó al judaísmo "la rebelión de los esclavos en la moral".[1] Él entendió que esa era la fe de los indefensos. Nietzsche creía en lo contrario: en "la voluntad de poder". Sabiendo, tal como sabemos, lo que ocurrió en el siglo posterior a su fallecimiento, el más sangriento desde que los humanos caminaron por vez primera sobre la tierra, tenemos el derecho de concluir que Nietzsche estaba equivocado, tanto como resulta posible estarlo. El poder destruye tanto a los indefensos como a los poderosos, oprime a unos al tiempo que corrompe a los otros. Si vamos a construir una sociedad poseedora de un semblante humano, debemos optar siempre por el camino del Éxodo, con su mensaje de esperanza y dignidad humana.

1. Nietzsche expresó esta idea en *Más allá del bien y del mal* (1886), parte V, párrafo 195. Él desarrolló posteriormente este argumento en *La genealogía de la moral* (1887), *El crepúsculo de los ídolos* y *El anticristo* (1888).

## De familia a nación

A medida que avanzamos desde el libro de Génesis al de Éxodo, la totalidad del panorama bíblico cambia, y el proyecto judío adquiere sustancia y forma. Por primera vez, la política ingresa al centro del escenario del relato. Dios interviene en la historia en una serie de milagros y maravillas sin precedentes y sin secuelas reales.[2] Por primera vez nos encontramos con la ley en todos sus matices –*Torá, mitzvá, jok* y *mishpat*– como la sustancia de la voluntad divina. Y por primera vez nos encontramos con un líder transformador, Moisés, que emerge de las sombras de una infancia única e improbable para convertirse a pesar de sus numerosos titubeos, en el hombre que dejaría marcada su huella en el pueblo judío desde aquel día y hasta el presente.

El motivo de todos estos cambios es la aparición, desde principios del primer capítulo del libro de Éxodo, de un vocablo que no hemos oído antes en relación con la familia del pacto: la palabra *Am*, "pueblo" (1:9). No es casual que sea un extraño quien lo use por vez primera, Faraón, el rey de Egipto, ya que él es quien primero percibe el cambio que se ha producido. Lo que al final del libro de Génesis era una familia, se había transformado en una nación, tal como Dios le había dicho a Abraham en sus primeras palabras: "Haré de ti una gran nación" (Génesis 12:2). Así, los propios términos de la existencia de Israel se vieron transformados.

El libro de Génesis se refiere a individuos y a sus relaciones: maridos y mujeres, padres e hijos, hermanos y sus rivalidades fraternas. Uno de sus temas recurrentes es la dificultad experimentada por las matriarcas –Sara, Rebeca y Raquel– para concebir. A pesar de las grandiosas promesas recibidas por los patriarcas –que tendrían tantos hijos como estrellas hay en el cielo, granos de arena a orillas del mar o partículas de polvo sobre la tierra– incluso el tener un solo hijo resultó difícil y milagroso. Sin embargo, al dar vuelta la hoja y comenzar el nuevo libro todo ello se desvanece y una familia de setenta miembros se convierte en una nación de seiscientos

2. Hay milagros que están mencionados en libros posteriores: el río Jordán se divide para Josué y los israelitas (Josué 3), milagrosas victorias tienen lugar en Jericó y en Guibón (Josué 6, 10), y los profetas Elías y Eliseo tienen poderes maravillosos. Pero la tendencia a lo largo de los libros bíblicos, es un paso progresivo de lo sobrenatural a lo natural.

mil varones adultos. Los israelitas, se nos dice en una cascada de verbos, "fueron fructíferos, se incrementaron abundantemente, se multiplicaron, se hicieron muy poderosos y la tierra se llenó de ellos" (Éxodo 1:7). Incluso el intento de Faraón de limitar los nacimientos sometiendo a los israelitas a labores forzadas fracasó completamente: "Cuanto más se los afligía, más se multiplicaban y crecían" (Éxodo 1:12).

El libro de Éxodo trata del *nacimiento de una nación*, la cual es descrita de manera variada como *am* (pueblo), *goy* (nación), *kahal* (congregación) y *edá* (comunidad). Tan pronto como vemos esto, entendemos cuál fue la intención del proyecto judío desde el principio. Este se ocupa de política, sociedad, y de los fundamentos sobre los cuales un pueblo puede agruparse para formar asociaciones. Se trata de justicia, libertad y el imperio de la ley, la santidad de la vida y la dignidad humana. En última instancia, se trata del buen y mal uso del poder. El libro de Éxodo nos presenta abiertamente los riesgos inherentes al poder. Este puede ser empleado para oprimir, esclavizar y en casos extremos hasta matar. Esto es lo que Faraón propone al comienzo del libro.

Resulta importante comprender con precisión lo que se argumenta en estas primeras páginas. Faraón no es retratado como la encarnación del mal. Él no es un Hamán. Su pueblo no son los amalecitas. Más adelante en la Torá, Moisés le ordenará a su pueblo a no guardar resentimiento contra sus antiguos opresores: "No aborrezcas al egipcio ya que fuiste extranjero en su tierra" (Deuteronomio 23:8). Faraón es impulsado por motivaciones políticas, no por odio: "Los israelitas se han vuelto demasiado numerosos para nosotros. Tratemos inteligentemente con ellos o se volverán todavía más numerosos, y en caso de estallar una guerra, se unirán a nuestros enemigos, lucharán contra nosotros y lograrán salir del país" (Éxodo 1:10).

El relato de Éxodo no es una historia sencilla del bien contra el mal. Es una crítica a la política del poder, los imperios, las sociedades jerárquicas y la división de las poblaciones entre seres humanos libres y esclavos. Lord Acton lo resumió en su famoso dicho de que "todo poder tiende a corromper y el poder absoluto corrompe absolutamente".[3] En

3. Lord Acton expresó este concepto en una carta al Obispo Mandell Creighton en 1887.

su lugar, la Torá propone un tipo diferente de política, basada no en el poder sino en el pacto, el acuerdo libre de un pueblo libre que concede la soberanía absoluta únicamente a Dios. Difícilmente esta idea podría ser más radical, y ha dado forma a la historia de Occidente. En una era en la que el poder prevalecía sobre el derecho, la Torá registra uno de los grandes puntos de inflexión de la historia humana, cuando el Creador del cielo y la tierra intervino en defensa de los desvalidos.

### Un exilio previsto

A pesar de las radicales diferencias entre los libros de Génesis y Éxodo, resulta claro que ambos conforman una misma unidad. Éxodo es la promulgación de lo que ya se había pronosticado en Génesis, especialmente en la perturbadora escena del pacto en Génesis 15. Abraham, habiendo recibido ya la promesa de Dios de que "haré de ti una gran nación", no había tenido aún hijo alguno. Exasperado, le dice a Dios: "Oh Señor, Eterno, ¿qué puedes darme si no tengo hijos?" Entonces, Dios repite su promesa. Abraham tendrá hijos, tantos como las estrellas del cielo, y algún día tendrá una tierra. Pero algo deberá suceder antes:

> Cuando el sol se estaba poniendo, Abram cayó en un profundo sueño, y unas tinieblas espesas y espantosas se apoderaron de él. Entonces el Eterno le dijo: "Ten por cierto que tus descendientes serán extranjeros en un país que no es el suyo, serán esclavizados y maltratados durante cuatrocientos años. Pero castigaré a la nación a la cual sirvan como esclavos, y luego saldrán con grandes posesiones" (Génesis 15:12-14).

Tan pronto como leemos el inicio del libro de Éxodo, comprendemos lo que está ocurriendo. Se trata de la visión de Abraham hecha realidad: "las tinieblas espesas y espantosas". No hay nada azaroso o fuera de libreto en la serie de eventos que condujo al exilio y a la esclavitud de los descendientes de Abraham. Es parte del guión escrito por la mano divina, la iniciación del pueblo en su nacionalidad e identidad. Ellos se transformarían, estarían predestinados a ser un pueblo nacido en, y para siempre moldeado por, la experiencia de la carencia de hogar y la opresión.

Génesis 15 es solo el presagio más explícito de los eventos registrados en el segundo libro de la Torá. Pero cuando volvemos a leer Génesis a la luz de Éxodo, detectamos rastros de él por doquier, y en ninguna parte tan claramente como en Génesis 12, al inicio de la historia de Abraham. Recordamos que Dios le había dicho a Abraham que dejara su tierra, su lugar de nacimiento y la casa de su padre para dirigirse "a la tierra que Yo te mostraré". Ni bien llega a ella la hambruna le obliga a partir rumbo a Egipto. Allí (Génesis 12:10-20) se encuentra con todo lo que eventualmente habrán de experimentar sus descendientes: la necesidad de ir a Egipto a causa del hambre imperante en Canaán, el temor de que los varones sean asesinados (teme que lo maten para llevar a Sara al harén real); las plagas que afectan a la casa de Faraón; la eventual expulsión por orden del rey; y la partida de Abraham con "grandes riquezas", tal como posteriormente ocurriría con los israelitas. El Midrash correctamente ve a Génesis 12 como un excelente ejemplo de la idea según la cual "todo lo escrito en relación con Abraham, está escrito en relación con sus descendientes".[4]

En cierto sentido, todos los exilios de los patriarcas en el libro de Génesis –el de Abraham e Isaac a Guerar (Génesis 20, 26) así como el de Jacob a lo de Labán (Génesis 28-31)– son los precursores del gran exilio con el cual finaliza el libro de Génesis y comienza el de Éxodo.[5] Es así como del libro de Éxodo sabemos lo siguiente: no se trata de una mera historia. No es el relato de una secuencia de eventos que simplemente ocurrieron. Se trata de la realización de un drama divino, previsto por Dios y comunicado a Abraham siglos antes.

## El monoteísmo y la universalidad de la justicia

Superficialmente, el aspecto más apasionante de la narración son los milagros que se relatan: las diez plagas, la división del Mar de los Juncos, el surgimiento de agua a partir de una roca y alimento que proviene del cielo (maná). Sin embargo, Maimónides señala correctamente que los

4. *Bereshit Rabá* 60:6.
5. Ver David Daube, *The Exodus Pattern in the Bible* (Westport, Conn.: Greenwood Press, 1979).

milagros son secundarios.[6] En el libro de Éxodo lo que resulta central es otro aspecto del monoteísmo: la idea de un solo Dios cuya soberanía se extiende por todas partes.

En el mundo antiguo, cada nación tenía sus dioses y estos estaban limitados territorialmente. Eran dioses de este lugar, no de aquel. Este es el significado esencial del comentario de Faraón a Moisés cuando este último le exige la liberación de los israelitas en el nombre de Dios. Faraón responde: "¿Quién es el Eterno para que yo le obedezca y deje salir a Israel? No conozco al Eterno y no dejaré salir a Israel" (Éxodo 5:2). Ello no significa que no supiese quién era el Dios de los israelitas, sino que dentro de Egipto las que gobernaban eran las deidades egipcias.[7]

El libro de Éxodo es la primera vez en la cual oímos hablar de un Dios que no está atado territorialmente, un Dios de cualquier lugar y que está en todas partes. El objetivo de las plagas es demostrar exactamente esto. Las plagas no son (a excepción de la décima) para castigar a los egipcios o a Faraón, sino para demostrar que Dios –el único Dios– es soberano en todas partes: "para que Mi nombre sea proclamado en toda la tierra" (9:16).

Este es el significado de la observación realizada por Moisés en Deuteronomio: "¿Acaso algún dios ha intentado tomar para sí a una nación de otra? (Deuteronomio 4:34). Cada nación tenía sus deidades, pero ningún pueblo, salvo Israel, sirvió al Dios de todos y de todas partes, y este no es solamente un punto de implicancia teológica sino también política. Establece el concepto de la justicia como ideal universal que trasciende la idea de la soberanía nacional. Para expresarlo en un

6. Rambam, *Mishné Torá,* Yesodei HaTorá 8:1.

7. La Torá reconoce parcialmente este hecho. Mientras los israelitas cruzan el Mar de los Juncos cantan: "Hasta que pase Tu pueblo, oh, Eterno, hasta que pase el pueblo que Tú has comprado/adquirido" (Éxodo 15:16). Llevar un objeto de un dominio a otro, del vendedor al comprador, era un modo de adquisición en el mundo antiguo. Al cruzar el mar, los hijos de Israel se trasladaron de Egipto –dominio de Faraón– al desierto (tierra de nadie). Esto no quiere decir que los israelitas no pertenecieran a Dios antes de ello. Dios hizo un reclamo sobre la nación cuando le dijo a Moisés que le diga a Faraón: "Mi hijo, Mi primogénito, Israel" (Éxodo 4:22). Sin embargo, el cruce del mar fue una transferencia de propiedad públicamente reconocible. Respecto de la actitud del narrativo bíblico con los principios legales ver David Daube, *Studies in Biblical Law* (Cambridge University Press, 2008).

lenguaje contemporáneo: el éxodo representa la primera intervención internacional en nombre de los derechos humanos.[8]

## Moisés, un hombre de justicia

El concepto de justicia nos conduce directamente a la figura humana central del drama del libro de Éxodo, esto es, a Moisés. Él representa una nueva forma de liderazgo, de un tipo no encontrado en el libro de Génesis. En Génesis los patriarcas son solamente eso: padres de hijos, jefes de una familia extendida. A excepción de la guerra que librara Abraham en el capítulo 14 del Génesis, nuestros patriarcas no son figuras políticas. Ni bien los israelitas se transforman en un pueblo –llegando a ser seiscientos mil varones adultos, una fuerza significativa– requieren de un nuevo tipo de líder. Esto fue Moisés: una combinación única de profeta, libertador y legislador, la voz de Dios para su pueblo, la voz de su pueblo para Dios, así como el representante de ambos en su largo enfrentamiento con Faraón.

Se nos dice poco de sus primeros años, pero cada detalle y cada matiz cuentan. De joven, lo vemos interviniendo tres veces en procura de justicia: la primera, defendiendo a un israelita de manos de un egipcio; la segunda, defendiendo a un israelita de manos de uno de sus compañeros; y la tercera, defendiendo a las hijas de Itró de los pastores de Midián. Con absoluta economía, se cubren todas las permutaciones. Moisés interviene para proteger a las personas ante un ataque, sean las

8. La primera vez que esto ocurrió en la política secular fue durante la intervención de las Naciones Unidas en Kosovo en 1999. El punto resulta significativo. La justificación moral para la intervención internacional se basa en los Principios de Nuremberg que fueran establecidos por las Naciones Unidas tras el Holocausto. Estos incluían una regla según la cual existen crímenes de lesa humanidad, por cuya comisión no se excusa si quien lo perpetra alegue que estaba "simplemente cumpliendo órdenes". Este principio –que uno está moralmente obligado a desobedecer una orden que implica un crimen contra la humanidad– es en sí mismo parte de la narrativa del libro de Éxodo. Las dos parteras, Shifrá y Puá, que desobedecen la orden de Faraón de matar a los niños varones de los israelitas (1:15-21), representan el primer incidente registrado de desobediencia civil. Nótese aquí cómo en otras partes de la Torá, la justicia divina y la humana son vistas esencialmente como la misma. Dios dispone de poderes y conocimiento que ningún ser humano posee, pero Dios y la humanidad están sujetos a las mismas normas morales.

víctimas o los agresores miembros de su pueblo o no. La historia del libro de Éxodo trata acerca de la justicia imparcial, y Moisés es un hombre de justicia, listo para actuar y asumir riesgos en aras de alcanzarla.

Hay otros tres detalles que resultan fundamentales. Moisés fue adoptado por la hija de Faraón y se crió en su hogar. Esto significa, tal como lo señalara el comentarista Ibn Ezra,[9] que no experimentó en carne propia la esclavitud ni había internalizado su auto humillación. No hay nada de vacilante en sus gestos. Él ha sido criado en la corte real. Está acostumbrado al liderazgo. Él es, en lo que respecta a los israelitas, un extraño, y quizás, solamente un extraño puede ser un agente de cambio y el líder transformador que ellos precisan.

En segundo lugar, pasa la mayor parte de su vida adulta lejos, como pastor en Midián. Conoce la vida en el desierto. Ha tenido tiempo para madurar, reflexionar, comparar la civilización urbana de la corte de Faraón con la vida nómada de los midianitas. Ha tenido sus propios años en el desierto, y esto también es parte de su aprendizaje como el hombre que eventualmente conducirá a los israelitas a través de sus años colectivos en el desierto.

En tercer lugar, está el extraño detalle del encuentro con Dios en la zarza ardiente, cuando Moisés dice reiteradamente que él "no es un hombre de palabras", él es de "boca y lengua pesadas" (Éxodo 4:10; 6:12). Se interprete esta expresión de modo literal o no, ella nos indica que las palabras que Moisés pronuncia no son las suyas.[10] Al igual que Sara, Rebeca y Raquel no pudieron dar a luz naturalmente, para señalar que en cierta forma sus hijos eran hijos de Dios, de igual manera Moisés no podía hablar naturalmente, para indicar que sus palabras eran las palabras de Dios.

No se debe pasar por alto otra característica de Moisés en sus años jóvenes. Si bien él es la figura central del éxodo, hay un llamativo énfasis en los roles que ocupan seis mujeres sin las cuales Moisés no

9. Ibn Ezra (*Perush HaAruj*), comentario a Éxodo 2:3.
10. A este respecto, compare la expresión de Isaías "soy un hombre de labios sucios" (Isaías 6:5), la de Jeremías "no puedo hablar ya que soy un niño" (Jeremías 1:6), y el pasaje en el cual Dios le dice a Ezequiel: "haré que tu lengua se pegue al paladar para que enmudezcas y seas incapaz de reprender… Pero cuando Yo te hable, abriré tu boca" (Ezequiel 3:26-27).

habría existido. En primer lugar, Yojeved, la madre de Moisés, quien tuvo el valor de traer un hijo al mundo en un momento en el cual todos los bebés varones israelitas enfrentaban la muerte. Luego está Miriam, la hermana de Moisés, quien acompañó su destino y se aseguró de que supiera cuál era su pueblo. Están Shifrá y Puá, las dos parteras que desafiaron el decreto de genocidio de Faraón. Está Tzipora, la esposa midianita de Moisés, quien lo acompaña en su misión y en un momento determinado le salva la vida. Y la más notable, la hija de Faraón, quien rescata a Moisés y lo adopta, sabiendo que al hacerlo actuaba en contravención de la voluntad de su padre.

Estas seis historias son de un valor moral sobresaliente, y todas las protagonistas son mujeres; al menos dos de ellas, Tzipora y la hija de Faraón, no son israelitas (la identidad de las parteras queda indefinida, quizás deliberadamente). Son las mujeres quienes reconocen la santidad de la vida y se niegan a obedecer órdenes que la profanan. Son las mujeres quienes, temerosas de Dios, actúan intrépidamente ante la maldad humana. Son las mujeres quienes tienen compasión, y la justicia sin compasión no es justicia. Es como si la Torá nos dijera que Moisés, la encarnación suprema de la pasión por la justicia, no resulta suficiente. Debe haber lo que Carol Gilligan describe como "una voz diferente",[11] una voz de empatía, simpatía y apego, de aquellos valores que nos hacen humanos, si deseamos crear una sociedad en la cual la justicia posea un rostro humano.

## El pueblo del pacto

En el corazón del libro de Éxodo hay un acontecimiento monumental, el pacto de Sinaí, para el cual toda la historia de la esclavitud y la liberación no fueron sino un mero prólogo. Es allí, en el desierto, a los pies de la montaña, que tiene lugar el evento central del judaísmo. Dios se compromete con un pueblo y este a su vez se entrega a Dios.

La idea del pacto no era nueva. Se trataba de un mecanismo estándar en la política del antiguo Cercano Oriente. Era esencialmente un tratado de no agresión entre dos poderes, tribus, clanes o ciudades

11. Carol Gilligan, *In a Different Voice: Psychological Theory and Women's Development* (Cambridge, Mass.: Harvard University Press, 1982).

estado. A veces, implicaba un acuerdo entre un poder mayor (soberano) y uno de menor envergadura, mediante el cual el débil pagaba tributo al más fuerte y a cambio, este último se comprometía a protegerlo.

Hemos visto pactos similares en el libro de Génesis. Abraham contrajo uno con Abimelej, rey de Guerar (21:22-34). Otro tanto hizo Isaac más adelante (26:28-31). Jacob estableció un pacto con Labán (31:43-54). El de Sinaí fue bastante diferente: sin precedente alguno antes y sin rival alguno desde entonces. En él, una nación entera se comprometió a la soberanía de Dios. La revelación que lo acompañó fue única: la única vez en la que Dios no se apareció ante un profeta, sacerdote o rey sino ante una nación entera. En esencia, definió a los israelitas como el pueblo de Dios. Solamente Él sería su rey, legislador y protector. Israel se transformaría en un pueblo sin igual. En las palabras de la Torá, se volvería "un reino de sacerdotes y una nación sagrada" –la declaración más simple y desafiante de una misión sobre la existencia judía, entonces y ahora.

Tres cosas hicieron único al pacto del Sinaí. La primera, que una de las partes era Dios mismo. En cualquier otro contexto esto sonaría absurdo. Los dioses de la antigüedad gobernaban por el poder, no por el consentimiento de la gente. La segunda, que fue la totalidad de la nación –no solamente un rey o una élite– quien tomó parte en la decisión. El texto enfatiza dos veces que el acuerdo para aceptar el pacto fue manifestado por "todo el pueblo" (Éxodo 19:8; 24:3). La tercera, es que el pacto mismo no estaba limitado, como lo eran los demás pactos en el mundo antiguo, a las relaciones externas. Debía regular también la vida interna del pueblo. Se habría de convertir en su código moral y espiritual, en su constitución de libertad.

En el pacto de Sinaí tenemos nada menos que la *primera declaración de una sociedad libre*. Los dos primeros puntos establecen el principio según el cual, en palabras de la Declaración de Independencia de los Estados Unidos, los gobiernos derivan "sus justos poderes del consentimiento de los gobernados", aun cuando el Gobernante sea el Creador del cielo y la tierra. Dios, en boca de los rabinos, no es un tirano. Él no impone Su voluntad por la fuerza. No esclaviza. Por el contrario, Él es el Dios que libera a los esclavos. Él se vuelve el soberano de Israel solamente cuando ellos declaran por propia voluntad: "Todo lo que Dios ha dicho, lo haremos y atenderemos" (24:7). *El Dios libre busca el libre servicio de seres humanos libres.*

El tercer punto nos dice que una sociedad libre es un logro moral. No se trata de una mera transacción de poder. Los "Diez Mandamientos", con su énfasis en la santidad de la vida, la integridad de la familia, el respeto por la verdad y la propiedad de los demás, resume los elementos esenciales de una sociedad decente de una manera tan breve y simple, de modo tal que puedan ser memorizados –grabados en el corazón– de un pueblo entero. Siguen siendo el código moral más famoso del mundo.

El pacto, tal como el difunto Daniel Elazar lo expuso en una vida entera dedicada a la erudición,[12] es una forma singular de política, una alternativa a otras dos que han prevalecido en otros lugares. Hay sociedades *jerárquicas* que están divididas entre gobernantes y gobernados, con sus reyes, cortes y elites burocráticas. Hay sociedades *orgánicas*, basadas en la costumbre, la tradición y las leyes consagradas por el tiempo. Las sociedades de pacto son diferentes por el valor que le otorgan al consentimiento, la responsabilidad que le adjudican al conjunto de la ciudadanía y su insistencia en la dignidad, la igualdad y la justicia. Las sociedades que son fruto de un pacto son sociedades morales en las que el poder está subordinado al derecho.

Esto, entonces, es la culminación de lo que la Torá ha intentado promover todo el tiempo. Al crear seres humanos y dotarlos de libertad, Dios, por así decirlo, se había arriesgado. Había creado la única forma de vida capaz de desafiarlo y destruir todo el orden mismo de la creación. Hasta ahora, la historia ha sido de una decepción tras otra. Adán y Eva pecaron. Caín cometió asesinato. En el momento del Diluvio la tierra estaba colmada de violencia. Incluso después del Diluvio, los constructores de Babel fueron capaces de incurrir en una arrogancia monumen-

12. Daniel J. Elazar (1934-1999), profesor de ciencias políticas en la Universidad de Bar Ilán, fue la principal fuerza en el redescubrimiento de la teoría política judía y en mostrar cómo el Pacto –el concepto político clave en la Biblia hebrea– ocupó un lugar central en la historia de las ideas políticas de Occidente, especialmente desde el siglo XVI y hasta el presente. Escribió numerosos libros sobre este tema, que vieron su culminación en su obra de cuatro tomos titulada *Covenant Tradition in Politics.*

tal. Entonces, ¿qué podía hacer Dios para asegurarse que la humanidad no se destruiría a sí misma?

La respuesta de la Torá es que Dios bajó Sus expectativas. Hizo un pacto con Noaj, en el cual insiste en la santidad de la vida humana. Luego, escogió a Abraham para que sea el precursor de una nueva forma de vida, en una tierra que se encontraba distante de los centros de poder del mundo antiguo: Mesopotamia y Egipto. Los patriarcas y matriarcas del libro de Génesis son un ensayo de las exigencias de la diferencia. ¿Pueden vivir separados de sus vecinos? ¿Pueden mantenerse incorruptos a la luz de los laxos estándares morales de la época? ¿Pueden preservarse fieles a Dios? No menos relevante, ¿son capaces de vivir pacíficamente entre ellos? Una vez que estas cuestiones han sido establecidas, sobre el final del libro de Génesis llega el momento adecuado para que se transformen en una nación –una nación que jamás habrá de olvidar la deuda que tenía con Dios, o la amargura de la esclavitud. Esto es de lo que se ocupa la primera mitad del libro de Éxodo.

El concepto de pacto fue redescubierto en Occidente a raíz de la Reforma, la cual desempeñó un papel crucial en el "nacimiento de lo moderno" y en el surgimiento de las sociedades libres. En el siglo XVI fue influyente en Suiza, Holanda y Escocia. En el siglo XVII fue central para el pensamiento de los puritanos que llevaron a cabo la Revolución Inglesa, junto a quienes serían los Padres peregrinos de América. Hasta el día de hoy continúa siendo central en el pensamiento y el discurso político americano.

## Mutualidad

El pacto de Sinaí no fue el primero realizado por Dios. Él ya había establecido uno con Noaj (Génesis 9), y otro con Abraham y su descendencia (Génesis 15,17). Posteriormente, hubo ceremonias de renovación del pacto al final de la vida de Moisés, en los días de Josué, durante los reinados de Ezequías y Josías, y más tarde, luego del exilio babilónico, en los días de Esdras y Nehemías. Sin embargo, el pacto en Sinaí fue el punto de apoyo alrededor del cual giraba todo lo demás. Los pactos de Noaj y Abraham fueron iniciativas unilaterales por parte de Dios. Ni a Noaj ni a Abraham se les solicitó su consentimiento. Las ceremonias posteriores de ratificación fueron llevadas a cabo por iniciativa de seres humanos:

profetas, reyes y escribas. Solo la alianza del Sinaí fue completamente mutua, se trató de una iniciativa divina que involucró y dependió del consentimiento humano.

Es precisamente aquí, en Sinaí, donde encontramos la manifestación clásica de una idea exclusiva del judaísmo: que la situación religiosa es una sociedad, una relación recíproca entre Dios y la humanidad. Esta es, a primera vista, una idea paradójica y que no está del todo desarrollada en ninguna de las dos religiones hijas del judaísmo: el cristianismo y el islam. Suena arrogante, casi blasfemo. ¿En qué manera concebible puede Dios, Creador del universo, necesitar de la asociación con los seres humanos? ¿Qué es lo que los seres humanos pueden hacer que Dios mismo no pueda hacer sin la ayuda del ser humano?

La respuesta breve: vivir en el interior del corazón humano.

Recordemos que en el mundo antiguo había numerosos dioses. Ellos vivían, luchaban y se enfrentaban por la supremacía. Para los paganos, los cielos se encontraban densamente poblados por un panteón de deidades. En el monoteísmo abrahámico, con su creencia en un solo Dios, el único compañero de conversación para la Divinidad es la humanidad misma. Somos el único Otro de Dios. Pero para ser verdaderamente "otro", la humanidad debe estar dotada de libertad, tal como la que un padre debe conferir a su hijo para que tome sus propias decisiones, y en caso de que sea necesario, cometa errores, si es que el niño finalmente habrá de alcanzar la madurez. Es esta la libertad, esta *integridad de la alteridad*, la que se encuentra en el corazón del pacto. Un pacto es una promesa entre dos o más socios, cada uno de los cuales respeta la libertad y la integridad del otro, de ser fieles el uno con el otro y hacer conjuntamente lo que ninguno de ellos puede lograr por sí solo.

Los israelitas no podían sobrevivir solos. Este es un punto sobre el cual la Biblia hebrea regresa una y otra vez. Sin Dios, ellos no estaban a la altura de sus vecinos. Eran una pequeña nación rodeada de grandes imperios. Pero Dios no puede vivir en soledad en el seno de la condición humana. Adán, Caín, la generación del Diluvio y los constructores de Babel fallaron a la hora de ser una respuesta adecuada a la existencia de Dios. Esta se volvió ahora la misión del pueblo judío. En sí mismo –su historia, su destino, sus leyes, su forma de vida– daría continuamente testimonio de algo más grande que ellos. Sería una señal de trascendencia. Esto es a lo que se refería el profeta Isaías cuando dijo: "Ustedes son Mis testigos –declara el Eterno– que Yo soy Dios" (Isaías 43:12).

## ÉXODO: TEXTO Y SUBTEXTO

Esto nos lleva al gran subtexto de la narración del libro de Éxodo. En un nivel superficial, se trata de cómo los israelitas eran esclavos y cómo Dios los liberó por medio de una serie de señales y maravillas. Los israelitas no participaron de este proceso. Eran peones en manos de Faraón por un lado y de Dios por el otro. La historia es un guión escrito por Dios, y a nosotros nos corresponde dejar nuestro destino exclusivamente en Sus manos. Ese es el sentido simple del texto.

Pero hay un subtexto poseedor de otros matices. Un análisis pormenorizado nos revela que el libro de Éxodo contiene una serie de narraciones dobles, cuyo significado se vuelve claro cuando las unimos. Así es como, por ejemplo:

1. Hay dos batallas, una inmediatamente antes y otra inmediatamente después del cruce del Mar de los Juncos, la primera contra Faraón y sus carros, la segunda contra los amalecitas.
2. Hay dos pares de tablas de piedra que registran la revelación en el Monte Sinaí; uno es anterior al episodio del becerro de oro (quebradas por Moisés al descender de la montaña), y el otro es posterior a que el pueblo fuera perdonado por la creación del ídolo.
3. Hay dos momentos en los cuales Dios se revela en una nube de gloria; una vez en el Monte Sinaí (24:15-18), y la otra al final del libro de Éxodo, en el Tabernáculo (40:34-35).
4. El pacto de Sinaí fue declarado en dos ocasiones; una vez por Dios (20:1-14), la segunda por Moisés al leer del "libro del pacto" que había escrito para registrar en él las palabras del Eterno (24:1-11).
5. Hay dos relatos de la construcción del Tabernáculo; uno antes del episodio del becerro de oro (25-30), y el otro después de ese evento (35-40).

Si analizamos detenidamente cada uno de los pares, veremos que comparten una característica. *En cada caso, el primero de la dupla es obra de Dios únicamente, mientras que el segundo conlleva un aporte humano*. Los israelitas no necesitaron luchar contra los egipcios, pero sí lo hicieron contra los amalecitas. Las primeras tablas fueron la obra exclusiva de Dios, pero en las segundas también Moisés se involucró. En el Monte Sinaí los israelitas no crearon el espacio dentro del cual Dios apareció; en el Tabernáculo sí lo hicieron. En el Monte Sinaí los israelitas oyeron la voz de Dios, pero la experiencia les resultó tan intensa que le dijeron a Moisés: "Háblanos tú mismo y te escucharemos. Pero que Dios no hable con nosotros, o moriremos" (Éxodo 20:16). Tras la revelación, Moisés escribió las palabras de Dios y las leyó al pueblo. El primer relato de la construcción del Tabernáculo se refiere a las instrucciones dadas por Dios; el segundo habla acerca de cómo las personas las llevaron a cabo. En cada caso, el primer episodio en el par implica una acción realizada únicamente por Dios; el segundo implica la participación humana.

Es así como el libro de Éxodo nos relata una historia doble. En efecto, Dios liberó al pueblo mediante una serie de milagros. Sin embargo, si esos milagros iban a tener un efecto prolongado en el pueblo, este tenía que hacer su propia contribución al proceso de liberación. Hay aquí un mensaje eterno. Se le puede otorgar la libertad a un pueblo a través de un factor externo, en este caso la intervención divina. Pero una nación mantiene la libertad solo por medio de sus propios esfuerzos. *Aquello que nos cambia no es lo que Dios hace por nosotros, sino aquello que nosotros hacemos por Dios.*

Ese es el significado final de la política del pacto que nació en el Monte Sinaí. Más que cualquier otro tipo de política, el pacto demanda cosas de sus ciudadanos. Una sociedad de pacto es aquella en la cual todos tienen responsabilidades así como también derechos; en la cual se espera que cada uno estudie y entienda la ley así como que la cumpla; en la cual todos los padres tienen el deber de contar a sus hijos la historia de la libertad; en la cual todos somos tanto colectiva como individualmente responsables por el bien común. Entonces, mientras que en un nivel superficial la narrativa del libro de Éxodo habla de la liberación milagrosa de Dios, la esencia más profunda de la historia habla sobre la mutualidad y la reciprocidad entre Dios y los seres humanos. Debemos ganar nuestra libertad si es que deseamos conservarla.

**Una utopía realista**

Ese es seguramente el poder perdurable del libro del Éxodo. Es utópico en sus aspiraciones. Imagina una sociedad que será lo opuesto a la egipcia, en la que prevalece la justicia, la vida humana es considerada sagrada, y cada individuo tiene la misma dignidad en su carácter de imagen y socio de Dios en el pacto. Pero se trata de una utopía realista.

En el libro de Éxodo no hay intento alguno de borrar o volver imperceptibles las faltas y los defectos de los seres humanos. Los israelitas son retratados como personas inconstantes y cortas de vista. Se quejan. Ceden fácilmente a la desesperación. En una época en la cual los gobernantes escribían la historia bajo la forma de inscripciones triunfales, solamente los israelitas registraron sus fracasos de una manera más vívida que sus logros.

Por lo tanto, en este libro encontramos todas las indicaciones de que la libertad habrá de implicar un largo camino. Treinta y tres siglos más tarde, resulta justo decir que aún no hemos llegado a destino. Pero el de la libertad no es un viaje a ciegas, un camino sin mapa. El destino está claramente señalado, aunque se encuentre más allá del horizonte. Es la Tierra Prometida, la que mana leche y miel, la tierra que Moisés pasó su vida guiando a su pueblo hacia ella, pero a la que no tuvo el privilegio de entrar. Uno de los temas subyacentes de este libro fue posteriormente expresado de una mejor manera por Rabí Tarfón: "No te corresponde a ti completar la tarea, pero tampoco eres libre de desistir de su realización".[13] La senda hacia la libertad se transita de a un paso, de a una generación y de a una época histórica por vez, sin nunca desanimarnos u olvidar nuestro objetivo.

La clave para la política del libro de Éxodo, tal como ocurre con el judaísmo en su totalidad, es lo que en otro lugar he dado en llamar "utopía ahora".[14] Este es el significado de Shabat, cuya presencia ocupa un sitial preponderante en este libro. Fue el primer mandamiento que los israelitas recibieron en el desierto. Ocupa un lugar fundamental en los Diez Mandamientos. Se repite inmediatamente antes y después del

13. Mishná, *Avot* 2:21.
14. Jonathan Sacks, *A Letter in the Scroll* (New York: Free Press, 2000), 136-141.

episodio del becerro de oro. Resulta fundamental para la política de la libertad.

*En Shabat ensayamos la utopía,* o lo que el judaísmo llamaría más adelante "la era mesiánica". Un día de cada siete se suspenden todas las jerarquías de poder. No hay amos ni esclavos, patrones ni empleados. Ni siquiera se puede hacer trabajar a los animales domésticos. No se nos permite ejercer el control sobre otras formas de vida o incluso sobre las fuerzas de la naturaleza. En Shabat, dentro de la sociedad del pacto, todos son iguales y todos son libres. Se trata de la suprema antítesis de lo que era Egipto. Qué golpe de genialidad fue el incorporar en el presente un anticipo del futuro, para recordarnos permanentemente nuestro destino final y ser reforzados por él, de manera regular, a lo largo del camino.

Es así como el libro de Éxodo culmina tal como comenzara el de Génesis, con el día sagrado en el cual Dios y Su imagen, la humanidad, encuentran descanso en el punto inmóvil de un mundo que cambia, en medio de la que de otro modo sería la lucha incansable de la condición humana. Los israelitas fueron llamados a ser entre las naciones lo que Shabat es en medio del tiempo, una señal de lo que debería ser, en medio de lo que realmente es.

La historia no tiene héroes más improbables que los israelitas de los días de Moisés. Caprichosos, revoltosos y rebeldes, apenas capaces de divisar el mañana, y por ende cuánto menos el drama que se desarrollaría a lo largo de los siglos, se transformaron en lo que Herman Melville en su evocativa frase definiera como los portadores del "arca de las libertades del mundo".[15] La del libro de Éxodo es la historia universal de qué ocurre cuando hombres y mujeres son tocados por el llamado de Dios, que los insta a soltar sus cadenas y tener el valor de emprender un viaje por el largo camino hacia la libertad.

ID

15. Herman Melville, *White-Jacket* (Oxford University Press 1967), 153.

# Shemot

# שמות

Con *Shemot* comienza el drama definitorio del pueblo judío. En el exilio, en Egipto, se multiplican al grado de que ya no son más una familia sino una nación. Faraón, temiendo que representen una amenaza para Egipto, los esclaviza y ordena matar a sus hijos varones. Moisés, un niño israelita adoptado por la hija de Faraón, es elegido por Dios para enfrentar al monarca egipcio y conducir al pueblo hacia la libertad. Moisés acepta a regañadientes, pero su intervención inicial solo hace empeorar las cosas, y con esta nota tensa culmina la *parashá*.

Los cuatro estudios que siguen a continuación se centran en la naturaleza de la valentía moral en tiempos de crisis. El primero se refiere a las parteras, Shifrá y Puá que desobedecen el decreto del rey de Egipto. El segundo es sobre la hija de Faraón, quien cría a Moisés como su propio hijo. El tercero es sobre las vacilaciones de Moisés a la hora de aceptar el rol de líder. ¿Cuáles de sus dudas resultaban legítimas y cuáles no? El cuarto estudio ofrece una interpretación radical de por qué Moisés "temía mirar a Dios". Superficialmente, el libro de Shemot se ocupa de la libertad, la esclavitud y el destino de las naciones, pero a la vez trata del poder de los individuos, impulsados por la justicia o la compasión, para desafiar a los tiranos y cambiar el curso de la historia.

# *Desobediencia civil*

El capítulo inicial del libro de Éxodo contiene un episodio que merece un sitial de honor en la historia de la moralidad. Faraón ha decidido un plan de lento genocidio. Le dice a las parteras Shifrá y Puá que, "Cuando asistan a las mujeres hebreas a dar a luz y miren en el taburete de parto, si es un varón, mátenlo; pero si es una niña, déjenla vivir" (Éxodo 1:16). A continuación leemos lo siguiente:

> Las parteras temieron a Dios y no hicieron lo que les ordenara el rey de Egipto. Ellas permitieron que los niños varones vivieran. El monarca egipcio llamó a las parteras y les dijo: "¿Por qué hicieron esto? Están dejando a los varones con vida". Las parteras le respondieron: "Las mujeres hebreas no son como las egipcias. Ellas saben cómo parir. Pueden dar a luz incluso antes de que una partera llegue". Dios fue bueno con las parteras, y el pueblo creció y se volvió muy numeroso. Dado que las parteras temieron a Dios, Él les hizo casas (propias) (1:17-21).

¿Quiénes eran Shifrá y Puá? La tradición del Midrash las identifica como Yojeved y Miriam. Sin embargo, al describirlas la Torá emplea una expresión ambigua: *hameyaldot haivriot,* lo cual podría significar que en efecto se trataba de "parteras hebreas" o, de "las parteras de los hebreos". Si seguimos la segunda interpretación, es probable que no hayan sido hebreas en absoluto, sino egipcias. Esta es la opinión adoptada por Abravanel y Samuel David Luzzatto. El razonamiento de Luzzatto es simple: ¿Acaso Faraón podría haber esperado de modo realista que las mujeres hebreas asesinaran a niños de su propio pueblo?

La ambigüedad de la Torá respecto de este punto es deliberada. No sabemos a qué nación pertenecían Shifrá y Puá, ya que su singular forma de valentía moral trasciende la nacionalidad y la raza. En esencia, se les estaba pidiendo que cometieran un "crimen de lesa humanidad" y se negaron a hacerlo. La suya es una historia que merece ser colocada en toda su perspectiva histórica.

Uno de los hitos del derecho internacional moderno fue el enjuiciamiento de los criminales de guerra nazis en Nuremberg en 1946. Esto estableció que existen ciertos crímenes en relación de los cuales el afirmar que "estaba cumpliendo órdenes" no se acepta como defensa. Existen leyes morales que están por encima de las del Estado. Los "crímenes de lesa humanidad" mantienen su carácter de tales sea cual sea la ley del país o las órdenes impartidas por un gobierno.[1] Hay órdenes que uno está obligado a desobedecer; hay momentos en los que la desobediencia civil es la respuesta necesaria. Este principio, que se le atribuye al escritor norteamericano Henry David Thoreau en 1848, ha inspirado a muchos de quienes lucharon por la abolición de la esclavitud en los Estados Unidos, así como al difunto Martin Luther King en su lucha por los derechos civiles para la gente de color en los años sesenta.[2] Lo que está en juego en el principio la desobediencia civil es una teoría de los límites morales del Estado.

Hasta los tiempos modernos los gobernantes poseían autoridad

1. Este principio fue previamente establecido en el Estatuto de Londres del Tribunal Militar Internacional (generalmente conocido como la Carta de Nuremberg) el 8 de agosto de 1945.
2. Sobre desobediencia civil, ver Henry David Thoreau, *Walden and Civil Disobedience* (New York: Signet Classics, 1980); Hugo Bedau, *Civil Disobedience: Theory and Practice,* (Indianápolis: Pegasus, 1969); Ronald Dworkin, *Taking Rights Seriously* (London: Duckworth, 1977), 206-222.

absoluta, solamente atemperada por las concesiones que debían hacer a otros grupos de poder. No fue sino hasta el siglo XVII que figuras tales como John Locke comenzaron a desarrollar teorías sobre la libertad, el contrato social y los derechos humanos. Hasta entonces, la mayor parte del pensamiento religioso de la época se había ocupado en justificar las estructuras de poder existentes. Esa era la función del mito, y más adelante, la del concepto del "derecho divino de los reyes".[3] En semejantes sociedades, la idea de que deberían existir límites morales al poder resultaba impensable. Desafiar al monarca era desafiar a la propia realidad.

El monoteísmo bíblico fue una revolución miles de años antes de su tiempo. El éxodo fue más que la liberación de los esclavos. Se trató de un rediseño del paisaje moral. Si la imagen de Dios ha de ser encontrada no solamente en los reyes sino en la persona humana como tal, entonces todo poder que deshumaniza resulta ipso facto un abuso de poder. La esclavitud, que en la antigüedad era vista por casi todos los pensadores como parte del orden natural, fue por primera vez puesta en tela de juicio. Sin duda, la Torá la permite –no fue prohibida en Gran Bretaña ni en los Estados Unidos hasta el siglo XIX, e incluso entonces, no sin que mediara previamente una guerra civil (en EE. UU.)– pero, al restringirla de varias maneras (en Shabat los siervos no trabajaban, eran liberados al séptimo año, etc.), fue preparando el camino para su eventual abolición.[4]

Cuando Dios le dice a Moisés que le diga a Faraón "Mi hijo, Mi primogénito, Israel" (4:22), Él le está anunciando al gobernante más poderoso del mundo antiguo que estas personas pueden ser tus esclavos, pero son Mis hijos. La historia del éxodo es tan política como teológica. Desde el punto de vista teológico, las plagas mostraron que el Creador de la naturaleza es superior a todas las fuerzas naturales. Desde el punto de

3. Doctrina política y religiosa desarrollada durante la Edad Media la cual afirmaba que el monarca no estaba sujeto a ninguna autoridad terrenal, derivando su derecho a reinar directamente de la voluntad de Dios. Así, el rey no estaba sujeto a la voluntad de su propio pueblo, de la aristocracia o de ninguna otra institución del reino, incluida la iglesia. Esta doctrina implica que cualquier intento de deponer al rey o restringir sus facultades va en contra de la voluntad de Dios y constituye un acto de herejía.
4. Ver el ensayo "El tiempo y la transformación social", p. 111, donde se encuentra un análisis acerca de por qué la esclavitud no fue totalmente prohibida por la Torá.

vista político, declaró que por sobre todo poder humano está la soberanía de Dios, que es el defensor y el garante de los derechos de la humanidad.

En semejante visión de mundo, la idea de la desobediencia civil no es impensable sino evidente. La noción misma de la autoridad está definida por la trascendencia del derecho por sobre la fuerza, la moralidad por sobre el poder. En uno de los momentos de cambio mundial de la historia, la crítica social nació en Israel simultáneamente con la institucionalización del poder. Tan pronto como hubo reyes en Israel, de inmediato hubo profetas enviados por Dios para criticarlos cuando abusaban de su poder. Tal como lo afirma el Talmud: "Si hay una contradicción entre las palabras del maestro y las del discípulo, ¿cuáles deben ser obedecidas?"[5] Ninguna orden humana anula el mandamiento de Dios.

Por lo tanto, qué conmovedor resulta que el primer caso registrado de desobediencia civil –anterior a Thoreau por más de tres milenios– sea la historia de Shifrá y Puá, dos mujeres comunes que desafiaron a Faraón en nombre de la simple humanidad. Todo lo que sabemos de ellas es que "las parteras temieron a Dios y no hicieron lo que les ordenara el rey de Egipto". Con esas palabras se sentó un precedente que finalmente se convirtió en la base de la Declaración de los Derechos Humanos de las Naciones Unidas. Shifrá y Puá, al negarse a obedecer una orden inmoral, redefinieron la imaginación moral del mundo.

Cabe agregar una nota final. Si bien la literatura griega no conoce el concepto de desobediencia civil, contiene un caso famoso en el cual un individuo desafía al rey: la Antígona de Sófocles, quien entierra a su hermano contraviniendo la orden dada por el rey Creonte de que permaneciera sin sepultura por traidor. El contraste entre Sófocles y la Biblia resulta fascinante. *Antígona* es una tragedia, la heroína de igual nombre paga con su vida el desafío a la autoridad. La historia de Shifrá y Puá no es una tragedia. Finaliza con una frase curiosa: Dios "les hizo casas".

¿Qué quiere decir esto? El comentarista italiano Samuel David Luzzatto ofreció una sagaz interpretación a este relato. A veces, las mujeres se vuelven parteras cuando no son capaces de dar a luz sus propios hijos. Él sugiere que ese fue el caso de Shifrá y Puá. Dado que salvaron la vida de los niños, Dios las retribuyó –medida por medida– con hijos

5. Kidushin 42b.

propios ("casas" = familias). En el judaísmo, la vida moral no es ineludiblemente trágica, porque ni el universo ni el destino son ciegos. "En recompensa por las mujeres justas de esa generación nuestros ancestros fueron redimidos de Egipto". Shifrá y Puá fueron dos de esas mujeres, heroínas del espíritu, gigantes en la historia de la humanidad.

ID

# *La luz en el corazón de la oscuridad*

Ella es una de las heroínas más inesperadas de la Biblia hebrea. Sin ella, Moisés podría no haber vivido. Toda la historia del éxodo habría sido distinta. Sin embargo, ella no era israelita. No tenía nada que ganar y mucho para perder debido a su coraje. Sin embargo, parecería no haber tenido dudas, no haber experimentado recelos, ni vacilar. Si fue Faraón quien afligió a los hijos de Israel, fue otro miembro de su propia familia quien salvó el vestigio decisivo de esperanza: la hija de Faraón.

Recordemos el contexto. Faraón había decretado la muerte de todo niño israelita varón. Yojeved, la esposa de Amram, tuvo un hijo varón. Durante tres meses pudo mantenerlo escondido, pero no más. Temiendo su muerte certera si lo retenía, lo colocó en un canasto que hizo flotar en el río Nilo, esperando contra toda esperanza que alguno lo viera y se apiadara de él. La historia continúa así:

La hija de Faraón fue a bañarse en el Nilo, mientras sus doncellas caminaban por la costa. Vio el canasto entre los juncos y mandó a una de sus esclavas a recogerlo. Al abrirlo, vio al niño. El pequeño comenzó a llorar y ella se apiadó de él. "Este es uno de los niños hebreos", dijo (Éxodo 2:6).

Observen la secuencia. Primero ve que es un niño y se apiada de él. Una reacción natural, humana y compasiva. Solo después percibe quién puede ser ese niño. ¿Quién más abandonaría a un recién nacido? Ella recuerda el decreto de su padre contra los hebreos. En un instante la situación ha cambiado. Salvar al pequeño significaría desobedecer el mandato real. Eso sería muy grave para cualquier egipcio, y doblemente para un miembro de la familia real. [1]

Tampoco está sola cuando ocurre el evento. Sus doncellas están con ella; su esclava está a su lado. Debe correr el riesgo de que alguna de ellas, en un ataque de resentimiento, o simplemente por habladuría, le cuente a alguien lo ocurrido. Los rumores abundan en las cortes reales. Sin embargo, ella no modifica su decisión. No le dice a una de sus sirvientas que lleve al niño para esconderlo con una familia lejana. Tiene el coraje de su compasión. No retrocede. Y ahora ocurre algo extraordinario:

> La hermana [del niño] le dijo a la hija de Faraón, "¿Llamo a una mujer hebrea para que amamante al niño para ti?" "Anda", contestó la hija de Faraón. La joven fue y llamó a la propia madre del niño. "Toma al niño y amamántalo", dijo la hija de Faraón. "Te pagaré por ello". La mujer tomó al niño y lo amamantó (Éxodo 2:7-9).

La sencillez de la narración oculta la naturaleza sorprendente de este encuentro. Primero, ¿cómo es que una niña –no cualquier niña, sino una perteneciente a un pueblo perseguido– tiene la audacia de dirigirse a una princesa? No hay preámbulo elaborado, no "su alteza real" o cualquier otra formalidad del tipo que se encuentra en la narrativa bíblica. Parecería que hablan como si fueran iguales.

Igualmente afiladas son las palabras no dichas. "Tú sabes y yo sé", dice implícitamente la hermana de Moisés, "quién es este niño; es mi hermano menor". Le propone un plan brillante en su simplicidad. Si la verdadera madre puede cuidar al niño en su hogar y criarlo, ambas

1. "Viendo que ella [la hija del Faraón] quería salvar a Moisés, ellas [sus sirvientas] le dijeron: 'Señora, se acostumbra a que cuando un rey de carne y hueso emite un decreto, incluso si todo el mundo lo incumple, al menos sus hijos y los miembros de su casa lo cumplen. ¡Aún así transgredes el decreto de tu padre!'" (*Sotá* 12b)

minimizamos los peligros. No tendrás que explicarle a la corte cómo es que este niño apareció súbitamente.

Evitaremos el riesgo de criarlo: podemos decir que el niño no es hebreo y que la madre no es su madre, sino solamente una nodriza. El ingenio de Miriam se corresponde con la aceptación inmediata de la hija de Faraón. Ella sabe; comprende; da su consentimiento.

Luego viene la sorpresa final:

> Cuando el niño creció, [su madre] lo trajo a la hija de Faraón. Ella lo adoptó como su propio hijo y lo llamó Moisés. "Yo lo saqué del agua", dijo (Éxodo 2:10).

La hija de Faraón no tuvo simplemente un momento de compasión. No se olvidó del niño. Tampoco disminuyó su sentido de responsabilidad con el paso del tiempo. No sólo queda comprometida con su bienestar; elige la más riesgosa de las estrategias. Lo adopta y lo cría como su propio hijo.[2] Esto es coraje de alto nivel.

Sin embargo, el detalle más sorprendente aparece en la última frase. En la Torá, son los padres los que le dan el nombre al hijo, y en casos especiales, Dios mismo. Es Dios quien da el nombre de Isaac al primer niño judío; el ángel de Dios quien le da a Jacob el nombre de Israel; Dios quien cambia los nombres de Abram y Sarai a Abraham y Sara. Ya hemos encontrado un nombre adoptivo –Tzafenat-Panéaj– el nombre con el que era conocido José en Egipto; sin embargo José sigue siendo José. Cuán sorprendentemente extraño resulta que el héroe del éxodo, el más grande de todos los profetas, no tuviera el nombre que Amram y Yojeved sin duda alguna han usado hasta ahora, sino el que le dio su madre adoptiva, una princesa egipcia. Un midrash llama nuestra atención sobre este hecho:

> Esta es la recompensa para los que actúan con bondad. Aunque Moisés tuvo muchos nombres, el único con el que es conocido

2. Sobre la adopción de un niño abandonado en el mundo antiguo, ver Nahum Sarna, *Exploring Exodus* (New York: Schocken, 1986), 31–32.

> en toda la Torá es el que le dio la hija de Faraón. Incluso el Santo, Bendito Sea, no lo llamó por ningún otro nombre. [3]

Efectivamente, Moisés –Meses– es un nombre egipcio que significa "hijo", como en Ramsés (que significa hijo de Ra, siendo Ra el más grande de los dioses egipcios).

¿Quién era entonces la hija de Faraón? En ningún lado se le nombra explícitamente. Sin embargo, el primer libro de Crónicas (4:18) menciona a una hija de Faraón, llamada Bitya, y fue ella a la que los sabios identificaron como la mujer que salvó a Moisés. El nombre Bitya (a veces representado como Batia) significa "la hija de Dios". De ahí los sabios arribaron a una de las conclusiones más impactantes: "El Santo, Bendito Sea, le dijo a ella: 'Moisés no era tu hijo, pero lo llamaste hijo tuyo. Tú no eres Mi hija, pero te llamaré hija Mía'".[4] Agregaron a eso que ella fue una de las pocas personas (la tradición enumera nueve) que fueron tan justas que entraron al paraíso en vida.[5]

En lugar de "la hija de Faraón" leamos "la hija de Hitler" o "la hija de Stalin" y veremos lo que está en juego. La tiranía no puede destruir a la humanidad. El coraje moral puede, a veces, encontrarse en el corazón de la oscuridad. Que la Torá misma relate la historia de la forma en que lo hace tiene enormes implicaciones. Significa que cuando se trata de personas, nunca debemos generalizar, nunca estereotipar. Los egipcios no eran todos malvados: hasta del mismo Faraón nació una heroína. Nada puede señalar con más fuerza que la Torá no es un texto etnocéntrico; que debemos reconocer la virtud dondequiera que la encontremos, aún entre nuestros enemigos, y que el núcleo básico de los valores humanos –humanidad, compasión, coraje– es verdaderamente universal. La santidad puede no serlo, pero la bondad sí lo es.

Afuera de Yad Vashem, el Memorial del Holocausto en Jerusalén, hay una avenida dedicada a los gentiles justos. La hija de Faraón es el símbolo supremo de lo que ellos fueron y de lo que hicieron. Yo, por mi parte, estoy profundamente conmovido por ese encuentro en las orillas

3. *Shemot Rabá* 1:26.
4. *Vaikrá Rabá* 1:3.
5. *Derej Eretz Zuta* 1.

del Nilo entre una princesa egipcia y una joven niña israelita, Miriam, la hermana de Moisés. El contraste entre ambas –en términos de edad, cultura, estatus y poder– no podría ser mayor. Sin embargo, su profunda humanidad une todas las diferencias, todas las distancias. Dos heroínas. Que ellas nos sirvan de inspiración.

CB

# *La creencia de un líder*

La *parashá* de *Shemot* es una serie de viñetas finamente grabadas que pintan un retrato de la vida de Moisés y culminan en el momento en el cual Dios se le aparece en la zarza que arde sin consumirse. Se trata de un texto clave en lo que respecta a la visión que tiene la Torá sobre el liderazgo, y cada detalle resulta significativo. Quisiera enfocarme aquí en un solo versículo del largo diálogo en el cual Dios llama a Moisés a emprender la misión de liderar a los israelitas a la libertad –desafío al cual Moisés declina no menos de cuatro veces. No soy digno, dice. No soy un hombre de palabras. Envía a otro. Fue su segundo rechazo el que llamó la atención de los sabios y los llevó a formular una de sus interpretaciones más radicales, y es esta negativa la que quiero analizar. La Torá dice:

Moisés respondió: "Pero ellos no me creerán. No me van a escuchar. Dirán: 'Dios no se te apareció'" (Éxodo 4:1).

Ultrasensibles a los matices textuales, los sabios notaron dos características importantes de esta respuesta. La primera es que Dios ya le había dicho a Moisés, "Ellos te escucharán" (3:18). La respuesta de Moisés parece contradecir lo que Dios le había asegurado previamente. Ciertamente, los comentaristas ofrecieron interpretaciones armonizadoras. Ibn Ezra sugiere que Dios le había dicho a Moisés que los ancianos le escucharían, mientras que Moisés expresó su duda respecto al resto del pueblo. Najmánides dice que Moisés no dudó que inicialmente le creerían, pero pensó que perderían la fe en cuanto vieran que Faraón no los dejaba salir. Hay otras explicaciones, pero el hecho es que, de acuerdo con este versículo, Moisés no estaba satisfecho con lo que Dios le aseguraba. Su propia experiencia con la inconstancia del pueblo (uno de ellos ya le había dicho años atrás: "¿Quién te puso como juez entre nosotros?"[1]) le hizo dudar de que fueran fáciles de liderar.

El segundo detalle es que mientras que las otras negativas de Moisés se centraban en su propio sentido de insuficiencia, aquí no habla de sí mismo sino de la gente. No le creerían.

Los rabinos unieron estos dos detalles y los conectaron a una anomalía en las señales que Dios le dio a Moisés para autentificar su misión. La primera (el bastón que se convierte en serpiente) y la tercera (el agua que se vuelve sangre) reaparecen posteriormente en el relato, y son señales que Moisés y Aarón efectuarían no solamente para los israelitas sino también ante los egipcios. Sin embargo, la segunda señal nunca se volvería a utilizar. Dios le dice a Moisés que introduzca su mano en su manto. Al retirarla ve que se ha vuelto "leprosa como la nieve" (4:6). ¿Cuál es el significado de esta señal en particular, en vista del hecho de que jamás fue utilizada? Los sabios recordaron que más adelante Miriam fue castigada con lepra por haber hablado negativamente sobre Moisés (Números 12:10). En general ellos entendieron que la lepra era un castigo por haber incurrido en *lashón hará,* hablar despectivamente. ¿Quizás Moisés había sido culpable del mismo pecado? ¿Acaso esta señal representaba una suerte de reprimenda?

Habiendo conectado estos tres primeros puntos, los sabios llegaron al siguiente comentario:

> Dijo Reish Lakish: "El que guarda una sospecha sobre un inocente será afligido corporalmente, tal como está escrito, 'Moisés respondió: Pero ellos no me creerán'. Sin embargo, el Santo Bendito Sea, sabía que Israel habría de creer. Él le dijo a Moisés:

1. Éxodo 2:14.

> 'Ellos son creyentes, hijos de creyentes, pero finalmente tú no creerás'. Ellos son creyentes, tal como está escrito, 'y el pueblo creyó' (Éxodo 4:31). Son hijos de creyentes, (tal como está escrito), 'y él (Abraham) creyó en el Eterno' (Génesis 15:6), pero finalmente tú no creerás, tal como fue dicho, '(Y el Eterno le dijo a Moisés) Por no haber creído en Mí' (Números 20:12). ¿Cómo sabemos que estaba afligido? Porque está escrito, 'Y el Eterno le dijo: Pon tu mano dentro de tu manto…' (Éxodo 4:6)".[2]

Este es un pasaje extraordinario. Moisés, ahora surge claramente, tenía derecho a tener dudas respecto de su propia valía para efectuar la tarea. Lo que no tenía derecho era a dudar del pueblo. De hecho, sus dudas estaban ampliamente justificadas. La gente estaba dividida. Moisés los llama "un pueblo de dura cerviz". Durante los años en el desierto, una y otra vez se quejaron, pecaron y quisieron regresar a Egipto. Moisés no se equivocó en su estimación respecto del carácter de la nación. Sin embargo Dios lo reprendió; de hecho, lo castigó haciendo que su mano se volviera leprosa. Aquí se insinúa por primera vez un principio fundamental del liderazgo judío: un líder no necesita tener fe en sí mismo, pero debe tenerla en las personas a las que debe dirigir.

Se trata de una idea excepcionalmente importante. El filósofo político Michael Walzer ha escrito perspicazmente sobre la crítica social, en particular respecto de las dos posturas que el crítico puede adoptar en relación de aquellos que son objeto de su crítica. Por un lado, está el crítico como 'ajeno'. En algún punto, a partir de la antigua Grecia:

> El desapego se sumó al desafío en el autorretrato del héroe. El impulso era platónico; posteriormente fue estoico y cristiano. Ahora la tarea de criticar suponía requerir que uno dejara la ciudad, la cual en aras de la partida era imaginada como una caverna oscura, que encontrara solo el camino hacia afuera, rumbo a la iluminación de la Verdad, y solo entonces regresara para examinar y reprender a los habitantes. El crítico-que-regresa no se relaciona con las personas como cercanas; las mira con una nueva

2. *Shabat* 97a.

> objetividad; a los efectos de su Verdad recién descubierta, ellas resultan extrañas.[3]

Esta es la descripción del crítico como un intelectual desconectado. Los profetas de Israel fueron bastante diferentes. Su mensaje, escribe Johannes Lindblom, "se caracterizó por el principio de la solidaridad".[4] Walzer coincide en que estos estaban arraigados a sus sociedades a pesar de su ira.[5] Vivían y trabajaban "en medio de su propia gente".[6] Ellos hablaban, no desde afuera sino desde adentro. Esto era lo que le confería poder a sus palabras. Ellos se identificaban con aquellos a quienes hablaban. Ellos compartían su historia, su destino, su llamado, su pacto. De ahí provenía el pathos peculiar del llamado profético. Los profetas eran la voz de Dios para el pueblo, pero también la del pueblo para Dios.

Eso, según los sabios, era lo que Dios le estaba enseñando a Moisés: Lo que importa no es si ellos creen en ti, sino si tú crees en ellos. A menos que creas en ellos, no podrás liderar como un profeta debe hacerlo. Debes identificarte con ellos y tenerles fe, no debes ver solamente sus defectos superficiales sino también sus virtudes subyacentes. De no ser así, no serás mejor que un intelectual desapegado –y ello es el comienzo del fin. Si tú no crees en la gente, eventualmente ni siquiera creerás en Dios. Te creerás superior a ellos y eso es una corrupción del alma.

El texto clásico sobre este tópico es la *Epístola sobre el Martirio* de Maimónides.[7] Fue escrita en 1165, cuando Maimónides tenía treinta años, a raíz de un período trágico en la historia judía medieval, cuando los almohades, una secta musulmana extremista, forzaron a muchos judíos a convertirse al islam bajo amenaza de muerte.

Uno de los conversos forzados (también llamados *anusim;* literal-

3. Michael Walzer, *The Company of Critics: Social Criticism and Political Community in the Twentieth Century* (London: Peter Halban, 1989), 13.
4. Johannes Lindblom, *Prophecy in Ancient Israel* (Philadelphia: Muhlenberg Press, 1962), 344.
5. Michael Walzer, *Interpretations and Social Criticism* (Harvard University Press, 1987), 81.
6. II Reyes 4:13.
7. Para leer una versión inglesa de esta obra con comentarios y notas, ver Abraham Halkin y David Hartman, *Crisis and Leadership: Epistles of Maimónides* (Philadelphia: Jewish Publication Society of America, 1985), 13-90.

mente "aquellos que fueron forzados") le preguntó a un rabino si podría alcanzar méritos practicando tantos preceptos de la Torá como pudiera en secreto. El rabino le envió una respuesta desdeñosa, en la que le dijo que tras haber abandonado su fe nada ganaría viviendo como judío en secreto. Cualquier acción que realizara como judío no sería un mérito sino un pecado adicional.

La *Epístola* de Maimónides es una obra de incomparable belleza espiritual. Él rechaza por completo la respuesta del rabino. Afirmó que aquellos que mantienen su judaísmo en secreto deben ser alabados y no culpados. Cita toda una serie de pasajes rabínicos en los cuales Dios reprende a los profetas que criticaron al pueblo de Israel, incluido lo arriba escrito sobre Moisés. Luego escribe:

> Si este es el castigo que fuera impuesto a los pilares del universo –Moisés, Elías, Isaías y los ángeles ministeriales– por haber criticado brevemente a la congregación de Israel, ¿cabe hacerse a la idea del destino que habrá de correr el último entre los carentes de valor (es decir, el rabino que criticaba a los conversos forzados) que suelta su lengua contra comunidades judías de sabios y sus discípulos, sacerdotes y levitas, llamándolos pecadores, malhechores, gentiles, incapaces de brindar testimonio y herejes que niegan a Dios el Eterno de Israel?[8]

La *Epístola* es una expresión definitiva de la tarea profética: hablar por amor del pueblo de uno; defenderlo, ver el bien que en él anida, y elevarlo a los logros más sobresalientes por medio de la alabanza, no de la condena.

¿Quién es un líder? La respuesta judía a esto es: alguien que se identifica con su pueblo, consciente de sus faltas, sin duda, pero convencido también de su potencial de grandeza y de su valor ante los ojos de Dios. En efecto, Dios le dijo a Moisés: Aquel pueblo del cual dudas son creyentes, hijos de creyentes. Ellos son Mi pueblo y son tu gente. Tal como crees en Mí, debes también creer en ellos.

ID

8. Ídem 19.

# *¿A qué le temía Moisés?*

Fue, podría decirse, el encuentro más decisivo de la historia judía. Moisés se encuentra en Midián, tras haber escapado de Egipto, donde había intervenido en defensa de un esclavo israelita que estaba siendo golpeado por su capataz egipcio. Su verdadera identidad es desconocida. Moisés se ve, habla y se viste como un egipcio. Las hijas de Itró, a quienes rescata de los malos tratos de los pastores locales, le dicen a su padre que "un hombre egipcio nos salvó" (2:19). Se casa con una de las hijas de Itró y se establece adoptando la vida de un pastor, tranquilo, anónimo y alejado tanto de Faraón como de los israelitas. Es el movimiento lento en la sinfonía de su vida.

Sin embargo sus recuerdos no lo dejan en paz. De repente, ocupan el foco de su consciencia mientras atiende a sus ovejas, cuando de modo súbito su ojo capta la imagen de un fenómeno extraño:

> Moisés apacentaba las ovejas de su suegro Itró, el sacerdote de Midián. Condujo el rebaño al otro lado del desierto y llegó hasta Horeb, el monte de Dios. Allí, el ángel del Eterno se le apareció en llamas desde el interior de una zarza. Moisés vio que, aunque la zarza ardía, esta no se consumía. Entonces pensó: "Iré a ver este

> extraño espectáculo, por qué la zarza no se consume". Cuando el Eterno vio que se había acercado a mirar, lo llamó desde el interior de la zarza: "¡Moisés, Moisés!". Y Moisés dijo: "Aquí estoy". "No te acerques", le dijo Dios. "Quítate tus sandalias pues el sitio que estás pisando es suelo sagrado". Entonces le dijo: "Soy el Dios de tu padre, el Dios de Abraham, el Dios de Isaac y el Dios de Jacob".
>
> Ante esto, Moisés ocultó su rostro porque temía mirar a Dios (3:1-6).

Dios le dice que el momento había llegado. Él había escuchado el clamor de los israelitas. En respuesta a sus clamores, así como también a la promesa que les había hecho a los patriarcas estaba a punto de sacarlos de la esclavitud y le pide a Moisés que los dirija. El drama del éxodo está por iniciarse.

Los sabios notaron una similitud entre la última oración de este pasaje –"Ante esto, Moisés ocultó su rostro porque temía mirar a Dios"– y uno posterior, tras el episodio del Becerro de Oro, cuando Moisés desciende de la montaña habiéndose asegurado el perdón para el pueblo, portando las nuevas tablas en reemplazo de las que había quebrado, cuando vio por primera vez al becerro. El texto dice:

> Cuando Moisés descendió del Monte Sinaí con las dos Tablas del Testimonio en sus manos, no era consciente de que su rostro estaba radiante porque había hablado con el Eterno. Cuando Aarón y todos los israelitas vieron a Moisés, su semblante resplandecía y temieron acercársele (34:29-30).

A este respecto, los sabios comentaron:

> Rabí Shmuel ben Najmani dijo en nombre de Rabí Yonatán: En recompensa por tres (actos piadosos) Moisés tuvo el privilegio de recibir tres (tipos de gratificación). En recompensa por "y Moisés escondió su rostro" le fue otorgado un rostro radiante. En recompensa por "temía" mereció que "temieron acercársele". En

recompensa por "(temía) mirar a Dios" mereció "él ve la forma del Eterno".[1]

Se trata de una bellísima idea. Moisés, aquel que se acercó a Dios más que ningún otro ser humano antes o después, adquirió algunas de las características de Dios; no se volvió semejante a Él (Moisés como cualquier otra figura en la Biblia hebrea continúa siendo humano, no se vuelve divino), pero su rostro resplandecía a raíz del encuentro.

Sin embargo, un detalle en el comentario de los sabios resulta extraño. Las primeras dos recompensas son directas, una suerte de reciprocidad del tipo de "medida por medida". Como escondió su rostro, este se tornó radiante. Como se maravilló ante la zarza ardiente, se transformó en impresionante a los ojos de sus semejantes (los israelitas temían "acercársele"). ¿Pero qué ocurre con la tercera? ¿Por haber temido contemplar a Dios mereció ver al Eterno? Mirar a Dios ha de resultar acertado o incorrecto. Si es correcto hacerlo, ¿por qué Moisés temía? Y si ello está mal, ¿por qué más tarde fue recompensado con algo que no debería haber ocurrido?

Tuve el privilegio de escuchar una respuesta de boca de mi maestro, Rabí Najum Rabinovitch, uno de los grandes eruditos maimonideanos de nuestro tiempo.[2] Hubo una pregunta que, según los sabios, preocupaba a Moisés: ¿Por qué los justos sufren? ¿Por qué hay maldad en el mundo? Moisés ardía con un sentido de justicia. Cuando vio que un esclavo era golpeado, a dos personas peleándose o a mujeres jóvenes siendo maltratadas por los pastores, inmediatamente intervino. Más tarde, cuando su misión ante Faraón empeoró momentáneamente la situación de los israelitas en vez de mejorarla, le dijo a Dios: "Oh Señor, ¿por qué has traído problemas a este pueblo? ...Tú no has rescatado a este pueblo en absoluto" (5:22-23). Moisés pertenecía a la tradición de Abraham, aquel que le dijera a Dios: "¿Acaso el juez de toda la tierra no habrá de hacer justicia?" (Génesis 18:25).

Esta es la pregunta de preguntas para la fe bíblica. Tanto el paganismo de entonces como el secularismo de la actualidad carecen de este

1. *Berajot* 7a.
2. Fue publicado en Nahum Rabinovitch, *Darká shel Torá* (Jerusalén: Ma'aliyot, 1999), 185-191.

tipo de duda. ¿Por qué alguien habría de esperar justicia en el mundo? Los dioses luchaban. Ellos eran indiferentes a la humanidad.

El universo no era moral. Era una arena de combate. El fuerte vence, el débil sufre y el sabio se mantiene alejado de la pugna. Si no hay un Dios o (lo que es lo mismo) si hay muchos dioses, no hay razón para esperar justicia. Sencillamente la pregunta no surge.

En cambio para la fe bíblica, sí surge. Dios, el poder supremo entre los poderes, es justo. ¿No fue acaso ese el motivo por el cual escogió a Abraham en primer lugar, para que enseñara a sus hijos y a su casa a "guardar el camino del Eterno haciendo lo que es justo y correcto" (Génesis 18:19)? ¿Entonces por qué quien hace el bien sufre, al tiempo que el malvado prospera? Esta interrogante resuena a través de los siglos en Jeremías, en el libro de Job, en el antiguo midrash rabínico, en los kinot ("lamentos") de la Edad Media y en la literatura post Holocausto. Esta fue la pregunta que se quedó con Moisés y no le dio descanso. ¿Por qué los israelitas han sido esclavizados? ¿Qué mal han hecho para merecerlo? ¿Por qué el brutal régimen egipcio es tan fuerte? ¿Dónde está la justicia en el mundo?

El dolor, el daño y el sufrimiento son males. No obstante, hay circunstancias en las cuales hacemos las paces con ellos, cuando sabemos que son necesarios para algún tipo de bien. Ser padre es verse perturbado por el llanto de un niño que sufre, pero le damos su medicina de buena gana y soportamos sus gritos cuando sabemos que esta habrá de curar la enfermedad que padece. Un cirujano debe tratar a su paciente en la mesa de operaciones como si fuera un objeto y no una persona, porque de otra manera no podrá efectuar la intervención. Un líder político puede verse en la necesidad de tomar una decisión que habrá de tener un impacto desastroso en algunas personas, las cuales pueden ser expulsadas de sus puestos de trabajo como resultado de una estricta política económica o morir en el campo de batalla a raíz de la decisión de ir a la guerra. Quien se encoge ante estas opciones en virtud de su gran sentido de la compasión puede que sea un buen ser humano, pero resultará un líder totalmente inadecuado, ya que el resultado a largo plazo de evitar las decisiones duras puede ser mucho peor. Hay momentos en los que debemos silenciar nuestros instintos más humanos si es que deseamos generar el bien a largo plazo.

Era precisamente esto a lo que Moisés le temía. Si pudiera "mirar el rostro de Dios", si pudiera entender la historia desde la perspectiva celestial debería hacer las paces con el sufrimiento de los seres humanos. Él sabría entonces por qué el dolor actual resultaba necesario para la ganancia posterior, por qué lo malo ahora resultaba esencial para lo bueno más adelante. Él entendería la justicia suprema de la historia.

Esto es lo que Moisés se negó a hacer, porque el precio de semejante conocimiento era sencillamente demasiado elevado. Habría comprendido el curso de la historia desde el punto de vista de Dios, pero únicamente lo lograría al precio de dejar de ser humano. ¿Cómo podría sentirse aún conmovido por el clamor de los esclavos, por la angustia de los oprimidos, si entendiera el lugar de estos fenómenos en el esquema general de las cosas, si supiera que a la larga resultaban necesarios? Tal conocimiento es divino, no humano, y poseerlo implica despedirse de nuestros instintos humanos: la compasión, la simpatía, la identificación con la situación de los inocentes, los agraviados, los afligidos y los oprimidos. Si "mirar el rostro de Dios" implica comprender por qué a veces el sufrimiento resulta necesario, entonces Moisés temió hacerlo, temió que ello le quitase aquello que sentía en sus propios huesos, aquello que le había hecho ser el líder que era: su ira al ver el mal, la que lo impulsó una y otra vez a intervenir en nombre de la justicia.

Moisés temía "mirar el rostro de Dios". Pero hay dos nombres de Dios en la Biblia que resultan primarios: *Elokim* y *Hashem* (literalmente "El Nombre", usado en lugar del nombre de cuatro letras conocido como el tetragramatón, Y-H-V-H, el cual no podemos pronunciar). *Elokim*, según los sabios, se refiere al atributo de la justicia de Dios. *Hashem* se refiere a Su compasión, Su misericordia, Su bondad. En la zarza ardiente Moisés temió mirar a *Elokim*. Años después su recompensa fue que "vio la forma de *Hashem*". Él entendió la compasión de Dios. No entendía, y temía comprender el atributo de la justicia divina. Prefería luchar contra la injusticia tal como él la percibía en vez de aceptarla entendiendo su rol en el guión general de la eternidad. Cuando se trataba de bondad y misericordia, Moisés estaba inspirado por el cielo. Pero cuando se trataba de justicia, prefirió ser humano a ser divino.

Así fue a lo largo de la historia. Los judíos, sin importar cuán profundamente creían en Dios y en la divina providencia, jamás hicieron las paces con lo que a ellos les parecía injusto. Albert Einstein habló del casi "fanático amor a la justicia" que lo llevó a "agradecer a sus estrellas" por pertenecer a la tradición judía.[3]

En ningún lugar esto resulta más claro que en el libro de Job. Job protesta la injusticia de su destino. Quienes vienen a consolarlo le dicen que está equivocado. Dios es justo, y por lo tanto existe algún motivo para las tragedias que le han acaecido.

A lo largo del diálogo, sentimos que Job se encuentra al borde de la blasfemia, que quienes procuran consolarle son los que dicen la verdad. Sin embargo, sobre el final del libro, nuestras expectativas se ven repentinamente truncadas. Dios le dice a Elifaz y a sus compañeros: "Estoy enojado contigo y con tus dos compañeros porque no han hablado de Mí como debieran, tal como sí lo ha hecho Mi siervo Job" (Job 42:7).

Se trata de un sorprendente cambio de rostro. Las protestas de Job son mejores que la aceptación del destino por parte de sus amigos. Sí, existe una justicia suprema en los asuntos de la humanidad. Pero no debemos aspirar a detentar dicho conocimiento, no porque no podamos (ya que nuestras mentes humanas son muy limitadas y nuestros horizontes muy estrechos) sino porque desde el punto de vista moral no debemos hacerlo, ya que entonces aceptaríamos el mal y no combatiríamos contra él. Dios quiere que seamos humanos, no divinos. Él busca nuestra protesta contra el mal, nuestra pasión por la justicia, nuestro rechazo a hacer las paces con un mundo en el cual el inocente sufre y el malvado es poderoso.

Es esa negativa –originada no en la falta de fe sino precisamente en la situación opuesta, en la convicción de que Dios desea que seamos activos en la procura de alcanzar la justicia– la que impulsó a Abraham, a Jeremías y a Job; aquella que impulsó a generaciones de personas inspiradas en la Biblia a luchar contra la esclavitud, la tiranía, la pobreza y la enfermedad; aquella que nos llevó a volvernos socios de Dios en la tarea de la redención. Ante la oportunidad de comprender los aspectos problemáticos de la historia desde el punto de vista de Dios, Moisés tuvo miedo de mirar. Él tenía razón y fue recompensado por ello. Dios no desea que entendamos el sufrimiento de los inocentes, sino que

3. Albert Einstein, *The World As I See It* (New York: Citadel Press, 2006), 103.

luchemos por un mundo en el cual estos ya no sufran. A ello Moisés dedicó su vida. ¿Acaso nosotros, sus discípulos, podemos hacer menos?

ID

# Vaerá

# וארא

En *Vaerá,* la historia del éxodo comienza en serio, con una serie sin precedente de intervenciones divinas en la historia. Las plagas azotan a los egipcios una y otra vez. Moisés le pide reiteradamente a Faraón que libere al pueblo. Faraón se niega en repetidas oportunidades. Un enorme drama está ocurriendo. Todo el poder del Egipto imperial resulta inexistente contra el Dios de la creación y la redención.

En los siguientes ensayos, el primero examina las cuatro (¿o quizás cinco?) expresiones de redención, y la falta de una "quinta copa" durante la ceremonia del Seder. El segundo analiza el "endurecimiento" que opera Dios sobre el corazón de Faraón. ¿Acaso esto implica que el monarca egipcio mantuvo o perdió su libertad? El tercero analiza una subtrama satírica que tiene lugar en la tercera plaga, la de piojos. El cuarto es un estudio sobre el cambio revolucionario implícito en la narrativa del éxodo. Este fue, en un sentido profundo, el "nacimiento de la historia", la primera aparición en la civilización de la idea del tiempo como escenario del cambio.

# *La copa de la esperanza*

De niño, me fascinaba la copa de Elías en la mesa del Seder de Pesaj. ¿Acaso vendría el profeta cuando abriéramos la puerta después de la comida? ¿Sería visible o invisible? ¿Bajó quizás el nivel del vino, aunque sea imperceptiblemente? La idea de un profeta que no murió, sino que ascendió al cielo en una carroza de fuego (II Reyes 2:11) y algún día regresaría para anunciar la redención me resultaba intensamente dramática. Solamente más adelante descubrí el significado real de la copa de Elías y descubrí, como tantas veces, que la verdad no es menos conmovedora que las historias que aprendimos de niños.

En *Pesajim*, la Mishná habla de cuatro copas de vino.[1] Estos son los requisitos básicos del Seder y la comunidad debe asegurarse de que incluso el más pobre de sus miembros tenga suficiente vino para beberlas. De acuerdo con el Talmud Jerosolimitano,[2] ellas representan las cuatro etapas de la redención que se encuentran al inicio de nuestra *parashá*. Dios le asegura a Moisés que a pesar de que su intervención con Faraón había empeorado inicialmente las cosas, la liberación llegaría:

1. Mishná, *Pesajim* 10:1.
2. Talmud Yerushalmi, *Pesajim* 10:1.

> Por lo tanto, diles a los israelitas: "Yo soy el Eterno, y los sacaré de debajo del yugo de los egipcios. Los liberaré de ser sus esclavos, y los redimiré con brazo extendido y poderosas acciones de juicio. Los tomaré como Mi propio pueblo y seré vuestro Dios" (Éxodo 6:6-7).

La primera copa corresponde a "los sacaré", la segunda a "los liberaré", la tercera a "los redimiré" y la cuarta a "los tomaré". Dios sacará a los israelitas geográficamente de Egipto, los salvará físicamente de la opresión, los liberará legalmente del dominio de Faraón y los tomará espiritualmente bajo Su protección y tutela. Cada una de las copas es una etapa más en el camino a la libertad, un modo de hacer una pausa y agradecer.

Sin embargo, en el Talmud Babilónico encontramos una extraña afirmación:

> La quinta copa: sobre esta uno completa el Halel y recita el Halel Hagadol (Salmo 136: "Agradezcan al Eterno, Su amor perdura por siempre"). Estas son las palabras de Rabí Tarfón.[3]

Rashi queda desconcertado por estas palabras. Hasta ahora la discusión había girado en torno a cuatro copas, no cinco. Por lo tanto, llega a la conclusión de que en el texto hay un error del escriba. Él cree que debería decir "la cuarta copa".[4]

Sin embargo, Maimónides acepta el texto tal como está. Escribe que después de beber las cuatro copas y completar el Halel:

> Uno puede servir una quinta copa y recitar sobre ella el Halel Hagadol... Esta copa no es obligatoria, a diferencia de las cuatro copas.[5]

Ravad (Rabí Abraham ibn Daud), contemporáneo de Maimónides, adopta un punto de vista ligeramente distinto. Para él es una *mitzvá*

3. *Pesajim* 118a.
4. Rashi comentario a *Pesajim*, ad loc.
5. *Mishné Torá*, Jametz Umatzá, 8:10.

beber la quinta copa.[6] Hay una diferencia entre *mitzvá* y *jová*. Esta última palabra significa "obligación", al tiempo que la primera es un acto que si bien no resulta obligatorio, constituye una acción religiosa positiva.

Surgen dos preguntas respecto de las opiniones de Maimónides y Ravad. La primera: ¿por qué la Mishná habla de cuatro copas si de hecho hay cinco? Para esta interrogante la respuesta resulta directa: a diferencia de la quinta copa, las cuatro primeras son obligatorias. Por eso la comunidad debe proporcionar a las personas necesitadas los medios necesarios para cumplir con su obligación, pero no precisa proveerles de la quinta copa, la cual según Maimónides es opcional, y de acuerdo con Ravad es deseable pero no resulta absolutamente necesaria.

La segunda pregunta parece más fuerte. Cuando Dios le habla a Moisés utiliza cuatro expresiones de liberación, no cinco. De aquí las cuatro copas. Sin embargo, plantear esta pregunta nos retrotrae al texto inicial de nuestra *parashá*. Es entonces cuando, para nuestra sorpresa, descubrimos que hay de hecho una quinta expresión de liberación:

> "Y los traeré a la tierra que juré con mano alzada entregar a Abraham, Isaac y Jacob. A ti te la daré como posesión. Yo soy el Eterno" (Éxodo 6:8).

El drama de la quinta copa se hace ahora evidente. Pesaj representa el inicio del gran viaje de la historia judía; de la esclavitud a la libertad, de Egipto a la Tierra Prometida. La quinta copa representa el destino, la "tierra que mana leche y miel" (Éxodo 3:8). ¿Qué pasó entonces con ella tras la destrucción del Segundo Templo, tras el fracaso de la rebelión de Bar Kojba, tras las persecuciones de Adriano y la larga serie de eventos trágicos que condujeron al mayor exilio y dispersión de la historia judía? ¿Podrían los judíos, un pueblo ya no soberano en su propia tierra, celebrar la libertad bajo semejantes circunstancias?

El pathos de esta pregunta resulta evidente en las palabras iniciales del Seder: "Este es el pan de la aflicción que comieron nuestros antepasados en la tierra de Egipto". La misma festividad que habla de la libertad obtenida se convirtió –durante casi dos mil años– en un con-

6. Ravad, comentario a *Baal HaMeor*, 794.

movedor recordatorio de lo que el pueblo judío había perdido: la libertad, una tierra, un hogar. Surgió una nueva frase: el año próximo. "Este año somos esclavos, el año próximo seremos libres. Este año estamos aquí, el año próximo en la tierra de Israel". El pasado se convirtió en el futuro. La memoria fue transfigurada en esperanza. No resulta demasiado llamar al pueblo judío "el pueblo de la esperanza". Lo que había ocurrido una vez podía volver a pasar. Tal como dijeran los profetas del exilio, Jeremías y Ezequiel: habrá un segundo éxodo. La pérdida fue solo temporal. La promesa divina era para siempre.[7]

Fue en este contexto que surgió el debate sobre la quinta copa. Los judíos podían hablar de las cuatro etapas preliminares de la redención, pero ¿acaso podían celebrar la quinta expresión: "Yo los traeré a la tierra"? Este es el debate entre Rashi, Maimónides y Ravad. Rashi dice que uno no debe beber una quinta copa; Maimónides dice que uno puede hacerlo; Ravad dice que uno debería.

De ahí la copa extra en la mesa del Seder. Por respeto a Maimónides y a Ravad la servimos. Por respeto a Rashi no la bebemos. Según los sabios, las disputas halájicas no resueltas algún día serán dirimidas por el profeta Elías (el vocablo *teiku*, "déjalo sin definir" se refiere a Elías: "Vendrá el tishbita (Elías) y responderá preguntas y problemas"). De ahí que la quinta copa se conozca como la copa de Elías.

En nuestros tiempos, el pueblo judío ha regresado a la tierra. Según un sabio (el difunto rabino Menajem Kasher) en la actualidad deberíamos beber la quinta copa. Sea como fuere, no resulta menos conmovedor recordar los siglos XI y XII –los días de Rashi, Maimónides y Ravad– y saber que en la noche más negra del exilio, la única pregunta era: ¿en qué medida hemos de celebrar en el presente la esperanza por el futuro? ¿Cuatro quintos? ¿Quizás los cinco? La promesa que Dios le

7. "Esto es lo que dice el Eterno, El que designa al sol para que brille durante el día, que decreta que la luna y las estrellas brillen por la noche, que agita el mar para que bramen sus olas –el Eterno Todopoderoso es Su nombre– 'Solo si estos decretos se desvanecen de Mi vista', declara el Eterno, 'los descendientes de Israel dejarán de ser una nación ante Mí'" (Jeremías 31:35-36).

"'Tan cierto como que Yo existo', declara el Eterno, 'reinaré sobre ustedes con mano fuerte, brazo extendido e ira derramada. Los traeré de entre las naciones y los reuniré de entre los países en los cuales fueron esparcidos'" (Ezequiel 20:33-34).

hiciera a Moisés al inicio de nuestra *parashá* habló no solamente a ese tiempo particular sino a todos los tiempos. Pesaj mantuvo viva la esperanza. La esperanza mantuvo vivo al pueblo judío.

ID

# *El corazón endurecido*

Se trata de uno de los enigmas filosóficos clásicos. En la *parashá* de *Vaerá*, incluso antes de que la primera plaga golpeara a Egipto, Dios le dice a Moisés:

> "Pero Yo endureceré el corazón de Faraón y multiplicaré Mis milagros, señales y prodigios en Egipto. Él no te escuchará. Entonces, pondré Mi mano sobre Egipto y con poderosos actos de juicio sacaré a Mis huestes, a Mi pueblo, los israelitas. Y los egipcios sabrán que Yo soy el Eterno, cuando extienda Mi mano contra Egipto y saque de allí a los israelitas" (Éxodo 7:3-5).

El problema es obvio. Si fue Dios quien endureció el corazón de Faraón, ¿entonces dónde estaba su libertad? O bien el monarca egipcio tuvo una genuina capacidad de elección, o no contó con ella. Si la tuvo, fue Faraón y no Dios el responsable del endurecimiento de su corazón. Si no contó con ella –si fue Dios quien actuó sobre él controlando sus respuestas y determinando sus reacciones– entonces, ¿cómo podría Faraón ser culpable y digno de recibir un castigo? Tal como dice Maimónides: Si no hubiese libre albedrío, ¿qué lugar quedaría para la totalidad de la

Torá? ¿Con qué derecho o justicia podría Dios castigar a los malvados o recompensar a los justos? "¿Acaso el juez de toda la tierra no habrá de obrar con justicia?"[1]

Castigar a Faraón por algo que no pudo evitar hacer es sencillamente injusto.

El esquema general de una respuesta, sin importar cómo interpretemos sus detalles, está ya implícito en la redacción exacta de la narrativa bíblica. Después de cada una de las primeras cinco plagas la Torá nos dice que Faraón endureció su corazón. Así, por ejemplo, leemos: "El corazón de Faraón se endureció" (7:13, 22; 8:15), "endureció su corazón" (8:11), "también esta vez Faraón endureció su corazón" (8:28), y "el corazón de Faraón era rígido" (9:7). Solamente a partir de la sexta plaga se le atribuye a Dios el endurecimiento del corazón del monarca:

Plaga número 6, forúnculos: "Mas el Eterno endureció el corazón de Faraón y no escuchó a Moisés ni a Aarón, tal como el Eterno le había dicho ya a Moisés" (Éxodo 9:12).

Plaga número 7, granizo: "Entonces el Eterno le dijo a Moisés: 'Ve donde Faraón porque Yo endurecí su corazón y el de sus oficiales para que Yo pueda obrar Mis señales milagrosas en medio de ellos'" (10:1).

Plaga número 8, langostas: "Pero el Eterno endureció el corazón de Faraón y no dejó salir a los israelitas" (10:20).

Plaga número 9, oscuridad: "Pero el Eterno endureció el corazón de Faraón y no aceptó dejarlos salir" (10:26).

Plaga número 10, muerte de los primogénitos: "Moisés y Aarón hicieron todas estas maravillas delante de Faraón, mas el Eterno endureció el corazón de Faraón y no permitió a los israelitas salir de su tierra" (11:20).

Rashi entiende el endurecimiento del corazón de Faraón en las últimas cinco plagas como una forma de castigo por las primeras cinco, cuando fue la propia obstinación del monarca egipcio la que lo condujo a negar la salida al pueblo de Israel.[2]

Maimónides interpreta el endurecimiento del corazón de Faraón

1. Génesis 18:25; *Mishné Torá,* Hiljot Teshuvá 5:6.
2. Rashi, comentario a Éxodo 7:3.

a manos de Dios como que "le fue negado el arrepentimiento y no le fue concedida la libertad de apartarse de su maldad".[3]

Albo y Sforno ofrecen la interpretación opuesta. Dios endureció el corazón de Faraón precisamente para restaurar su libre albedrío. Después de la sucesión de plagas que habían devastado al país, Faraón se encontraba sometido a una enorme presión para dejar ir a los israelitas. Si lo hubiese hecho no habría sido por su libre elección sino por una causa de fuerza mayor. Por lo tanto, Dios endureció su corazón para que incluso después de las primeras cinco plagas siguiera siendo genuinamente libre de optar por sí o por no.[4]

Las palabras de los sabios talmúdicos son las más simples y profundas al referirse al *yetzer hará*, la inclinación al mal:

> Dijo Rabí Asi: Al principio, la inclinación al mal es delgada como la tela de una araña, pero al final se vuelve gruesa como la soga de un carruaje.[5] Dijo Raba: Al principio, la inclinación al mal es llamada "viajera", luego "invitada" y finalmente "dueña de casa".[6]

El mal tiene dos facetas. La primera –orientada hacia el mundo exterior– es aquello que se le inflige a la víctima. La segunda –orientada hacia adentro– es lo que le ocurre a quien lo perpetra. El mal atrapa al malhechor en su propia red. Lento pero seguro, quien obra mal pierde su libertad y se convierte ya no en el amo del mal sino en su esclavo.

De hecho, Faraón es una figura trágica (y esto es algo raro en el Tanaj) al igual que lo son Lady Macbeth o el capitán Ahab en *Moby Dick* de Melville, atrapado por una obsesión que pudo tener en un inicio aristas racionales, correctas o erradas, pero que luego se apoderó del monarca llevándolo a la perdición no solo a él sino a quienes lo rodean. Esto se señala de manera sencilla pero hábil en el inicio de la siguiente *parashá*, *Bo*, cuando los propios asesores de Faraón le dicen: "Deja ir al pueblo para que sirva al Eterno su Dios. ¿Aún no te has dado cuenta

3. *Mishné Torá*, Hiljot Teshuvá 6:3.
4. Albo, *Ikarim* 4:25; Sforno, comentario a Éxodo 7:3.
5. *Sucá* 52a.
6. *Sucá* 52b.

de que Egipto está arruinado? (10:7). Pero Faraón ya ha dejado atrás la racionalidad. No es capaz de oírlos.

Se trata de un relato convincente y nos ayuda a comprender no solamente a Faraón sino también a Hitler, Stalin y otros tiranos en la actualidad. Incluye también una pista o insinuación –realmente fundamental para entender qué es lo que hace única a la Torá en el género de la literatura religiosa– de por qué la Torá enseña sus verdades morales por medio de narraciones, en vez de recurrir por una parte a las disertaciones filosóficas o cuasi científicas, o por la otra, al mito y a la parábola.

Compare el tratamiento que da la Torá al libre albedrío con el de las grandes teorías filosóficas o científicas. Para esos otros sistemas, la libertad es casi invariablemente una cosa o la otra: o siempre somos libres o nunca lo somos. Algunos sistemas de pensamiento sostienen lo primero. Muchos –aquellos que creen en el determinismo social, económico o genético, o en la inevitabilidad de la historia– afirman lo segundo. Ambos resultan demasiado toscos a la hora de retratar la vida interior como realmente es.[7]

La creencia de que la libertad es un fenómeno de todo o nada –que la tenemos todo el tiempo o no la poseemos nunca– nos ciega al hecho de que existen grados de libertad. Esta puede ser ganada o perdida, y su pérdida es gradual. A menos que la voluntad se ejercite constantemente, esta se atrofia y muere. Entonces dejamos de ser sujetos y nos transformamos en objetos, arrastrados por las mareas de la moda, o por el capricho del deseo, o por la pasión que se vuelve obsesión. Solamente una narración puede retratar la sutileza del lento descenso de Faraón hacia la locura autodestructiva. Creo que esto es lo que hace

7. Por más lecturas sobre esta cuestión, ver Daniel O'Connor, *Free Will* (New York: Anchos Books, 1971); Gerald Dworkin, ed., *Determinism, Free Will and Moral Responsibility* (Prentice-Hall 1970); Jennifer Trusted, *Free Will and Responsibility* (Oxford University Press, 1984); Robert Kane, ed., *The Oxford Handbook of Free Will* (Oxford, 2002); Daniel Dennett, *Freedom Evolves* (Allen Lane, 2003). Para puntos de vista judíos, ver Charles Manekin y Menachem Kellner, eds., *Freedom and Moral Responsibility: General and Jewish Perspectives* (University Press of Maryland, 1997); Ytzhak Berger y David Shatz, eds., *Judaism, Science and Moral Responsibility* (Rowman and Littlefield, 2006).

que la Torá resulte más fidedigna a condición humana que sus contrapartes filosóficas o científicas.

Obviamente, Faraón es todo el mundo. El monarca del imperio más grande de la antigüedad gobernaba a todos menos a sí mismo. No eran los hebreos sino él quien realmente estaba esclavizado, subyugado a su obcecada insistencia de que él y no Dios era quien regía la historia. De ahí la profunda observación de Ben Zoma (*Avot* 4:1): "¿Quién es poderoso?" No aquel que puede conquistar a sus enemigos, sino "Aquel que se domina a sí mismo".

Son muchas las cosas que influyen sobre nosotros: nuestros genes, nuestros padres, nuestra primera infancia, nuestra raza, credo, cultura, clase social, y las persuasiones y presiones que ejerce sobre nosotros la sociedad que nos rodea. Pero influencia no es control. Las causas no obligan. Fue un sobreviviente de Auschwitz, el difunto Viktor Frankl, quien descubrió en aquel reino de la pesadilla la verdad a la cual dedicaría posteriormente su vida. Él dijo: Los nazis intentaron quitarnos todo vestigio de nuestra humanidad, pero hubo una libertad que no pudieron arrebatarnos, la libertad de decidir cómo reaccionar:

> Los que vivimos en campos de concentración podemos recordar a las personas que caminaban entre las barracas consolando a los demás, regalando su último pedazo de pan. Puede que hayan sido pocos en número, pero dan testimonio de que se le puede quitar todo a un ser humano salvo una cosa: la última de las libertades humanas, la de escoger la actitud a adoptar en cada conjunto de circunstancias dadas, la de elegir el propio camino.[8]

En el corazón del judaísmo está la fe en la libertad: nuestra fe en la libertad de Dios, y la fe de Dios en nuestra propia libertad.

Entre otras cosas, el judaísmo es un tutorial continuo de la libertad: de la capacidad de decir no; de vencer al instinto por medio de la consciencia, de resistir la locura de las multitudes y de sus ídolos. Ello requiere de disciplina y de la capacidad de mantenerse un tanto apartado de la sociedad, aun cuando se continúe contribuyendo con ella.

8. Viktor Frankl, *Man's Search for Meaning* (Boston: Beacon Press, 1992), 75.

Ser judío es saber que, si bien estamos aquí, estamos también en otros lugares. Vivimos en el tiempo, pero hacia nosotros se dirige la voz de Aquel que trasciende el tiempo.

Faraón nació libre pero se transformó en esclavo de sí mismo. Moisés nació en el seno de una nación de esclavos, pero los condujo a la libertad. Fácil de perder, difícil de preservar, la libertad es nuestro bien más preciado. Pero debe ser ejercida si es que se desea retenerla. Su mayor disciplina es permitir que la voluntad divina desafíe la nuestra. Ese es el camino a la libertad y la cura para la dureza del corazón.

ID

# *Un puñado de polvo*

La tercera plaga parece como todas las demás: una aflicción, una alteración de la naturaleza en contra de los egipcios, quienes a su vez se habían ensañado con los israelitas. La historia es contada de un modo simple y breve:

> Por todo Egipto el polvo se convirtió en piojos. Pero cuando los magos egipcios intentaron generar piojos por intermedio de sus artes secretas, no pudieron hacerlo. Los piojos atacaron a hombres y animales por igual. Los magos le dijeron a Faraón: "Este es el dedo de Dios". Pero el corazón de Faraón estaba duro, y él no escuchaba (Éxodo 8:13-15).

Sin embargo, hay una profundidad oculta en este episodio. Para entenderla, debemos enfocarnos en un fenómeno al cual se le ha prestado muy poca atención: el uso del humor en la Torá. Su forma más significativa es el uso de sátiras para burlarse de las pretensiones de aquellos seres humanos que piensan que pueden emular a Dios. Una cosa hace reír a Dios, ver a un ser humano intentando desafiar al cielo:

> Los reyes de la tierra ocupan cada uno su posición, y los gobernantes se unen contra el Eterno y Su ungido. "Quebremos nuestras cadenas", dicen ellos, "y arrojemos sus grilletes". Él, quien se sienta en el cielo ríe, Dios se burla de ellos (Salmos 2:2-4).

Hay un maravilloso ejemplo en la historia de la Torre de Babel. El pueblo que habitaba en la llanura de Shinar decidió construir una ciudad con una torre que "llegue hasta el cielo" (Génesis 11:1-9). Este es un acto de desafío contra el orden divino de la naturaleza ("Los cielos son los cielos de Dios: y Él cedió la tierra a los hijos de los hombres" Salmo 115:16). Luego, la Torá dice: "Mas Dios descendió para ver la ciudad y la torre..." (Génesis 11:5). Abajo en la tierra, los constructores pensaban que su torre habría de llegar hasta el cielo. No obstante, desde el punto de vista celestial, resultaba ser tan minúscula que Dios tuvo que "descender" para poder verla.

La sátira es esencial para poder comprender al menos algunas de las plagas. Los egipcios adoraban a una multiplicidad de dioses, la mayoría de los cuales representaban fuerzas naturales. Por medio de sus "artes secretas" los magos creían poder controlar estas fuerzas. La magia en el mundo del mito es el equivalente a la tecnología en la era de la ciencia. Una civilización que cree poder manipular a sus dioses cree también que puede ejercer coerción sobre los seres humanos. En semejante cultura, el concepto de libertad resulta desconocido.

La respuesta de los egipcios a las dos primeras plagas es verlas dentro de sus propios marcos de referencia. Para ellos las plagas son formas de magia, no milagros. Para los magos de Faraón, Moisés y Aarón son personas que al igual que ellos practican artes secretas. Entonces los copian: demuestran que también pueden convertir el agua en sangre y generar una horda de ranas. Aquí la ironía se encuentra a un nivel superficial. Tan decididos están los magos en demostrar que pueden hacer lo mismo que Moisés y Aarón han hecho, que no logran darse cuenta de que lejos de mejorar la situación de los egipcios, la empeoran: más sangre y más ranas.

Esto nos lleva a la tercera plaga, los piojos. Uno de los objetivos de esta plaga fue producir un efecto que los magos no pudieran copiar.

Ellos lo intentan. Ellos fracasan. Inmediatamente arriban a la conclusión: "Este es el dedo de Dios" (8:15).

Esta es la primera vez que hace aparición en la Torá una idea que resulta sorprendentemente persistente en el pensamiento religioso hasta el día de hoy y que ha sido llamada "el dios de los vacíos". Sostiene que un milagro es algo a lo que no le podemos encontrar una explicación científica. La ciencia es natural, la religión es sobrenatural. Un "acto de Dios" es algo que no logramos explicar racionalmente. Lo que los magos (o los tecnócratas) no pueden reproducir debe ser el resultado de una intervención divina. Inevitablemente, esto conduce a la conclusión de que la ciencia y la religión se oponen. Cuanto más podamos explicar científicamente o controlar tecnológicamente, menor resulta la necesidad que tenemos de la fe. A medida que se expande el campo de la ciencia, el lugar de Dios disminuye progresivamente al punto de desaparecer.

Lo que la Torá está insinuando es que esta forma de pensamiento es pagana, no judía. Los egipcios admitieron que Moisés y Aarón eran profetas genuinos cuando llevaron a cabo maravillas que iban más allá del alcance de su propia magia. Pero no es ese el motivo por el cual nosotros creemos en Moisés y Aarón. Sobre esta cuestión, Maimónides resulta inequívoco:

> Israel no creyó en nuestro maestro Moisés a causa de las señales que realizó. Cuando la fe se predica sobre la base de señales, siempre queda la duda si fueron realizadas por medio de artes ocultas o brujería. Todas las señales que llevó a cabo Moisés en el desierto las efectuó por resultar necesarias, no para autenticar su condición de profeta... Cuando necesitábamos alimento, hizo descender el maná. Cuando el pueblo tuvo sed, partió la roca. Cuando los partidarios de Koraj negaron su autoridad, la tierra se los tragó. Lo mismo ocurrió con todas las demás señales. ¿Cuáles fueron entonces nuestros motivos para creer en él? La revelación de Sinaí, en la cual vimos con nuestros propios ojos y escuchamos con nuestros propios oídos...[1]

1. *Mishné Torá*, Hiljot Yesodei HaTorá 8:1.

El principal modo de encuentro con Dios no es por medio de los milagros sino a través de Su palabra –la revelación– la Torá, que es la constitución del pueblo judío como nación bajo la soberanía de Dios. Sin duda, Dios se encuentra en los acontecimientos que, pareciendo desafiar la naturaleza, denominamos milagros. Pero Él se encuentra también en la naturaleza misma. La ciencia no desplaza a Dios, sino que revela de un modo aún más intrincado y maravilloso el diseño que se encuentra en el interior de la propia naturaleza. Lejos de disminuir nuestro sentido religioso, la ciencia (correctamente entendida) debería ampliarlo, enseñándonos a ver "Cuán grandiosas son Tus obras Eterno, las has hecho todas con sabiduría" (Salmos 104:24). Sobre todo, Dios puede ser encontrado en la voz escuchada en Sinaí, enseñándonos cómo construir una sociedad que sea lo opuesto a Egipto: en la cual los pocos no esclavicen a los muchos y los extranjeros no sean maltratados.

El mejor argumento en contra del mundo del antiguo Egipto fue el humor divino. Los sacerdotes encargados del culto y los magos que pensaban que podían controlar el sol y el Nilo descubrieron que ni siquiera podían producir un piojo. Faraones tales como Ramsés II demostraron su condición de dioses al edificar una arquitectura monumental: enormes templos, palacios y pirámides cuya inmensidad parecía insinuar grandeza divina (la Guemará explica que la magia egipcia no podía actuar sobre cosas muy pequeñas).[2] Dios se burla de ellos revelando Su presencia en la más pequeñas de las criaturas. Es un momento que trae a la memoria las famosas líneas de T.S. Elliot en su poema *The Waste Land*:

> Yo te mostraré una cosa distinta,ya sea de tu sombra por la mañana caminando detrás de ti, o de tu sombra al atardecer alzándose para encontrarte.Yo te mostraré el miedo en un puñado de polvo.[3]

Lo que los magos egipcios (y sus sucesores de los últimos días) no comprendieron es que el poder sobre la naturaleza no es un fin en sí mismo,

2. *Sanedrín* 67b: "Dijo Rabí Elazar: 'Esto demuestra que un mago no puede producir criaturas de un tamaño inferior al de un grano de cebada'".
3. T. S. Elliot, *Collected Poems* (London: Faber and Faber, 1963), 63.

sino únicamente un medio para fines éticos. Los piojos fueron la broma de Dios a costa de los magos que creían que debido a que controlaban las fuerzas de la naturaleza, eran los dueños del destino humano. Estaban equivocados.

La proeza tecnológica ha llevado a los seres humanos una y otra vez a creerse que eran como dioses. Podían escalar a los cielos, manipular la naturaleza para sus propósitos y construir enormes edificios para su propia gloria. Sin embargo, a su paso, dejaron una secuela de devastación, y las civilizaciones por ellos construidas declinaron y murieron, para ser recordadas únicamente por medio de las reliquias y las ruinas.

La humildad es el único antídoto para la arrogancia. Por muy grandes que seamos, somos pequeños en el esquema general de las cosas. Esto es lo que Dios demostró a los egipcios en la plaga de los piojos.

ID

# *El Dios que actúa en la historia*

Los israelitas están en su punto más bajo. Han sido esclavizados. Se ha emitido un decreto por el que todo niño varón debe ser asesinado. Moisés es enviado a liberarlos, pero su primera intervención no mejora la situación, sino la empeora. Su cuota de producción de ladrillos permanece inalterada, pero ahora tienen que buscar también su propia paja para fabricarlos. Inicialmente creyeron en Moisés, cuando realizó las diversas señales que Dios le había dado, y les dijo que Dios estaba a punto de liberarlos. Ahora se vuelven contra Moisés y Aarón, acusándolos:

> Cuando dejaron a Faraón, se encontraron con Moisés y Aarón que los esperaban para reunirse, y dijeron: "¡Qué el Eterno los mire y los juzgue! Nos has convertido en la pestilencia de Faraón y sus oficiales, dándoles la espada en su mano para matarnos" (Éxodo 5:20-21).

A este punto Moisés –que había sido tan reacio en aceptar la misión– se tornó hacia Dios en protesta y angustia:

> Moisés se volvió al Eterno y dijo: "Oh Eterno, ¿por qué has traído problemas a este pueblo? ¿Es para esto que me enviaste? Desde

> el momento en que fui a hablar con Faraón en Tu nombre, él ha traído problemas al pueblo y Tú no has rescatado a Tu pueblo para nada" (Éxodo 5:22-23).

Sin embargo, nada de esto había sido accidental. La Torá está preparando el terreno para una de sus propuestas más monumentales: Es en la noche más oscura que Israel tiene sus más grandes visiones. La esperanza nace al borde mismo del abismo de la desesperación. No hay nada natural en esto, nada inevitable. Ninguna lógica puede dar lugar a la esperanza, ninguna ley histórica traza un camino desde la esclavitud a la redención, del exilio al regreso. Toda la secuencia de eventos ha sido un preludio al momento más formativo de la historia de Israel: la intervención de Dios en la historia, el Poder Supremo interviniendo a favor de los supremamente impotentes, no (como en cualquier otra cultura) para respaldar el *statu quo* sino para revocarlo.

El discurso a continuación, en Éxodo 6:2-8, es impresionante en su grandeza y estructura literaria. Como Nechama Leibowitz y otros señalan, toma la forma de quiasmo:[1]

Dios le dice a Moisés:

[A] **Yo soy Dios.**

[B] Yo aparecí ante Abraham, Isaac y Jacob como el Señor Todopoderoso, pero por Mi nombre Dios no me conocieron.

[C] También establecí Mi pacto con ellos de darles la tierra de Canaán, donde vivieron como extranjeros.

[D] Además, he oído el gemido de los israelitas, a quienes los egipcios esclavizaron, y recordé Mi pacto.

[E] Por lo tanto, dile a los israelitas,

1. Un quiasmo es una forma literaria que muestra simetría de imagen especular (ABCBA), de modo que la segunda mitad repite la primera a la inversa.

**Yo soy Dios**

[D1] y Yo los sacaré de debajo del yugo de los egipcios. Los liberaré de ser sus esclavos, y los redimiré con brazo extendido y poderosos actos de juicio. Los tomaré como Mi propio pueblo y seré vuestro Dios. Y entonces sabrán que Yo soy el Eterno vuestro Dios que los sacó de debajo del yugo de los egipcios.

[C1] Y los traeré a la tierra que juré darles

[B1] a Abraham, Isaac y Jacob. Se las daré a ustedes en posesión.

[A1] **Yo soy Dios.**

La estructura está elaborada con extraordinario detalle. La primera y segunda mitad del discurso contienen cada una exactamente 50 palabras en el texto hebreo. B y B1 tratan sobre los patriarcas; C y C1 sobre la tierra; D y D1 sobre Egipto y la esclavitud. La primera mitad es sobre el pasado, la segunda sobre el futuro. La primera mitad se refiere a los israelitas en tercera persona ("ellos"), la segunda mitad en segunda persona ("tú"). El discurso entero gira en torno a la triple repetición de "Yo soy Dios", al principio, al final y en el medio. (En realidad la frase aparece cuatro veces, la mención extra es en D1. No es imposible que esto esté relacionado con el hecho de que el nombre –que es, como veremos, el tema central del discurso– tiene cuatro letras, el llamado tetragrámaton).

Todo el discurso está lleno de interés, pero lo que nos concierne, como lo ha hecho a sucesivas generaciones de estudiosos, es la proposición señalada al principio: "Yo aparecí ante Abraham, Isaac y Jacob como el Señor Todopoderoso, pero por Mi nombre Dios no me conocieron". Se está planteando una distinción fundamental entre la experiencia que los patriarcas tuvieron de Dios, y la experiencia que los israelitas están a punto de tener. Algo nuevo, sin precedentes, está por ocurrir. ¿Qué es?

Claramente tiene que ver con los nombres por los cuales Dios es conocido. El versículo distingue entre El Shadai ('el Señor Todopoderoso") y el nombre de cuarto letras de Dios al que, debido a su santidad, la tradición judía se refiere simplemente como Hashem –"el nombre" por excelencia (traducido arriba simplemente como "Dios").

Como señalan los comentaristas clásicos judíos, el versículo debe leerse con especial cuidado. No dice que los patriarcas "no conocían" este nombre; ni tampoco dice que Dios "no les hizo saber este nombre". El nombre de cuatro letras aparece no menos de 165 veces en el libro de Génesis. Dios mismo usa la frase "Yo soy *Hashem*" tanto con Abraham (Génesis 15:7) como con Jacob (28:13). La explicación de Rashi es la más simple y elegante:

> No está escrito aquí: "[Mi nombre, *Hashem*] no les di a conocer", sino más bien "[Por el nombre, *Hashem*] no me conocieron", es decir, no fui reconocido por ellos en Mi atributo de "mantener la fe", por lo cual Mi nombre es "*Hashem*", es decir que soy fiel para cumplir Mi palabra, porque les hice promesas a ellos pero no las cumplí [durante su vida]. [2]

¿Entonces cuál es la diferencia entre los otros nombres de Dios y *Hashem*? Para los sabios del Midrash, *Hashem* significaba el atributo divino de compasión:

> Dios le dijo a Moisés: "¿Tú quieres saber Mi nombre? Soy llamado de acuerdo a Mis hechos... Cuando juzgo a las criaturas, soy llamado Elokim. Cuando hago la guerra contra los malvados, soy llamado 'Señor de los ejércitos'. Cuando suspendo el juicio por los pecados del hombre, soy llamado El Shadai. Cuando soy misericordioso hacia Mi mundo, soy llamado *Hashem*". [3]

Para Yehudá Halevi y Najmánides, la diferencia clave tiene que ver con los actos de Dios dentro y más allá de la naturaleza. Así es como Yehudá Halevi lo explica en *El Cuzarí*:

> Quizás esto es lo que quiere decir la Biblia cuando dice: "Y aparecí

2. Rashi, comentario a Éxodo 6:3.
3. *Shemot Rabá* 3:6.

> ante Abraham… como El Shadai", es decir, en la forma de poder y dominio… Sin embargo, no realizó milagros para los patriarcas como lo hizo para Moisés… porque las maravillas hechas para Moisés y los israelitas no dejaron lugar a dudas en sus almas que el creador del mundo también creó estas cosas que Él trajo a la existencia inmediatamente por Su voluntad, como las plagas en Egipto, la división del Mar de los Juncos, el maná, la columna de nube, y otras más. [4]

De forma similar, Najmánides escribe:

> De este modo Dios le dijo a Moisés: "He aparecido ante los patriarcas con el poder de Mi brazo con el que prevalezco sobre las constelaciones, y ayudo a quienes he elegido, pero con Mi nombre *Hashem*, con el cual toda existencia surgió, no me di a conocer a ellos, o sea, para crear nuevas cosas para ellos mediante el cambio abierto de la naturaleza". [5]

Por lo tanto, para el Midrash, la clave de la nueva revelación de Dios en los días de Moisés fue Su compasión al responder a los clamores de los oprimidos israelitas. Para Yehudá Halevi y Najmánides fue el hecho de que el éxodo fue acompañado por eventos sobrenaturales (lo que Najmánides llama milagros "revelados" en contraposición a "ocultos"). [6]

Sin embargo, la explicación más simple y convincente la da Rashi. Algo estaba por cambiar. Los patriarcas habían recibido la promesa del pacto. Se convertirían en una nación. Heredarían una tierra. Pero nada de esto ocurrió durante sus vidas. Por el contrario, mientras el libro de Génesis está por finalizar, la familia de los patriarcas apenas llega a ser

4. Yehudá Halevi, El Cuzarí 2:2.
5. Rambán, comentario a Éxodo 6:2.
6. Ver Rambán, comentario a Génesis 17:1; Charles Chavel, *Ramban, His Life and Teachings* (New York: Feldheim, 1960), 84-88. Para Najmánides, todos los eventos son milagrosos, ya que son la voluntad de Dios. Sin embargo, aquellos que no involucran la suspensión de la ley natural, son milagros "ocultos", ya que su naturaleza milagrosa no es evidente.

de setenta almas y están en el exilio en Egipto. Pero ahora estaba por comenzar el cumplimiento de la promesa.

En el primer capítulo de Éxodo ya oímos, por primera vez, la frase *am bnei Israel*, "el pueblo de los hijos de Israel" (1:9). Israel ya no es simplemente una familia, se ha convertido por fin en una nación. Moisés, en la zarza ardiente, recibió el mensaje de Dios que estaba por conducir al pueblo a "una buena y espaciosa tierra, una tierra en la que fluye leche y miel" (3:8). Por lo tanto, *Hashem* significa el Dios que actúa en la historia para cumplir Sus promesas.

A través de estos ensayos he tratado de transmitir el carácter transformador del mundo de esta idea. Lo que resulta revolucionario en el judaísmo no es solamente el concepto de monoteísmo, que el universo no es un choque ciego de poderes en conflicto, sino el resultado de una única voluntad creativa. Es que Dios está *involucrado* en Su creación. Dios no es simplemente la fuerza que dio origen al universo, ni se le alcanza solo en los rincones privados del alma. En un cierto punto Él intervino en la historia, para rescatar a Su pueblo de la esclavitud y ponerlos en el camino de la libertad. Esta fue la revolución, tanto política como intelectual.

En el centro de la mayoría de las visiones de la condición humana está lo que Mircea Eliade (en su libro "El mito del eterno retorno") llama "el terror de la historia".[7] El paso del tiempo, con sus desastres, su aparente aleatoriedad, su radical contingencia, es profundamente amenazante para la búsqueda humana del orden y la coherencia. Parece que no hay sentido en la historia. Vivimos, morimos, y es como si nunca hubiésemos estado. El universo no da ninguna señal de interés hacia nuestra existencia. Si esto era así en los tiempos antiguos, cuando la gente creía en la existencia de dioses, mucho más lo es ahora con esos neo-darwinianos que ven la vida como nada más que la operación de "oportunidad y necesidad" (Jacques Monod) o "el relojero ciego" (Richard Dawkins).[8] El tiempo parece borrar todo significado. Nada es duradero. Nada perdura. El autor

7. Mircea Eliade, *Cosmos and History: The Myth of the Eternal Return* (New York: Harper & Row, 1959), 139.
8. Jacques Monod, *Chance and Necessity* (New York: Vintage, 1972); Richard Dawkins, *The Blind Watchmaker* (New York: Norton, 1996).

de Eclesiastés está obsesionado con este hecho: "El destino del hombre es como el de los animales; el mismo destino les espera a ambos; como uno muere, así lo hace el otro... Nada tiene sentido" (Eclesiastés 3:19).

Es en este contexto que el mito y el ritual surgen como intento de dotar de significado a la condición humana. Ambos tienen como objetivo el darnos un sentido de eternidad. El mito nos habla de cómo eran las cosas antes del nacimiento del tiempo. Los rituales son actos a través de los cuales las personas se transponen al tiempo más allá del tiempo, y al espacio más allá del espacio. En palabras de Eliade: "un objeto o un acto se vuelve real sólo en la medida en que imita o repite un arquetipo. De este modo, la realidad se adquiere solamente a través de la repetición o la participación... cualquier repetición de un gesto arquetípico suspende la duración, suprime el tiempo profano y participa en el tiempo mítico".[9] El ritual es una repetición sin fin. Así fueron las cosas y siempre serán. El mito nos da la estructura de una realidad que nunca cambia. La imaginación mítica es un intento de escapar de la historia y de las vicisitudes del tiempo.

Por el contrario, en el Israel antiguo "por primera vez, los profetas dieron valor a la historia... Por primera vez encontramos afirmada y cada vez más aceptada la idea de que los acontecimientos históricos tienen valor en sí mismos, en la medida en que están determinados por la voluntad de Dios... Los hechos históricos se transforman así en situaciones del hombre con respecto a Dios, y como tales, adquieren un valor religioso que anteriormente nada les había podido conferir. Puede decirse, entonces, que los hebreos fueron los primeros en descubrir el sentido de la historia como la epifanía de Dios".[10] El judaísmo es el primer y único intento de dar significado a los acontecimientos, y de ver en las crónicas de la humanidad algo más que una mera sucesión de hechos, verlos nada menos que como un drama de redención en el cual el destino de una nación refleja su lealtad, o no, a un pacto con Dios.

Es difícil recuperar este punto de inflexión en la imaginación humana, del mismo modo que nos resulta difícil imaginar lo que fue para la gente encontrarse por primera vez con el descubrimiento de

9. Eliade, *Cosmos and History: The Myth of the Eternal Return*, 34–36.
10. Idem., 104.

Copérnico y Galileo de que la tierra gira alrededor del sol. Debe haber sido una amenaza aterradora y desestabilizadora para todos los que creían en la inmovilidad de la Tierra; que era el único punto estable en un universo en movimiento. Así fue con el tiempo. Los antiguos creían que nada cambiaba realmente. Según la hermosa frase de Platón, el tiempo no era más que "la imagen en movimiento de la eternidad". Esa era la certeza que le daba tranquilidad a la gente. Los tiempos pueden estar fuera de lugar, pero eventualmente se restablecerá el orden. Las cosas volverán a ser como eran.

Pensar en la historia como un escenario de cambio es igualmente aterrador. Significa que tenemos solo una vida por vivir; que lo que pasó una vez puede nunca más volver a suceder; que estamos embarcados en una travesía sin ninguna certeza de que alguna vez volveremos al punto de partida. Es lo que Milan Kundera quiso decir con su frase "la insoportable levedad del ser".[11] Solo una profunda fe –un nuevo tipo de fe, rompiendo con el mundo entero de la mitología antigua– pudo darle a las personas el valor de emprender un viaje hacia lo desconocido. Vale la pena citar detalladamente la conclusión de Eliade:

> Básicamente, el horizonte de arquetipos y repetición no puede ser trascendido impunemente a menos que aceptemos una filosofía de libertad que no excluye a Dios... La fe, en este contexto como en muchos otros, significa la absoluta emancipación de cualquier tipo de "ley" natural y por lo tanto la mayor libertad que el hombre puede imaginar: libertad para intervenir incluso en la constitución ontológica del universo. Se trata, en consecuencia, de una libertad eminentemente creativa. En otras palabras, constituye una nueva fórmula de la colaboración del hombre con la creación, la primera, pero también la única fórmula de este tipo que se le concedió desde que se trascendió el horizonte tradicional de los arquetipos y la repetición. Solo este tipo de libertad... puede defender al hombre moderno del terror de la historia, una libertad que tiene su fuente y encuentra su garantía y su soporte en Dios. Cualquier otro tipo de libertad moderna, a pesar de las

11. Milan Kundera, *The Unbearable Lightness of Being* (London: Faber, 1984).

> satisfacciones que le procure a quien la posea, es incapaz de justificar la historia; y esto, para cada persona que es sincera consigo misma, es equivalente al terror de la historia… Cualquier otra situación del hombre moderno lleva, al final, a la desesperación.[12]

En otras palabras, no solo entonces, pero en todos los tiempos incluyendo el presente, la elección final radica entre la fe en el Dios de la historia (que invita a los seres humanos ser Sus socios en la obra de la redención), o el "terror de la historia" cuyo único refugio es el mito.

¿Dónde está Dios? Es una señal de lo profundamente influenciados que hemos sido por la antigua Grecia el tender a responder a esta pregunta en términos filosóficos, refiriéndonos a pruebas de la lógica o de la naturaleza. Muchos pensadores judíos –Maimónides es el ejemplo más famoso– hicieron lo mismo. Sin embargo, Yehudá Halevi pensó lo contrario. Señaló que los diez mandamientos no empiezan con la frase "Yo soy el Eterno tu Dios que creó el cielo y la tierra", sino con "Yo soy el Eterno tu Dios que te sacó de la tierra de Egipto, de la casa de la esclavitud". Dios –el que llamamos *Hashem*– no se encuentra principalmente en la creación (esa es otra cara de Dios al cual le damos el nombre de Elokim), sino en la historia.

Me parece conmovedor que sea precisamente esto lo que observadores no judíos han concluido. Por ejemplo, Pascal escribió:

> Es cierto que en ciertas partes del mundo podemos ver un pueblo peculiar, separado de los otros pueblos del mundo, y es llamado el pueblo judío… Este pueblo no es solo de notable antigüedad, sino que también ha perdurado durante un tiempo singularmente largo… Pues mientras que los pueblos de Grecia e Italia, de Esparta, Atenas y Roma, y otros que llegaron después, han perecido hace tanto tiempo, este pueblo todavía existe a pesar de los esfuerzos de tantos reyes poderosos que han intentado cientos de veces de eliminarlos, como atestiguan sus historiadores, y como puede ser fácilmente juzgado por el orden natural de las cosas durante un período de años tan extenso. Sin embargo,

12. Eliade, *Cosmos and History: The Myth of the Eternal Return*, 160–162.

> siempre han sido preservados y su preservación fue predicha... Mi encuentro con este pueblo me sorprende...[13]

El pensador ruso, alguna vez marxista, Nikolai Berdyaev llegó a una conclusión similar:

> Recuerdo cómo la interpretación materialista de la historia, cuando en mi juventud intenté aplicarla al destino de los pueblos, se vino abajo en el caso de los judíos, donde el destino parecía absolutamente inexplicable desde el punto de vista materialista... Su supervivencia es un fenómeno magnífico y misterioso que demuestra que la vida de este pueblo está gobernada por una predeterminación especial, trascendiendo los procesos de adaptación expuestos por la interpretación materialista de la historia. La supervivencia de los judíos, su resistencia a la destrucción, su tolerancia en condiciones absolutamente peculiares y el fatídico papel que desempeñaron en la historia: todo esto apunta a los particulares y misteriosos fundamentos de su destino.[14]

Más recientemente, la escritora Bárbara Tuchman escribió:

La historia de los judíos es... intensamente peculiar por el hecho de haber dado al mundo occidental su concepto de orígenes y monoteísmo, sus tradiciones éticas, y el fundador de su religión predominante, a pesar de sufrir dispersión, apatridia y persecución incesante, y finalmente en nuestros tiempos casi genocidio exitoso, seguido dramáticamente por el cumplimiento del sueño nunca abandonado de regresar a su tierra. Al contemplar esta extraña y singular historia, uno no puede evitar la impresión de que debe contener un significado especial para la historia de la humanidad, que de algún modo, ya sea que uno crea en un propósito divino o en circunstancias inescrutables, los judíos han sido elegidos para llevar la historia del destino humano.[15]

Hace unos 3,300 años, Dios le dijo a Moisés que intervendría en

13. Pascal, *Pensées*, trad. A.J. Krailsheimer (Harmondsworth: Penguin, 1968), 171, 176–7.
14. Nicolai Berdyaev, *The Meaning of History* (1936), 86–87.
15. Barbara Tuchman, *Bible and Sword* (New York: Ballantine, 1984), ix–x.

el ámbito del tiempo, no sólo (aunque principalmente) para rescatar a los israelitas, sino también "para que Mi nombre sea anunciado en todo el mundo" (9:16). El guión de la historia llevaría la marca de una mano, no humana sino divina. Y comenzó con estas palabras: "Por tanto, di a los israelitas: Yo soy Dios, y los sacaré de debajo del yugo de los egipcios".

CB

# Bo

# בא

La *parashá* de *Bo* detalla las últimas tres plagas y la institución de la celebración de la festividad de Pesaj, tanto en el momento del éxodo como en las generaciones posteriores. El largo exilio había llegado a su fin. Los israelitas habían comenzado su travesía hacia la libertad.

El primero de los siguientes ensayos se centra en la novena plaga, la oscuridad. ¿Cuál es su significado y su simbolismo? El segundo explora la preocupación de Moisés de que la historia del éxodo sea relatada a las futuras generaciones. ¿Cuál es la conexión entre educación y libertad? El tercero mira al "hijo malvado" de la Hagadá y qué nos enseña este pasaje respecto de la naturaleza colectiva de la identidad judía. El cuarto analiza el extraordinario detalle de la insistencia de Dios de que antes de irse, los israelitas tomen recipientes de oro y plata de los egipcios como forma de pago por su labor como esclavos. ¿Por qué fue ello tan importante como forma de preparación para la libertad?

# *Corazón de la oscuridad*

La novena plaga –la oscuridad– viene envuelta en su propia oscuridad.

¿Qué está haciendo aquí esta plaga? Parece estar fuera de secuencia. Hasta ahora, ha habido ocho plagas y de manera sucesiva se han vuelto constante e inexorablemente más serias. Las dos primeras, en las que el Nilo se volvió rojo sangre y se produjo la infestación de ranas, parecían ser más una señal o un presagio que otra cosa. La tercera y la cuarta, los mosquitos y las moscas, generaron incomodidad en las personas mas no una crisis. La quinta plaga mató al ganado, afectó a los animales, pero no a los seres humanos.

La sexta plaga, los forúnculos, se trató nuevamente de un malestar, pero esta vez ya de gravedad, y no fue esta una molestia externa sino una aflicción corporal. (Cabe recordar que Job perdió todo lo que tenía y no comenzó a maldecir su destino hasta que su cuerpo se cubrió completamente de llagas: Job 2). La séptima y octava, granizo y langostas, destruyeron el grano de Egipto. Ahora, la pérdida del ganado sumada a la del grano implicaba que no había comida. La décima plaga estaba aún por venir, la muerte de los primogénitos, en retribución por el asesinato de los niños israelitas que perpetrara

Faraón. Sería esta plaga la que eventualmente quebraría la resolución del monarca egipcio.

Por lo que esperaríamos que la novena plaga fuera realmente muy seria, algo que amenazara, aunque no directamente, la vida humana. En cambio, leemos lo que parece ser un anticlímax.

> Entonces el Eterno le dijo a Moisés: "Extiende tu mano hacia el cielo para que la oscuridad se cierna sobre Egipto, una tiniebla que pueda ser sentida". Entonces, Moisés extendió su mano hacia el cielo y una oscuridad absoluta cubrió a todo Egipto por tres días. Nadie podía ver a nadie ni abandonar su sitio de residencia durante tres días. Sin embargo, todos los israelitas tenían luz en los sitios que habitaban (Éxodo 10:21-23).

La oscuridad es una molestia, pero no más que eso. La frase "una tiniebla que puede ser sentida" sugiere qué es lo que ocurrió: un *jamsín,* una tormenta de arena de un tipo que no resultaba poco familiar a los egipcios, que suele durar varios días y producir una nube de arena y polvo que borra la luz del sol. Por lo general, el *jamsín* es generado por vientos del sur que soplan sobre Egipto provenientes del desierto del Sahara. La peor de las tormentas de este tipo suele ser la primera de cada temporada, y suele producirse en el mes de marzo. Esto encaja perfectamente con la fecha de la plaga, ya que fue poco antes de la muerte de los primogénitos, que acaeció en Pesaj.

La novena plaga fue sin duda inusual en cuanto a su intensidad, pero no se trató de un evento totalmente desconocido para los egipcios, ni entonces ni en la actualidad. ¿Por qué entonces figura en la narración de las plagas inmediatamente antes de su punto álgido? ¿Por qué no sucedió más cerca del principio, como una de las plagas menos severas?

La respuesta se encuentra en una de las líneas de *Dayeinu,* la canción que cantamos como parte de la Hagadá: "Si Dios hubiera ejecutado juicio contra ellos (los egipcios) sin haberlo hecho contra sus dioses, habría sido suficiente para nosotros". En dos oportunidades la propia Torá se refiere a esta dimensión de las plagas:

> "Pasaré a través de Egipto en esa noche y mataré a todo primogé-

nito de Egipto, humano y animal. Efectuaré actos de juicio contra todos los dioses de Egipto: (Solo) Yo soy Dios" (Éxodo 12:12).

Los egipcios estaban enterrando a todos sus primogénitos que habían sido derribados por el Eterno; y contra sus dioses, el Eterno había ejecutado juicio (Números 33:4).

En una primera instancia, no todas las plagas fueron dirigidas contra los egipcios. Algunas lo fueron sobre aquello que era su objeto de culto. Este es el caso de las dos primeras plagas. En el antiguo Egipto, el Nilo era personificado como el dios Hapi y era adorado como la fuente de la fertilidad de esa región que, de no ser por el río, sería completamente desértica. A esta deidad se le realizaban ofrendas durante la temporada de la inundación. Las inundaciones en sí eran atribuidas a una de las mayores deidades egipcias, Osiris. La plaga de las ranas habría sido asociada por los egipcios a la deidad Heket, que según creían, asistía a los alumbramientos en su rol de partera, y era representada por una mujer con cabeza de rana.

Las plagas no solo estaban destinadas a castigar a Faraón y a su pueblo por haber maltratado a los israelitas, sino también a demostrar la impotencia de las deidades en las cuales ellos creían. Lo que estaba en juego en esta confrontación era la diferencia entre el mito –en el cual los dioses son meros poderes que podían ser domesticados, propiciados o manipulados– y el monoteísmo bíblico, en el cual la ética (la justicia, la compasión y la dignidad humana) constituye el punto de encuentro entre Dios y la humanidad.

El simbolismo de estas plagas, que a menudo se nos escapa, habría sido inmediatamente evidente para los egipcios. Ahora dos cosas se tornan claras. La primera es por qué los magos egipcios declararon: "Este es el dedo de Dios" (Éxodo 8:15) solo después de la tercera plaga de los piojos. Las primeras dos plagas no los habrían sorprendido en absoluto. Las habrían entendido como el accionar de deidades egipcias que, tal como creían, a veces se enojaban con la gente y se vengaban.

La segunda es el simbolismo sensiblemente diferente que las dos primeras plagas estaban destinadas a tener para los israelitas y para nosotros. Al igual que en el caso de la décima plaga, estas no eran simples milagros destinados a demostrar el poder del Dios de Israel, como si la religión fuera una arena de contienda de gladiadores en la cual el dios más fuerte es el vencedor. Su significado era moral. Representaban el más fundamental de los principios éticos, establecido en el Pacto noájico con las palabras: "El que derramare la sangre del hombre, a manos del hombre su sangre será derramada" (Génesis 9:6). Esta es la regla de la justicia retributiva, medida por medida: tal como haces, así se hará con vosotros.

En una primera instancia, Faraón ordenó a las parteras que mataran a todos los bebés varones israelitas; y luego, cuando eso falló, instruyó que "cada niño varón que naciera debía ser arrojado al Nilo" (Éxodo 1:22). Haciendo esto, el monarca egipcio transformó lo que debían haber sido símbolos de vida (el Nilo, que alimentaba la agricultura egipcia, y las parteras) en agentes de muerte. El río que se había convertido en sangre y las ranas que se parecían a Heket e infestaban la tierra, no eran necesariamente aflicciones sino más bien comunicaciones codificadas, como para decirle a los egipcios: la realidad posee una estructura ética. Mira cómo se siente cuando los dioses que tú volviste en contra de los israelitas ahora se vuelven en tu contra. Si se usan para fines malos, los poderes de la naturaleza se volverán contra el ser humano, de modo que aquello que él haga, le será hecho a su vez. Hay justicia en la historia.

Y así se llega a la décima plaga, para la cual las nueve anteriores sirvieron de mero preludio. A diferencia de todas las demás plagas, su significado le fue revelado a Moisés incluso antes de que partiera en su misión, mientras aún vivía en Midián con Itró:

> Le dirás a Faraón: Así dice el Eterno: "Israel es Mi hijo, Mi primogénito. Te he dicho que dejes ir a Mi hijo para que pueda servirme. Si te niegas a dejarlos ir, mataré a tu hijo primogénito" (Éxodo 4:22-23).

Mientras que las dos primeras plagas fueron representaciones simbólicas del asesinato que los egipcios perpetraran contra los hijos de los israelitas, la décima plaga fue una sentencia de justicia retributiva, como si el cielo les estuviera diciendo a los egipcios: Ustedes perpetraron, apoyaron o aceptaron pasivamente el asesinato de niños inocentes. Solo hay una manera de que puedan darse cuenta del mal que han hecho: si ustedes mismos sufren lo que le hicieron padecer a otros.

Esto también ayuda a explicar la diferencia existente entre las dos palabras que la Torá emplea de manera regular para describir lo que Dios hizo en Egipto: *otot umoftim,* "señales y maravillas". Estas dos palabras no son dos maneras de describir una misma cosa, milagros. Describen cosas bastante diferentes. Un *mofet,* o maravilla, es en efecto un milagro. Un *ot,* o señal, es algo más: se trata de un símbolo (tal como el tefilín o la circuncisión, ambos son denominados *ot*), es decir, una comunicación codificada, un mensaje.

El significado de la novena plaga resulta obvio ahora. El mayor de los dioses del panteón egipcio era Ra o Re, el dios del sol. El nombre del faraón comúnmente asociado con el éxodo, Ramsés II, significa *meses,* "hijo de" (tal como el nombre Moisés) Ra, el dios del sol. Los egipcios creían que eran gobernados por el sol. Su gobernante humano, o Faraón, era semi divino, era el hijo del dios sol.

De acuerdo con la mitología egipcia, en el inicio de los tiempos, el dios sol gobernó junto con Nun, las aguas primigenias. Eventualmente hubo muchas deidades. Entonces Ra creó seres humanos a partir de sus lágrimas. Sin embargo, al ver que eran engañosos, envió a la diosa Hathor para destruirlos; solo unos pocos sobrevivieron.

La plaga de la oscuridad no era un *mofet* sino un *ot,* una señal. La destrucción del sol indicó que existía un poder mayor que Ra. Sin embargo, lo que la plaga representaba era no tanto el poder de Dios sobre el sol, sino más bien el rechazo por parte de Dios de una civilización que convirtió a un humano, Faraón, en un gobernante absoluto (hijo del dios sol) con la capacidad de esclavizar a otros seres humanos y de una cultura que podía tolerar el asesinato de niños porque eso es precisamente lo que Ra mismo había hecho.

Cuando Dios le dijo a Moisés que le dijera a Faraón: "Mi hijo, Mi primogénito Israel", estaba diciendo: Yo soy el Dios que cuida de Sus hijos, no uno que los mata. La novena plaga fue un acto divino de comunicación que decía: no existe solamente la oscuridad física, sino también la oscuridad moral. La mejor prueba para una civilización es ver cómo trata a sus niños, a los propios y a los de los demás. En una era de familias desintegradas, con niños abandonados y empobrecidos, y peor aún, en la que se hace uso de niños como instrumentos de guerra, es esta una lección que aún precisamos aprender.

ID

# *Escuelas de libertad*

*Y le explicarás a tu hijo en ese día:*
*"Es por lo que el Eterno hizo por mí*
*cuando me liberé de Egipto" (Éxodo 13:8).*

Era el momento que habían estado esperando por más de doscientos años. Los israelitas, esclavos en Egipto, estaban a punto de quedar libres. Diez plagas habían azotado duramente al país. El pueblo fue el primero en entenderlo; Faraón fue el último. Dios estaba del lado de la libertad y la dignidad humana. Por más poderoso que sea tu ejército o policía, no puedes construir una nación esclavizando a unos en beneficio de otros. La historia se volverá contra ti, tal como lo ha hecho contra todas las tiranías que la humanidad ha conocido.

Y ahora había llegado el momento. Los israelitas estaban a punto de ser liberados. Moisés, su líder, los reunió y se preparó para dirigirse a ellos. ¿De qué les hablaría en ese crucial momento, del nacimiento de un pueblo? Podría haber hablado de muchas cosas. Podía haberles hablado de la libertad, de la ruptura de sus cadenas, y del fin de la esclavitud. Podía haberles hablado sobre el destino al cual estaban a punto de viajar, la "tierra que mana leche y miel" (Éxodo 3:17).

O podría haber escogido un tema más sombrío: el viaje que tenían por delante, los peligros que habrían de enfrentar; lo que Nelson Mandela llamó "el largo camino hacia la libertad". Cualquiera de estos habría sido el discurso de un gran líder que presiente un momento histórico en el destino de Israel.

Moisés no hizo ninguna de estas cosas. En lugar de ello, habló sobre los niños, sobre el futuro distante y el deber de transmitir la memoria a las generaciones aún no nacidas. En la *parashá* de *Bo* regresa tres veces sobre este tema:

> Cuando entres a la tierra que el Eterno te dará tal como ha prometido, habrás de observar esta ceremonia. Y cuando tus hijos te digan: "¿Qué significa para ti esta ceremonia?" entonces diles: "Es el sacrificio de Pesaj para el Eterno, que pasó por sobre las casas de los israelitas en Egipto, y salvó a nuestros hogares cuando hirió a los egipcios" (Éxodo 12:26-27).
>
> En ese día dile a tu hijo: "Hago esto por lo que hizo el Eterno por mí cuando salí de Egipto" (Éxodo 13:8).
>
> En los días que vendrán, cuando tu hijo te pregunte: "¿Qué significa esto?", dile: "Con mano fuerte el Eterno nos sacó de Egipto, de la tierra de esclavitud" (Éxodo 13:14).

Estando a punto de obtener su libertad, se les dijo a los israelitas que debían convertirse en una nación de educadores. Esto es lo que hizo de Moisés no solamente un gran líder sino también un conductor singular. Lo que la Torá enseña es que la libertad se gana, no en el campo de batalla, ni en la arena política, ni en los tribunales nacionales o internacionales, sino en la imaginación y la voluntad humana. Para defender a un país se necesita un ejército. Pero para defender a una sociedad se necesitan escuelas. Se necesitan familias y un sistema educativo en el cual los ideales sean transmitidos de una generación a la siguiente, y nunca se pierdan, ni desesperen ni se oscurezcan. Nunca ha habido una comprensión más profunda de la libertad. No resulta difícil, decía Moisés, obtener la libertad, pero mantenerla es una labor de cien generaciones. Olvidalo y lo perderás.

La libertad necesita de tres instituciones: paternidad, educación y memoria. Debes hablarles a tus hijos sobre la esclavitud y el largo viaje hacia la liberación. Deben saborear cada año el pan de la aflicción y las hierbas amargas del trabajo esclavo. Deben saber cómo se siente la opresión si han de luchar contra ella en cada generación. Así, los judíos se volvieron una nación cuya pasión fue la educación, cuyas fortalezas fueron escuelas y sus héroes fueron maestros.

El resultado fue que cuando se destruyó el Segundo Templo, los judíos ya habían construido el primer sistema de educación obligatoria y universal del mundo, financiado con fondos públicos:

> Sea recordado para bien Yehoshua ben Gamla, porque si no hubiera sido por él Israel habría olvidado la Torá. En un inicio cada niño era instruido por su padre, y como resultado los huérfanos quedaron sin educación. Fue entonces que se resolvió que fueran nombrados en Jerusalén maestros para los niños, y un padre –que vivía fuera de la ciudad– podía traer a su hijo para que fuera instruido, pero los huérfanos quedaron aun sin instrucción. Luego se resolvió nombrar maestros en cada distrito y que los muchachos de las edades de dieciséis y diecisiete fueran puestos bajo su tutela; mas cuando el maestro se enojaba con un alumno, este se rebelaba y se iba. Finalmente Yehoshua ben Gamla instituyó que fueran nombrados maestros en cada provincia y en cada ciudad, y que se pusieran a su cargo los niños desde la edad de seis o siete.[1]

A los efectos de contrastar, señalemos que Inglaterra no instituyó la educación obligatoria y universal hasta 1870. En los Estados Unidos este proceso llevó desde 1852 (Massachusetts) hasta 1918 (Mississippi). La seriedad que los sabios le atribuyen a la educación puede ser medida en los siguientes dos pasajes:

1. *Baba Batra* 21a.

> Si una ciudad no ha tomado medidas para la educación de los jóvenes, sus habitantes habrán de ser amonestados por medio de una prohibición hasta que se hayan reclutado maestros. En caso de que descuiden persistentemente este deber, la ciudad habrá de ser excomulgada, ya que el mundo sobrevive únicamente por el mérito del hálito de los niños de la escuela.[2]
>
> Rabí Yehudá HaNasí envió a Rabí Jiya, a Rabí Ysi y a Rabí Ami en una misión por todas las ciudades de Israel para que instituyan maestros en cada localidad. Llegaron a un pueblo en el cual no había docentes. Dijeron a los habitantes: "Tráigannos a los protectores de la ciudad". Trajeron a la guardia militar. Los rabinos dijeron: "Estos no son los protectores de la ciudad sino sus destructores". "Entonces, ¿quiénes son los protectores?" preguntaron los habitantes. Les respondieron: "Los maestros".[3]

Ninguna otra fe le ha conferido un valor más elevado al estudio. Ninguna le ha adjudicado un estatus más destacado en la escala de las prioridades comunitarias. Desde el principio Israel supo que la libertad no puede crearse mediante legislación ni sostenerse únicamente a través de estructuras políticas. Tal como lo expresara el juez norteamericano Learned Hand:

> La libertad está en el corazón de los hombres y las mujeres; cuando muere allí, no hay constitución, ley o tribunal que pueda salvarla; ninguna constitución, ley o corte pueden incluso hacer demasiado para ayudarle. ¿Y qué es esta libertad que debe anidar en el corazón de los hombres y las mujeres? No es la voluntad despiadada y desenfrenada, ni es la libertad de hacer lo que uno desea. Eso es la negación de la libertad y conduce directamente a su colapso. Una sociedad en la que los hombres no reconocen control alguno sobre su libertad, muy pronto se convierte en una

2. Rambam, *Mishné Torá*, Hiljot Talmud Torá 2:1.
3. Talmud Yerushalmi, *Jaguigá* 1:6.

> sociedad en la cual la libertad es posesión de unos pocos salvajes, tal como lamentablemente hemos aprendido.[4]

Esa es la verdad resumida en una notable exégesis de los sabios. Ellos la basaron en el siguiente versículo que habla sobre las Tablas de la Ley que Moisés recibió en el Sinaí:

> Las tablas eran obra de Dios, la escritura era la escritura de Dios, grabada (*jarut*) sobre las tablas (Éxodo 32:16).

Ellos reinterpretaron el versículo de la siguiente manera:

> No leas *jarut,* grabada, sino *jerut,* libertad, porque no hay persona tan libre como aquella que se dedica al estudio de la Torá.[5]

Lo que querían decir es que, si la ley está grabada en el corazón de la gente, no precisa ser forzada por la policía. La verdadera libertad –*jerut*– es la capacidad de controlarse a uno mismo sin tener que ser controlado por otros. Sin aceptar voluntariamente un código de restricciones morales y éticas, la libertad se convierte en licencia y la sociedad misma en un campo de batalla donde combaten entre sí instintos y deseos.

Esta idea, fatídica en sus implicaciones, fue articulada por primera vez por Moisés en esta *parashá,* en sus palabras dirigidas a los israelitas allí reunidos. Él les estaba diciendo que la libertad es más que un momento de triunfo político. Es un esfuerzo constante, a lo largo de los siglos, de enseñar a quienes vienen tras nosotros las batallas que libraron nuestros ancestros, y por qué, para que mi libertad nunca sea sacrificada a la tuya, o comprada a costa de la de otro. Por eso es que, hasta el día de hoy, en Pesaj comemos *matzá,* el pan sin levadura de la aflicción, y saboreamos *maror,* las hierbas amargas de la esclavitud, para recordar el duro gusto de la aflicción y nunca caer en la tentación de afligir a otros.

El fenómeno más antiguo y trágico de la historia es que los imperios, que otrora cabalgaron por el estrecho mundo cual colosos, final-

4. Discurso en el Central Park, New York, 21 de mayo de 1944.
5. Mishná, *Avot* 6:2.

mente declinan y desaparecen. La libertad se vuelve individualismo, "cada uno haciendo lo que era recto antes sus ojos",[6] el individualismo se transforma en caos, el caos se torna en la búsqueda del orden, y la búsqueda del orden se convierte en la nueva tiranía que impone su voluntad mediante el uso de la fuerza.

Lo que gracias a la Torá los judíos nunca han olvidado, es que la libertad es un esfuerzo educativo incesante en el cual padres, maestros, hogares y escuelas son todos socios en el diálogo intergeneracional. El estudio, el *Talmud Torá,* es la base misma del judaísmo, el guardián de nuestra herencia y nuestra esperanza. Por eso, cuando la tradición le confirió a Moisés el mayor de los honores, no lo llamó "nuestro héroe", "nuestro profeta" o "nuestro rey". Simplemente lo llamó *Moshé Rabenu,* nuestro maestro Moisés. Ya que es en la arena de la educación donde se pierde o se gana la batalla por una buena sociedad.

ID

6. Jueces 21:25.

# *El pacto del destino*

En el último ensayo analicé la idea profunda que se encuentra en la *parashá* de *Bo,* que la libertad a largo plazo es posible únicamente si educas a tus hijos en tu historia. La libertad no es, como muchos han pensado, solamente una cuestión de victorias militares o estructuras políticas. Involucra "hábitos del corazón". A menos que los niños sepan cómo se luchó y ganó la libertad –en el caso del judaísmo, a menos que recuerden Egipto y el éxodo– no entenderán cabalmente el concepto de libertad regida por la ley. No comprenderán el hecho de que el judaísmo es un conjunto infinitamente sutil de leyes diseñado para crear una sociedad de individuos libres que sirvan al Dios libre, en y a través del ejercicio responsable de la libertad. La libertad radica en lo que enseñamos a nuestros hijos. Esto es lo que Moisés dijo a los israelitas cuando se encontraban al borde de su liberación.

Señalamos que Moisés habló sobre este tema tres veces en *Bo*. Hay un cuarto pasaje posterior en *Vaetjanán,* en el libro de Deuteronomio:

> En el futuro, cuando tu hijo pregunte, "¿Cuál es el significado de las estipulaciones, decretos y leyes que el Eterno nuestro Dios te ha ordenado?", dile: "Fuimos esclavos de Faraón en Egipto, pero

> el Eterno nos sacó de Egipto con mano poderosa" (Deuteronomio 6:20-21).

Famosamente, estos cuatro pasajes se volvieron la base de los cuatro hijos de la Hagadá. En el presente ensayo quisiera centrarme en uno de estos hijos: el *rashá,* el malvado o rebelde. Así es como lo retrata la Hagadá:

> ¿Qué es lo que dice el hijo malvado? "Qué significa esta ceremonia para ustedes?" Para ustedes, no para él. Dado que se excluye a sí mismo de la comunidad y niega un principio fundamental de la fe, debes hacer rechinar sus dientes y decirle: "Lo hago por lo que el Eterno hizo para mí cuando salí de Egipto", para mí, no para él. Si él hubiera estado allí, no se habría salvado.[1]

¿Qué está ocurriendo en este pasaje? ¿Qué había en la naturaleza de la pregunta que llevó a los sabios a concluir que el niño era rebelde? A primera vista, la pregunta resulta inocente. Es de presumir que el niño todavía no ha llegado a la edad de *Bar Mitzvá.*[2] Según la ley judía todavía no tiene obligaciones. Por lo tanto, con toda razón pregunta, "¿Qué significa esta ley que ustedes están obligados a cumplir y yo no?"

Hay otros aspectos desconcertantes en el texto. ¿Cuál es el principio fundamental de la fe que niega el niño? En todo caso, ¿qué tiene de malo preguntar? El judaísmo encarna la profunda percepción de que solamente aprendemos por medio de las preguntas que formulamos. Entonces, ¿cómo puede estar bien condenar a un niño simplemente por hacer una pregunta, incluso si estuvo mal formulada? ¿Y cómo puede un padre ser tan despiadado como para decirle a un niño: "si hubieras estado allí no te habrías salvado"? Resulta claro que en este pasaje hay más cosas de las que podría sugerir una mera lectura superficial.

El rabino Meir Simja de Dvinsk, en su comentario *Meshej Jojmá,*

1. Hagadá de Pesaj, una versión ampliada del texto de la *Mejilta,* comentario a *Bo,* 18.
2. El significado estándar de la palabra hijo (ben) en el contexto de la educación judía es el de un menor (por debajo de la edad de trece para los varones y doce para las mujeres).

hace una profunda observación.[3] Lo significativo en este caso no es tanto la pregunta en sí sino el verbo utilizado para formularla. En los otros casos el niño es descrito como quien *pregunta*. En este caso se lo describe como quien *dice*. Tú formulas una pregunta, no la dices. Resulta entonces claro que el niño no desea saber. En lugar de ello, desea *no* saber. Su pregunta es retórica. Él no está preguntando sino expresando cinismo: "¿Qué es este ritual extraño y carente de sentido?" La lectura detenida del texto que efectúa R. Meir Simja nos ayuda a entender por qué los sabios –al atribuir este texto de la Torá al hijo rebelde– de hecho, le estaban prestando cuidadosa atención a los matices del propio versículo.

El Talmud ofrece otro enfoque. Traduce la pregunta: "¿Qué significa esta ceremonia para ustedes?" como "¿Qué es este pesado esfuerzo que ustedes nos imponen cada año?"[4] Sospecho que aquí los sabios están respondiendo a otra palabra más del versículo, en este caso al vocablo *avodá*, "ceremonia". El término *avodá* posee una variedad de significados que a menudo se pierden en la traducción. Por una parte, significa servicio, lo que se nos ordena hacer para Dios. Por la otra, significa esclavitud, lo que los israelitas fueron forzados a hacer para los egipcios. *Avodá* es la palabra clave en el capítulo que inicia el libro de Éxodo:

> Entonces ellos, Egipto, sometieron a los hijos de Israel a un trabajo aplastante. Amargaron sus vidas con dura servidumbre, con barro y con ladrillos y todo tipo de servidumbre en el campo, todo el servicio al cual los sometieron era una labor aplastante (Éxodo 1:13-14).

Solo en estos dos versículos el vocablo *avodá* aparece no menos de cinco veces bajo la forma de sustantivo o de verbo (siete veces en total en los capítulos 1 y 2 del libro de Éxodo; una repetición séptuple es siempre una señal de que el texto está aludiendo a un término clave). Es lo que les robó a los israelitas su libertad. Sin embargo, la misma palabra es también mencionada como la clave de su liberación:

3. *Meshej Jojmá*, comentario a Éxodo 13:14.
4. Talmud Yerushalmi, *Pesajim* 10:4.

> Y Dios dijo: "Yo estaré contigo. Y esta será la señal para ti de que soy Yo quien te ha enviado: cuando hayas sacado al pueblo de Egipto, servirás a Dios en esta montaña" (Éxodo 3:12).

Y nuevamente:

> Entonces, dile a Faraón, 'Esto es lo que dice el Eterno: Israel es Mi hijo primogénito, y te he dicho "Deja salir a Mi hijo para que pueda servirme"' (Éxodo 4:22).

En ambos casos el vocablo empleado para denotar "servicio" es *avodá*. Ahora el significado de la explicación del Talmud resulta claro. El hijo está diciendo: "¿Qué ventaja obtuvimos con el éxodo? En Egipto éramos *avadim*, esclavos. Al abandonar Egipto nos convertimos en *avadim*, sirvientes. La única diferencia es que cambiamos de amo. Entonces servíamos a Faraón. Ahora servimos a Dios. Pero esa es una distinción sin diferencia. De cualquier forma, no somos libres. De cualquier forma, cargamos con el peso de un esfuerzo pesado. Entonces estábamos sujetos a la ley de Faraón, ahora lo estamos a la ley de Dios. Pero no me digan que *avodá* significa libertad. Significa todo lo contrario".

Esta también es una percepción profunda. La palabra *avodá* en la pregunta del niño es significativa (especialmente en contraste con los términos empleados por el hijo "sabio", "estipulaciones, decretos y leyes", los cuales se enfocan en los aspectos positivos de la ley judía en sus numerosas variedades). Además, el Talmud coloca en boca del niño rebelde el argumento clásico que eventualmente conduce a la ruina de las sociedades: que la única libertad que importa es la de hacer lo que gustes. Eso no es libertad sino anarquía; no es libertad sino indiferencia o falta de respeto por la ley.

Es el punto clásico señalado por Edmund Burke: "Los hombres están calificados para la libertad civil en exacta proporción a su disposición a colocar cadenas morales sobre sus apetitos". La sociedad depende de un sistema de restricciones y estas pueden ser impuestas desde afuera por medio de la policía, o desde adentro en forma de conciencia. Cuanto menos se internalice la ley como conciencia, más similar se tornará la sociedad a un estado policial, si es que ha de procurar evitar la anarquía. "En la constitución eterna de las cosas, se ordena que los hombres de mente intemperante no pueden ser libres. Sus pasiones conforman sus grilletes".[5]

Freud dijo casi lo mismo en su libro *La civilización y sus descontentos*. Él sostiene que la civilización es la capacidad de diferir la gratificación del instinto, y el modo de lograrlo es internalizando la autoridad exterior a través de la conciencia, o lo que él dio en llamar el *superyó*.[6] Esa es una de las características centrales de una vida vivida de acuerdo con la *halajá*.

Sin embargo, hay una fuente que arroja una nueva luz sobre la totalidad del pasaje. Ello ocurre en la *Mejilta*, un comentario midráshico al libro de Éxodo que data del tiempo de la Mishná:

> "Hago esto por lo que el Eterno hizo por mí..." ¿Por qué fue dicho esto? Porque dice: "¿Qué significa esta ceremonia para ustedes?" Ello se refiere al hijo malvado que se excluye a sí mismo de la comunidad, y como se excluye de esta, tú también deberías excluirlo de ella, diciendo: "Yo hago esto por lo que el Eterno hizo por mí cuando salí de Egipto". Yo, no tú. Y como te has excluido de la comunidad, si hubieras estado allí (en Egipto) no te habrías salvado.[7]

Lo sorprendente de este pasaje es que solamente menciona al hijo rebelde y no a los otros tres. El hecho de que la fuente sea muy antigua sugiere que hubo un tiempo en el cual el pasaje que se refiere al hijo rebelde era una sección en sí misma, y que solo más tarde se la incorporó a un pasaje mayor que trata de cuatro hijos, tal como aparece en la Hagadá.

Si esto es así, podemos ubicar este texto en un contexto histórico y halájico muy específico. Hubo un tempo, durante el dominio griego y

5. Edmund Burke, *Reflections on the Revolution in France* (Oxford University Press, 1993), 289.
6. Sigmund Freud, "Civilization and Its Discontents", en *The Complex Psychological Works of Sigmund Freud*, vol XXI (London: Vintage, 2001), esp. 23-133.
7. *Mejilta*, comentario a *Bo*, 17. Una versión más breve puede ser encontrada en *Mejilta de-Rabí Shimón bar Yojai*, ed. Epstein, 26.

romano, en el cual la cultura helenística ejerció una enorme atracción sobre muchos judíos. Se asimilaron. Se sintieron atraídos por el arte y el teatro griego. Participaron en las competiciones atléticas. Para ellos, el helenismo era cosmopolita al tiempo que el judaísmo era meramente parroquial. Ambos períodos (los griegos durante el segundo siglo A.E.C. y los romanos durante el primer siglo E.C.) representaron crisis de identidad judía, no muy diferente a la que atraviesa en la actualidad el judaísmo de la diáspora.

¿Cuál era el principio que estaba en juego? Durante los períodos medievales de conversiones forzadas bajo el cristianismo y el islam, el principio resultaba claro. Cambiar de religión era apostasía. En contraste, las culturas griega y romana –al igual que la actual cultura secular– no eran religiones (seguro, tenían dioses y ritos religiosos, pero estos no atraían a los judíos. Por el contrario, muchos romanos admiraban el judaísmo y ellos mismos adoptaron algunos de sus principios). Lo que estaba en juego eran estilos de comportamiento, no formas de creencia: asimilación, no apostasía. Los individuos en cuestión no estaban renunciando tanto a la práctica judía, aunque sin duda lo hicieron, sino que estaban abandonando la identidad judía. Ya no se veían a sí mismos como judíos sino como ciudadanos griegos o romanos, como helenos.

Esto explica una notable sentencia de Maimónides. Al enumerar una serie de categorías de pecadores, herejes y apóstatas "que no tienen porción en el Mundo Venidero", agrega lo siguiente:

> El que se separa de la comunidad, aunque no cometa una transgresión, sino que simplemente se mantiene apartado de la congregación de Israel, no cumple los preceptos religiosos junto a su pueblo, se muestra indiferente cuando los judíos se ven en apuros, no observa sus ayunos, sino que sigue su propio camino como si fuera uno de los gentiles y no perteneciera al pueblo judío –tal persona no tiene porción en el Mundo Venidero.[8]

Es casi seguro que esta sentencia y el pasaje de la *Mejilta* se refieren al

8. Rambam, *Mishné Torá*, Hiljot Teshuvá, 3:11.

mismo fenómeno, esto es, a la asimilación como un abandono de la identidad judía.

Ambos deben ser leídos en el contexto de otro pasaje más, esta vez uno del Talmud. El contexto es la conversión: un aspirante a prosélito que se presenta ante un *Beit Din* (corte rabínica) deseando convertirse en judío:

> Enseñaron nuestros rabinos: hoy en día, si una persona desea volverse prosélita se le debe decir lo siguiente: "¿Qué motivo tienes para querer convertirte? ¿Acaso no sabes que en el presente Israel es perseguido, oprimido, despreciado, acosado y superado por las aflicciones?" Si responde: "Lo sé, y sin embargo soy indigno" es aceptado inmediatamente... También se le debe decir: "¿Acaso no sabes que antes de estar en esta condición si comías sebo no eras pasible de la pena de *karet* (escisión, el más severo de los castigos divinos); si profanabas el Shabat no eras pasible de lapidación? Mas ahora, si comes sebo serás castigado con *karet* y si profanas el Shabat serás lapidado".[9]

Lo que resulta claro en este pasaje es que hay dos componentes de la pertenencia judía, no uno. Está la aceptación de la ley judía (alimentos prohibidos, el Shabat, etc.). Y también, por separado, la aceptación de la identidad judía, es decir la voluntad de ser parte de las a menudo trágicas condiciones de la historia judía ("perseguidos y oprimidos"). El difunto rabino Joseph B. Soloveitchik los llamó respectivamente *brit ye'ud* (el pacto del propósito) y *brit goral* (el pacto del destino).[10] Propósito es lo que hacemos. Destino es lo que nos ocurre. Uno es un código de acción, *halajá*. El otro es una forma de imaginación, la historia que nos contamos a nosotros mismos sobre quienes somos y dónde pertenecemos.

Hay un abandono del judaísmo que consiste en renunciar a sus leyes de conducta. Pero hay otro tipo de abandono: el ya no verse a sí

9. *Yevamot* 47a.
10. Rabino Soloveitchik, *Kol Dodi Dofek*. Traducido al inglés en Bernhard Rosenberg and Fred Heuman, eds., *Theological and Halakhic Reflections on the Holocaust* (New York: Ktav, 1992), 51-118.

mismo como parte del pueblo judío, compartiendo su destino y esperanza, o identificándose con la difícil situación de otros judíos. Eso es lo que quiere decir Maimónides al hablar de "separarse de la comunidad" y para ello su fuente clásica es el pasaje de la *Mejilta* que se refiere al "hijo malvado". Cuando este pasaje fue incorporado a la Hagadá y se volvió parte de una exposición que versa sobre cuatro tipos de hijos sentados alrededor de la mesa del Seder, se volvió menos sencillo de entender. Después de todo, los hijos de la Hagadá son jóvenes. Están participando de un evento religioso. Se torna difícil entender por qué uno de ellos debe ser señalado para semejante reprimenda. Pero una vez que recuperamos el contexto original –un adulto maduro que ha abandonado a su pueblo y deja de ser judío para convertirse en romano– el texto cobra sentido. También nos dice algo profundo sobre la identidad judía.

El judaísmo es una fe comunitaria. Este es el "principio" del cual el hijo rebelde reniega. El judaísmo no está dirigido a personas individuales. Tampoco a la humanidad en su conjunto. Dios escogió a un pueblo, a una nación y le pidió en el Monte Sinaí a sus miembros que se comprometieran, no solo con Él sino también el uno con el otro. *Emuná*, ese vocablo clave en el judaísmo que por lo general suele ser traducido como "fe", significa más propiamente "lealtad", a Dios, pero también a los demás miembros del pueblo que Él ha escogido como los portadores de Su misión, los testigos de Su presencia. Sin duda, a veces los judíos son exasperantes. Rashi, al comentar sobre el encargo que le hiciera Moisés a su sucesor, Josué, afirma que le dijo: "Has de saber que ellos (el pueblo que estás a punto de liderar) son problemáticos y discutidores".[11] Pero también le dijo: "Eres afortunado porque tendrás el privilegio de liderar a los hijos del mismísimo Dios".[12]

En esta idea fundamental hay una medida de esperanza. Ciertamente, en la actualidad no todos los judíos obedecen la ley judía. Sin embargo, muchos de aquellos que no lo hacen se identifican con Israel y el pueblo judío. Abogan por su causa, apoyan su existencia. Cuando Israel sufre, ellos también sienten dolor. Están implicados en el destino de la nación. Saben muy bien que en la actualidad "Israel es perseguido

11. Rashi, comentario a Números 27:19.
12. Rashi, comentario a Números 27:18.

y oprimido, despreciado, hostigado y superado por las aflicciones" pero no se alejan. Puede que no sean religiosamente observantes, pero son leales, y la lealtad es una parte esencial (aunque solo sea una parte) de lo que es la fe judía.

Por lo tanto, de lo negativo podemos inferir lo positivo: un judío que no dice "tú" sino "nosotros" cuando los judíos o Israel son atacados, ha hecho una afirmación fundamental, que es parte de un pueblo, que comparte sus responsabilidades, que se identifica con sus esperanzas y con sus temores, con sus celebraciones y con sus duelos. Ese es el pacto de destino, y hoy todavía nos convoca.

ID

# *Dejando ir el odio*

Hay un detalle en la historia del éxodo que está muy enfatizado en la Torá, aunque a primera vista aparece casi ininteligible. He aquí la orden:

> Ahora el Eterno le ha dicho a Moisés: "He de traer una plaga más sobre Faraón y sobre Egipto. Luego, él los dejará salir de aquí, y cuando lo haga, los expulsará por completo. Dile al pueblo que tanto los hombres como las mujeres deben pedir a sus vecinos artículos de plata y oro" (Éxodo 11:1-2).

Y he aquí la ejecución:

> Los egipcios instaron al pueblo a darse prisa y abandonar el país. "De lo contrario", dijeron, "¡todos moriremos!" Entonces la gente tomó su masa antes de añadirle la levadura y la llevaron sobre sus hombros en artesas de amasar envueltas en su ropa. Los israelitas procedieron tal como Moisés les había indicado y pidieron a los egipcios artículos de plata, oro y vestidos. El Eterno había hecho que los egipcios tuvieran una disposición favorable hacia

> el pueblo (de Israel), y les dieron todo cuanto pidieron; así despojaron a los egipcios (12:33-36).

¿Por qué plata y oro? Los israelitas tenían prisa por marcharse, y los egipcios se apresuraron tanto en instarlos a salir, que ni siquiera dio tiempo para que la masa del pan subiera. ¿Por qué entonces Dios fue tan insistente en que se tomaran el tiempo necesario para pedir estos presentes de despedida? ¿Qué uso razonable podían tener para ellos en la larga travesía a través del desierto?

Nuestra perplejidad se agudiza cuando recordamos qué es lo que realmente hicieron con el oro. Lo emplearon para incurrir en el peor pecado de esos años, la elaboración del becerro de oro. El Talmud dice que Moisés se refirió a este hecho al defender al pueblo de Israel. En efecto, le dijo a Dios: Si no les hubieras dicho que tomaran el oro de Egipto, ¡no habrían tenido materiales con los cuales hacer el becerro![1]

Sin embargo no podemos dudar que este detalle resulta fundamental para la historia, porque Dios se refiere a él en su primer encuentro con Moisés, en la zarza ardiente, antes de que comenzara el éxodo, mucho antes de que Moisés retornara a Egipto:

> "Y haré que los egipcios estén favorablemente predispuestos hacia este pueblo, de modo tal que cuando partan no lo hagan con las manos vacías. Que toda mujer pida a su vecina y a toda mujer que habite en su casa artículos de plata y oro, así como vestidos, con los cuales vestirás a tus hijos e hijas. Y así despojarás (*venitzaltem*) a los egipcios" (Éxodo 3:21-22).

¿Por qué era eso tan importante?

No es sino hasta que llegamos al final de los libros de Moisés que podemos comenzar a entenderlo, solamente en retrospectiva. Hay dos detalles en el libro de Deuteronomio que nos proporcionan la clave. El primero tiene que ver con la liberación de los esclavos:

> Si un hermano hebreo, hombre o mujer, se vende a ti y te sirve durante seis años, al séptimo año deberás dejarlo en libertad. Y

1. *Berajot* 32a.

> cuando lo liberes, no lo despidas con las manos vacías. Provéelo abundantemente de tu rebaño, de tu era y de tu lagar. Dale a él tal como el Eterno tu Dios te ha bendecido a ti. Recuerda que fuiste esclavo en la tierra de Egipto y el Eterno tu Dios te redimió. Es por ello que te doy este mandato hoy (Deuteronomio 15:12-15).

El segundo es una de las órdenes más llamativas de todas. Moisés insiste:

> No odies a un edomita, porque es tu hermano. No odies a un egipcio, porque fuiste extranjero en su tierra (23:7).

Esto es notable. Los israelitas habían sido esclavizados por los egipcios. No tenían con ellos deuda alguna de gratitud. Por el contrario, tenían todo el derecho a sentir un resentimiento persistente. Sin embargo, Moisés insiste en que no deben hacerlo. No deberían albergar para los egipcios ninguna forma de mala voluntad. ¿Por qué? En este breve mandato encontramos una de las ideas más profundas sobre la naturaleza de una sociedad libre.

Un pueblo motivado por el odio no es ni puede ser libre. Si el pueblo hubiese llevado consigo una carga de odio y un deseo de venganza, Moisés podría haber sacado a los israelitas de Egipto, pero no podría haber sacado a Egipto de los israelitas. Todavía estarían allí, atados por cadenas de ira, que son tan duras como las de cualquier metal. Para ser libre, debes dejar ir el odio.

Hay una diferencia fundamental entre vivir *con* el pasado y vivir *en* el pasado. El judaísmo es una religión de memoria. Recordamos el éxodo año tras año, incluso a diario. Pero lo hacemos en aras del futuro, no del pasado. "No oprimas al extranjero", dice la Torá, "porque tú sabes qué se siente al ser extranjero". En otras palabras: lo que has sufrido, no lo inflijas. La memoria es un tutorial moral. En las famosas palabras de Santayana: "Aquellos que no pueden recordar el pasado, están condenados a repetirlo".[2] Israel recuerda su pasado precisamente para *no* repetirlo. El mensaje de Moisés es: recuerda, pero no para odiar.

2. George Santayana, *The Life of Reason*, vol. 1, *Reason in Common Sense* (Scribner's, 1905), 284.

Ello implica trazar una línea sobre los resentimientos del pasado. Es por eso por lo que cuando un esclavo salía en libertad, su amo debía hacerle obsequios. No era una compensación por la esclavitud. No hay manera de devolver los años que pasaron en la servidumbre. Pero hay una manera de asegurar que la despedida se haga con buena voluntad, con alguna compensación simbólica. Los obsequios le permiten al otrora esclavo alcanzar un cierre emocional; sentir que está comenzando un nuevo capítulo en su vida; salir sin ira y sin un sentimiento de humillación. A quien ha recibido regalos le resulta difícil odiar.

Ese es el significado de la plata y el oro tomados de los egipcios por los israelitas bajo expreso mandato de Dios. El comentarista de principios del siglo XX, Benno Jacob, tradujo la expresión hebrea *venitzaltem* que aparece en Éxodo 3:22 como "salvarás" y no como "despojarás" a los egipcios. Jacob sostiene que los presentes que tomaron de sus vecinos estaban destinados a persuadir a los israelitas que no eran los egipcios en su conjunto, sino solo Faraón y el liderazgo del país, los responsables por su esclavitud.[3] Tenían por cometido salvar a los egipcios de cualquier posible venganza futura por parte del pueblo de Israel.

El mensaje no podría ser más afín a nuestra situación a principios del siglo XXI. En una era dividida por los conflictos étnicos y religiosos, el mensaje de la Torá resuena verdadero en nuestro tiempo. Para ser libre, debes dejar ir el odio.

ID

3. Citado por el Gran Rabino J. H. Hertz, *The Pentateuch and Haftorahs* (London: Soncino, 1977), 217.

# Beshalaj
# בשלח

Los israelitas abandonan Egipto. Dios los conduce deliberadamente por una ruta tortuosa. Llegan ante el Mar de los Juncos. Faraón, habiendo cambiado su opinión de dejarlos ir, los persigue con caballos y carrozas. El pueblo llega a una situación cercana a la desesperación. Entonces, en uno de los milagros supremos de la historia, el mar se divide. Los israelitas pasan y entonan un trascendental cántico a la fe y a la liberación. Pero sus problemas no han terminado. Carecen de agua potable y alimentos. Dios les envía ambos: manantiales de oasis y posteriormente agua de una roca, así como también maná del cielo. La *parashá* termina como empieza, con la perspectiva de una guerra, esta vez contra los amalecitas.

En el primero de los siguientes ensayos estudiamos la visión de Maimónides sobre por qué Dios no guió al pueblo directamente a la Tierra Prometida. El segundo analiza un rasgo llamativo de la narración de la división del mar. La Torá cuenta la historia de dos maneras, una natural y la otra sobrenatural, dándonos así dos perspectivas sobre la naturaleza de los milagros. El tercero explora un debate rabínico sobre el modo en cómo Moisés y los israelitas entonaron el Cántico en el Mar, un debate que gira en torno a cuatro puntos de vista diferentes sobre la naturaleza del liderazgo. El cuarto ve en el cruce del mar un punto de inflexión en la relación entre Dios y el pueblo, pasando de un formato en el cual Dios libra las batallas del pueblo, a otro en el cual Él les otorga el coraje para pelear por sí mismos.

# *El tiempo y la transformación social*

*Ahora, cuando Faraón dejó salir al pueblo, Dios no los condujo a través de la tierra de los filisteos, a pesar de que era el camino más cercano; pues Dios dijo: "El pueblo cambiará de opinión cuando vean la guerra y querrán regresar a Egipto". Entonces, Dios guió al pueblo dando una vuelta por el camino del desierto hacia el Mar de los Juncos (Éxodo 13:17-18).*

Así comienza la *parashá* de *Beshalaj*. A primera vista, se trata de un detalle menor en la más amplia historia del éxodo. Sin embargo, es el texto clave de uno de los capítulos más fascinantes del pensamiento judío medieval. El hombre que lo escribió fue Moisés Maimónides, en su gran obra filosófica la *Guía de los perplejos*.[1]

1. Existen dos buenas traducciones al inglés de esta obra: M. Friedlander, *The Guide for the Perplexed* (London: Kegan Paul, 2006), y Shlomo Pines, *The Guide of the Perplexed*, 2 vols. (University of Chicago Press, 1963).

El contexto en el cual se analiza resulta profundamente controversial. En la *Guía,* Maimónides plantea una pregunta fundamental. ¿Por qué si el sistema de ofrenda de sacrificios es tan central para el judaísmo, los profetas lo criticaron con tanta intensidad?[2]

Él no formula una segunda pregunta, pero nosotros deberíamos hacerlo: si los sacrificios son la forma principal de servicio a Dios, ¿cómo es que el judaísmo ha sobrevivido sin ellos durante veinte siglos, desde la destrucción del Segundo Templo hasta la fecha?

La respuesta de Maimónides es que los sacrificios son secundarios respecto de la oración, que es lo que une el alma individual con la mente de Dios y es la forma primordial de culto. El judaísmo pudo sobrevivir a la pérdida de la forma exterior de servicio, porque la interior (oración) permaneció intacta.

Maimónides reconoce que esta idea está abierta a un desafío obvio. Si los sacrificios son secundarios respecto a la oración por ser esta la forma primordial de conexión, ¿por qué Dios no prescindió de los sacrificios completa e inmediatamente? Su respuesta –fue y continúa siendo sumamente controvertida– es que los israelitas de los días de Moisés no eran capaces de concebir una forma de servicio que no incluyese la ofrenda de sacrificios. Esa era la norma en el mundo antiguo. Dios trasciende el tiempo, pero los seres humanos viven dentro de los confines del tiempo. No podemos salir, digamos del siglo XXI, y proyectarnos dentro de mil años. Ineludiblemente vivimos en el ahora, no en la eternidad.

Esto conduce a Maimónides a su afirmación fundamental.[3] No existe tal cosa como un cambio repentino, drástico y revolucionario en el mundo que habitamos. Los árboles tardan en crecer, las estaciones se funden imperceptiblemente unas en otras. El día se desvanece en la noche. Los procesos llevan tiempo y no hay atajos posibles.

2. Los textos que trae Maimónides como prueba de ello son "¿Acaso el Eterno se deleita con las ofrendas y sacrificios tanto como con la obediencia a la voz del Eterno?" (I Samuel 15:22); "La multitud de vuestros sacrificios, ¿qué son para Mí? dice el Eterno" (Isaías 1:11); y "Porque cuando saqué a sus antepasados de Egipto y les hablé, no les ordené sobre ofrendas y sacrificios, pero sí les ordené esto: Obedézcanme y seré vuestro Dios y ustedes serán Mi pueblo" (Jeremías 7:22-23).
3. Rambam, *Guía de los perplejos,* III:32.

Si esto es cierto en el mundo natural, lo es aún más en la naturaleza humana. No cabe duda que desde el principio la Torá se opone a la esclavitud. El Dios libre desea el servicio libre por parte de seres humanos libres. Que una persona posea a otra y la domine es una ofensa contra la dignidad humana. No obstante, la Torá permite la esclavitud, al tiempo que simultáneamente la restringe y la humaniza.

Mirando hacia atrás con una perspectiva completa de la historia, sabemos que la esclavitud no fue abolida en Gran Bretaña y Estados Unidos hasta el siglo XIX, y en el caso de los Estados Unidos no ocurrió sin que mediara una guerra civil. El cambio lleva tiempo.

Ello nos conduce a una pregunta más profunda. ¿Por qué Dios no eludió la naturaleza humana? ¿Por qué simplemente no intervino e *hizo* que los israelitas de la época de Moisés viesen que varias de las prácticas del mundo antiguo estaban equivocadas? Aquí, Maimónides declara una gran verdad que él consideraba fundamental para el judaísmo. A veces Dios interviene para alterar el orden natural. A estas intervenciones las llamamos milagros. Pero Dios nunca interviene para cambiar la naturaleza humana. Hacerlo sería comprometer el libre albedrío del hombre. Esto es algo que Dios, por principio, jamás hace.[4]

En resumidas palabras: habría sido fácil para Dios crear mil millones de computadoras programadas para que Le entonaran continuamente cánticos de alabanza. Pero eso no sería servicio. La libertad de la voluntad, tal como la concibe el judaísmo, no es accidental para los seres humanos. Es su propia esencia. El servicio no es tal si es fruto de la coerción. La virtud no es tal si somos dominados por fuerzas externas o internas sobre las cuales no tenemos control. Al crear a la humanidad, Dios, por así decirlo, se colocó a sí mismo en un estatus de autolimitación. Él tenía que ser paciente. No podía forzar el ritmo del desarrollo moral de la humanidad sin destruir aquello que Él había creado. Esta autolimitación –que en el lenguaje de los cabalistas se denomina *tzimtzum*– fue la mayor acción de amor divino. Le concedió a la humanidad

4. Ver el ensayo "El corazón endurecido", pág. 57, donde se analiza el caso del endurecimiento del corazón de Faraón que efectuara Dios, el cual parece contradecir esta idea.

el derecho de crecer. Pero eso, inevitablemente, significaba que el cambio en los asuntos de la humanidad sería lento.

El texto con el cual Maimónides demuestra esta afirmación es el versículo inicial de nuestra *parashá*: "Ahora, cuando Faraón dejó salir al pueblo, Dios no los condujo a través de la tierra de los filisteos". Dios temía que, al ver la guerra, los israelitas entrarían en pánico y querrían regresar. ¿Por qué Dios no insufló coraje en sus corazones? Porque Dios no interviene en la naturaleza humana. Sin embargo, Maimónides apunta más allá. No fue casualidad que la generación que salió de Egipto no fue la misma que cruzó el Jordán y entró a la Tierra Prometida. Ese privilegio le perteneció a la generación de sus hijos:

> Fue el resultado de la sabiduría divina que los israelitas fueran conducidos por el desierto hasta que se armaron de valor. Porque es un hecho bien conocido que viajar por el desierto, privado de deleites corporales tales como bañarse, genera coraje... Además, durante el período de deambulación por el desierto, surgió otra generación que no estaba acostumbrada a la degradación ni a la esclavitud.[5]

En otras palabras: se requiere de una generación que haya nacido en libertad para construir una sociedad de libertad.

Es difícil exagerar la importancia de esta idea. El mundo moderno se formó a través de cuatro revoluciones: la británica (1640), la estadounidense (1776), la francesa (1789) y la rusa (1917). Dos de estas –la británica y la estadounidense– condujeron a una lenta pero genuina transformación hacia la democracia, el sufragio universal y el respeto por la dignidad humana. Sin embargo, las revoluciones francesa y rusa condujeron a regímenes que fueron incluso peores que aquellos a los cuales reemplazaron: el "Terror" en Francia y el comunismo estalinista en Rusia.[6]

5. Rambam, *Guía de los perplejos*, III:32.
6. Una de las mayores diferencias radicó en que las revoluciones inglesa y estadounidense se enfocaron en los límites de la acción del Estado y el poder gubernamental. La francesa y la rusa procuraron transformar totalmente a la sociedad por medio del uso del instrumento estatal. Ver J. L. Talmon, *The Origins of Totalitarian Democracy* (London: Secker and Warburg, 1952).

La diferencia radicó en que tanto la revolución británica como la estadounidense, conducidas por puritanos, fueron inspiradas por la Biblia hebrea.[7] Las revoluciones francesa y rusa se inspiraron en la filosofía: la primera en la de Rousseau y la segunda en la de Karl Marx. El Tanaj entiende el rol que juega el tiempo en las cuestiones humanas. El cambio es lento y evolutivo. A la filosofía le falta esa comprensión del tiempo y tiende a promover revoluciones. Lo que las hace fracasar es la creencia de que cambiando las estructuras de poder se puede cambiar el comportamiento humano. Hay en ello algo de verdad, pero también una significativa falsedad. El cambio político puede ser rápido. Pero, de hecho, el cambio de la naturaleza humana es verdaderamente lento. Lleva generaciones, incluso siglos y milenios.

La forma del mundo moderno habría sido muy diferente si Francia y Rusia hubieran entendido el significado del primer versículo de *Beshalaj*. El cambio lleva tiempo. Ni siquiera Dios mismo fuerza el paso. Este es el motivo por el cual condujo a los israelitas por una ruta más larga, a sabiendas de que no podrían enfrentar de inmediato el desafío de la libertad. No hay atajos en el largo camino a la libertad.

ID

7. Para el rol de la Biblia en la Revolución inglesa, ver Michael Walzer, *Revolution of the Saints* (New York: Atheneum, 1968); Cristopher Hill, *The English Bible and the Seventeenth-Century Revolution* (London: Allen Lane, 1993). Respecto de su rol en la Revolución estadounidense, ver Perry Miller, *The New England Mind: The Seventeenth Century* (Harvard University Press, 1963). Para una visión más general de esta cuestión, ver Michael Walzer, *Exodus and Revolution* (New York: Basic Books, 1985).

# *El mar dividido: ¿natural o sobrenatural?*

La partición del Mar de los Juncos está grabada en la memoria judía. Lo recitamos cada día durante el servicio matutino, en la transición desde los Versículos de Alabanza hasta el comienzo del rezo comunitario. Hablamos de él nuevamente después del *Shemá*, justo antes de la *Amidá*. Fue el milagro supremo del éxodo. ¿Pero en qué sentido?

Si escuchamos atentamente a las narrativas podemos distinguir dos perspectivas. Esta es la primera:

> Las aguas fueron divididas y los israelitas avanzaron a través del mar sobre tierra firme, con una pared de agua a su derecha y otra a su izquierda… Las aguas volvieron y cubrieron los carruajes y los jinetes –la totalidad del ejército de Faraón que había perseguido a los israelitas hasta el mar. Ni uno solo de ellos sobrevivió. Pero los israelitas atravesaron el mar sobre tierra firme, con una pared de agua a su derecha y otra a su izquierda (Éxodo 14:22, 28-29).

La misma nota suena en el Cántico en el Mar:

> Por el soplo de Tu nariz las aguas subieron.

> Las aguas surgentes quedaron firmes como una muralla;
> las aguas profundas se congelaron en el corazón del mar (Éxodo 15:8).

El énfasis aquí está puesto en la dimensión sobrenatural de lo que pasó. El agua, que normalmente fluye, se mantuvo erguida. El mar se abrió dejando al descubierto la tierra firme. Las leyes de la naturaleza se suspendieron. Algo para lo cual no hay explicación científica ocurrió.

Sin embargo, si escuchamos atentamente, también podemos escuchar una nota distinta:

> Entonces Moisés extendió su mano sobre el mar, y durante toda esa noche el Eterno mandó hacia atrás el mar con un fuerte viento del este y lo convirtió en tierra seca (Éxodo 14:21).

Aquí no se produce un cambio repentino en el comportamiento del agua sin causa aparente. Dios trae un viento, que a lo largo de varias horas, hace retroceder las aguas. O consideremos este pasaje:

> Durante la última vigilia de la noche el Eterno miró al ejército egipcio desde la columna de fuego y de nube, y les produjo confusión. Hizo que se desprendieran las ruedas de los carruajes para que tuvieran dificultades en avanzar. Los egipcios dijeron: "¡Dejemos a los israelitas! El Eterno está luchando por ellos contra Egipto" (Éxodo 14:24-25).

El énfasis aquí está puesto menos en el milagro y más en la ironía. Los grandes bienes militares de los egipcios –que en su época los hacían casi invulnerables– eran sus caballos y carruajes. Ellos eran la especialidad de Egipto. Y seguían siéndolo en el tiempo de Salomón, cinco siglos más tarde:

> Salomón acumuló carruajes y caballos; tenía mil cuatrocientos carruajes y doce mil caballos, que guardaba en ciudades de carruajes y también consigo en Jerusalén... Importaron un carruaje de

> Egipto por seiscientos siclos de plata y un caballo por ciento cincuenta (I Reyes 10:26-29).

Visto desde esta perspectiva, los eventos ocurridosn pueden ser descritos de la siguiente manera: Los israelitas habían arribado al Mar de los Juncos en un lugar poco profundo. Posiblemente había una elevación en el fondo del mar, normalmente cubierta por agua, pero ocasionalmente expuesta, cuando por ejemplo, soplaba un fuerte viento este. Así es como lo expuso el físico de la Universidad de Cambridge, Colin Humphreys, en su obra The Miracles of Exodus (*Los milagros de Éxodo)*:

> Las mareas de viento son bien conocidas por los oceanógrafos. Por ejemplo, un fuerte viento que sopla a lo largo del Lago Erie, uno de los Grandes Lagos (del centro de Estados Unidos) ha producido diferencias en la elevación del agua de hasta casi cinco metros entre Toledo, Ohio, en el oeste, y Búfalo, Nueva York, en el este... Existen informes que indican que Napoleón casi muere por una "marea alta repentina" mientras cruzaba aguas poco profundas cerca del inicio del Golfo de Suez.[1]

En el caso del viento que expuso la elevación del fondo del mar, las consecuencias fueron dramáticas. De repente los israelitas, viajando a pie, tuvieron una inmensa ventaja sobre los carruajes egipcios que los perseguían. Sus ruedas quedaron atascadas en el barro. Los conductores hicieron desesperados esfuerzos para liberarlas, solo para descubrir que rápidamente se volvían a bloquear. El ejército egipcio no podía avanzar ni retroceder. Tan concentrados estaban en liberar las ruedas, y tan reacios a abandonar sus preciados carruajes de guerra, que no percibieron que el viento había amainado y volvían las aguas. Cuando se dieron cuenta de lo que estaba ocurriendo, ya estaban atrapados. El promontorio estaba ahora cubierto de agua de mar en cualquier dirección y la isla de tierra seca en el medio del mar se reducía minuto a minuto. El ejército

1. Colin Humphreys, *The Miracles of Exodus* (Continuum, 2003), 247-48. Para un análisis similar, ver James K. Hoffmeier, *Israel in Egypt: The Evidence for the Authenticity of the Exodus Tradition* (Oxford University Press, 1996), 199-215.

más poderoso del mundo antiguo había sido derrotado y sus guerreros ahogados, no por un ejército superior, no por oposición humana, sino por su propia locura de estar tan decididos en capturar a los israelitas que ignoraron el hecho de que estaban conduciendo hacia el barro por el cual sería imposible que pasaran sus carruajes.

Tenemos aquí dos maneras de ver los mismos eventos: una natural, la otra sobrenatural. La explicación sobrenatural –que las aguas se elevaron como murallas– es inmensamente poderosa, y así entró en la memoria judía. Pero la explicación natural no es menos convincente. La fortaleza de los egipcios se convirtió en su debilidad. Y la debilidad de los israelitas fue su fortaleza. En esta lectura, lo significativo no es tanto lo sobrenatural sino la dimensión moral de lo ocurrido. Dios visita los pecados en los pecadores. Se mofa de los que se mofan de Él. Le mostró al ejército egipcio, que se jactaba de su poderío, que los débiles eran más fuertes que ellos, de la misma manera en que lo hizo más tarde con el profeta pagano Bilam, que se jactaba de sus poderes proféticos, y luego le fue mostrado que su asno (que podía ver el ángel que Bilam no podía ver) era mejor profeta que él.

Para expresarlo de otra forma: un milagro no es necesariamente algo que suspende la ley natural. Es más bien un evento para el cual puede haber una explicación natural, pero que cuándo, cómo y dónde ocurre, produce un asombro tal que hasta el escéptico más endurecido siente que Dios ha intervenido en la historia. Los débiles son salvados; los que están en peligro, son rescatados. Aún más significativo es el mensaje moral que transmite tal evento: la arrogancia es castigada por su némesis; los orgullosos son humillados y los humildes enorgullecidos; que existe justicia en la historia, a menudo oculta pero a veces gloriosamente revelada.

Esta idea puede llevarse más allá. Emil Fackenheim ha hablado de "eventos que hacen época" que transforman el curso de la historia.[2] Más oscuramente, pero siguiendo la misma línea, el filósofo francés Alain Badiou ha propuesto el concepto de un "evento" como una "ruptura en la ontología" a través de la cual los individuos se enfrentan a una ver-

2. Emil Fackenheim, *To Mend the World* (New York: Schocken, 1982), 14-20.

dad que los cambia a ellos y a su mundo.[3] Es como si toda percepción normal se desvaneciera y supiéramos que nos encontramos frente a algo trascendental, al cual sentimos que debemos fidelidad por el resto de nuestros días. "La apropiación de la Presencia está mediada por un evento".[4] Es a través de eventos transformadores que nos sentimos abordados, convocados por algo que va más allá de la historia, irrumpiendo en la historia. En este sentido, la partición del Mar de los Juncos fue algo diferente y más profundo que la suspensión de las leyes de la naturaleza. Fue el momento transformador en el cual el pueblo "creyó en el Eterno y en Moisés, Su siervo" (Éxodo 14:31) y se definieron como "el pueblo que Tú has adquirido" (Éxodo 15:16).

No todos los pensadores judíos se concentraron en la dimensión sobrenatural de la participación de Dios en la historia de la humanidad. De hecho, Maimónides insistía en que "Israel no creía en nuestro maestro Moisés por las señales que realizaba".[5]

Para Maimónides, lo que hizo de Moisés el más grande de los profetas, no fue que realizara actos sobrenaturales, sino que en el Monte Sinaí llevó la palabra de Dios al pueblo.

En general, los sabios tendían a restar importancia a la dimensión de lo milagroso, incluso en el caso del más grande de los milagros, la partición del mar. Ese es el significado del siguiente midrash, comentando el versículo: "Moisés extendió su mano sobre el mar, y al amanecer el mar retornó a su pleno cauce (*le-eitano*)" (Éxodo 14:27):

Rabí Yojanán dijo: "El Santo, Bendito Sea, estipuló una condición con el mar [al comienzo de la creación] por la cual debería dividirse en dos para los israelitas. Ese es el sentido de 'el mar retornó a su pleno cauce', no se lea *le-eitano sino] letenao,* 'la condición' que Dios había estipulado anteriormente".[6]

La implicación es que la partición del mar fue, de alguna manera, programada en la creación desde el principio.[7] No fue tanto una suspensión

3. Alain Badiou, *Being and Event*, trad. Oliver Feltham (Continuum, 2006).
4. Ídem, 255.
5. Rambam, *Mishné Torá,* Yesodei ha-Torá 8:1.
6. *Bereshit Rabá* 5:5.
7. En general, los sabios dijeron que todos los milagros futuros fueron creados durante el crepúsculo al finalizar los seis días de la creación (Mishná, *Avot* 5:6).

de la naturaleza sino un evento escrito en la naturaleza desde el comienzo, para ser desencadenado en el momento apropiado de la historia.

Hasta encontramos un debate extraordinario entre los sabios sobre si los milagros son una señal de mérito o lo contrario. El Talmud cuenta la historia de un hombre cuya esposa murió, dejando a un hijo lactante. El padre era demasiado pobre para contratar a una nodriza, por lo que ocurrió un milagro que permitió que el mismo padre lo amamantara hasta que el niño fue destetado. Sobre esto, el Talmud registra las siguientes diferencias de opinión:

Rav Yosef dijo: "Ven y mira cuán grande era este hombre que tal milagro se hizo para él". Abaye le dijo: "Al contrario, cuán inferior era este hombre, que el orden natural fue cambiado para él".[8]

Según Abaye, son más grandes aquellos a quienes les suceden cosas buenas sin la necesidad de milagros. El genio de la narrativa bíblica del cruce del Mar de los Juncos es que no resuelve el problema de una forma u otra. Nos da ambas perspectivas. Para algunos, el milagro fue la suspensión de las leyes de la naturaleza. Para otros, el hecho de que hubiera una explicación naturalista no hizo que el evento fuera menos milagroso. Que los israelitas arribaran al mar precisamente donde las aguas eran inesperadamente poco profundas, que un fuerte viento del este soplara del modo y en el momento en que lo hizo, y que el recurso militar más importante de los egipcios fuera la causa de su caída –todas estas cosas fueron maravillas, y nunca las hemos olvidado.

CB

8. *Shabat* 53b.

# *Cuatro modelos de liderazgo*

> *En aquel día, Dios salvó a Israel de las manos de los egipcios... Los israelitas vieron el gran poder que Dios había desplegado contra los egipcios, y el pueblo temió a Dios. Creyeron en Dios y en Su siervo Moisés. Entonces, Moisés y los israelitas entonaron un cántico al Eterno, diciendo... (Éxodo 14:30-15:1).*

El Cántico en el Mar fue una de las grandes epifanías de la historia. Los sabios dijeron que incluso el más humilde de los judíos vio en ese momento lo que ni siquiera el más grande de los profetas que viviera después tuvo el privilegio de ver.[1] Por primera vez prorrumpieron en un cantar colectivo, entonando un cántico que hasta la fecha recitamos a diario. Hay una discusión fascinante entre los sabios sobre cómo cantaban exactamente. Al respecto hubo cuatro opiniones, tres de las cuales aparecen en el tratado de *Sotá*:[2]

1. *Mejilta*, comentario a Éxodo 15:2, edición Horowitz-Rabin (Jerusalén: 1970), 126.
2. *Sotá* 30b.

> Enseñaron nuestros rabinos: En aquel día Rabí Akiva expuso: Cuando los israelitas salieron del Mar de los Juncos quisieron entonar un cántico. ¿Cómo cantaron? Como un adulto que lee el Halel (para la congregación) y los presentes responden tras él con la palabra principal. Moisés decía: "Cantaré al Eterno" y ellos respondían "Cantaré al Eterno". Moisés decía: "Pues ha triunfado gloriosamente", y ellos respondían "Cantaré al Eterno".
>
> Rabí Eliezer hijo de Rabí Yose de Galilea dijo: Se asemejaba a un niño que lee el Halel (para la congregación) y tras él los presentes repiten todo lo que dice. Moisés decía: "Cantaré al Eterno" y ellos respondían: "Cantaré al Eterno". Moisés decía: "Pues ha triunfado gloriosamente" y ellos respondían: "Pues ha triunfado gloriosamente".
>
> Rabí Nejemia dijo: se asemejaba a un maestro de escuela que recita el Shemá en la sinagoga. Él empieza primero y ellos responden tras él.

De acuerdo con Rabí Akiva, Moisés entonó el cántico frase por frase, y tras cada una de estas, el público respondía: "Cantaré al Eterno" que es su manera, por así decirlo, de decir "amén" a cada línea.

Según Rabí Eliezer, el hijo de Rabí Yose de Galilea, Moisés recitó el cántico frase por frase, y el público repetía cada oración que él pronunciaba.

Según Rabí Nejemia, Moisés y el pueblo entonaron juntos la totalidad del cántico. Rashi explica que todo el pueblo se vio embargado por inspiración divina, y milagrosamente vinieron a sus mentes las mismas palabras al mismo tiempo.[3] Hay un cuarto punto de vista, que se encuentra en la *Mejilta*:[4]

> Rabí Eliezer ben Tadai dijo: Moisés comenzaba cada versículo, los israelitas lo repetían y luego lo completaban. Moisés comenzó diciendo: "Cantaré al Eterno pues ha triunfado gloriosamente",

3. Rashi a *Sotá*, ad loc., basado en la *Mejilta*, comentario a Éxodo 15:1, edición Horowitz-Rabin, 115.
4. Ídem, 119.

> los israelitas repitieron lo dicho y luego completaron el versículo diciendo: "Cantaré al Eterno pues ha triunfado gloriosamente, al caballo y a su jinete arrojó al mar". Moisés inició (el siguiente versículo) diciendo: "El Eterno es mi fortaleza y mi canción", y los israelitas lo repitieron y luego completaron el versículo junto a él diciendo: "El Eterno es mi fortaleza y mi canción, Él se ha vuelto mi salvación". Moisés comenzó (el siguiente versículo) diciendo: "El Eterno es un guerrero" y los israelitas lo repitieron y luego agregaron junto a él: "El Eterno es un guerrero, el Eterno es Su nombre".

Técnicamente, tal como lo explica el Talmud, los sabios están debatiendo la implicación de las (aparentemente) superfluas palabras vayomru *lemor*, "y dijeron diciendo", las cuales entendieron que significaba "repetir". ¿Qué es lo que repitieron los israelitas? Según Rabí Akiva únicamente las primeras palabras del cántico, las cuales repitieron a modo de letanía. Según Rabí Eliezer, el hijo de Rabí Yose de Galilea, repitieron la totalidad del cántico, frase por frase. Según Rabí Nejemia recitaron la totalidad del cántico al unísono. Según Rabí Eliezer ben Tadai repitieron la frase inicial de cada línea, y luego completaban la totalidad del versículo sin que Moisés tuviera que enseñarles.

Leído así, tenemos ante nosotros un debate localizado sobre el significado de un versículo de la Biblia. Sin embargo, hay una cuestión más profunda en juego. Para entenderla, debemos mirar otro pasaje talmúdico que a primera vista no tiene relación alguna con el texto que leímos en el tratado de *Sotá*. Este texto aparece en el tratado de *Kidushin* y plantea una pregunta fascinante:

> Hay varias personas a las que se nos ha ordenado honrar: un padre, un maestro (rabino), el *Nasí* (líder de la comunidad judía) y un rey. ¿Puede alguno de estos cuatro renunciar al honor que les es debido? Rabí Ytzjak ben Shila dijo en nombre de Rabí Matena, en nombre de Rabí Jisda: Si un padre renuncia al honor que le es debido, la renuncia es válida, pero si un rabino renuncia al honor que le es debido, la renuncia no es válida. Rabí Yosef

> dictaminó: incluso aunque un rabino renunciare a su honor, la renuncia será válida…
>
> Dijo Rabí Ashi: Incluso según la opinión que sostiene que un rabino puede renunciar a su honor, si el *Nasí* lo hace, la renuncia será inválida… (el Talmud traerá posteriormente una objeción a esta opinión). Mas bien, si (la enseñanza de Rab Ashi) fuera declarada, lo sería de esta manera: Incluso según la opinión de que un *Nasí* puede renunciar al honor que le es debido, un rey no puede hacerlo, tal como fue dicho: Ciertamente pondrás a un rey sobre ti, lo cual significa que su autoridad (literalmente "su temor") deberá estar sobre ti.[5]

Cada una de estas personas ejerce un rol de liderazgo: el padre con el hijo, el maestro con su discípulo, el *Nasí* con la comunidad y el rey con la nación. Si se analiza en profundidad, los pasajes dejan en claro que estos cuatro roles ocupan diferentes lugares en el espectro entre la autoridad predicada en la persona y la conferida al titular de un cargo.[6] Cuanto más personal es la relación, más sencillo resulta renunciar al honor debido. En un extremo encontramos el rol del progenitor (intensamente personal), y en el otro el del rey (completamente oficial).

Sugiero que este era el tema en juego en la discusión sobre cómo Moisés y los israelitas entonaron el Cántico en el Mar. Para Rabí Akiva, Moisés era como un rey. Él hablaba y el pueblo simplemente respondía "amén" (en este caso con las palabras "Cantaré al Eterno"). Para Rabí Eliezer hijo de Rabí Yose de Galilea, Moisés era como un maestro, él hablaba y los israelitas repetían lo que había dicho frase por frase. Para Rabí Nejemia, Moisés era como un *Nasí* entre sus pares rabínicos (el pasaje en el tratado de *Kidushin* que sostiene que el *Nasí* puede renunciar a su honor, deja en claro que ello solo es así entre sus colegas rabinos). La relación era colegiada: Moisés comenzó solo, pero después cantaron

5. Ver el pasaje en su totalidad en *Kidushin* 32a-b; por cuestiones de espacio he citado aquí únicamente un fragmento.
6. Es muy conocido que Max Weber llamó a esto la distinción entre la autoridad carismática y la burocrática. Ver Max Weber, *The Theory of Social and Economic Organisation* (New York: Free Press, 1964).

al unísono. Para Rabí Eliezer ben Tadai, Moisés era como un padre; él comenzó, pero permitió a los israelitas completar cada verso. Esta es la gran verdad sobre la paternidad, que quedó clara en el primer vistazo que tenemos de Abraham:

> Teraj tomó a su hijo Abram, a su nieto Lot hijo de Harán y a su nuera Sarai, la esposa de Abram, y juntos partieron de Ur de los Caldeos para ir a Canaán. Pero cuando llegaron a Harán, se establecieron allí (Génesis 31:11).

Abraham completó el viaje que iniciara su padre. Ser padre es querer que los hijos lleguen más lejos que uno. Esa fue también, según Rabí Eliezer ben Tadai, la relación entre Moisés y los israelitas.

El preludio al Cántico en el Mar afirma que "entonces creyeron en Dios y en Su siervo Moisés", esta es la primera vez en la que los israelitas son descritos como creyentes en el liderazgo de Moisés. Respecto a esto, los sabios preguntaron: ¿Qué es ser un líder del pueblo judío? ¿Implica tener una autoridad oficial cuyo máximo exponente es el rey ("Los rabinos son llamados reyes"[7])? ¿Acaso es tener con los seguidores el tipo de relación personal que no se basa en el honor y el respeto, sino en alentar a las personas a crecer, aceptar la responsabilidad y continuar el camino ya comenzado? ¿O se trata de algo intermedio?

Estas interrogantes carecen de una única respuesta. A veces, Moisés afirmó su autoridad (por ejemplo, durante la rebelión de Koraj). En otra ocasión dijo: "Ojalá todo el pueblo de Dios fueran profetas" (Números 11:29). Hay oportunidades en las cuales resulta importante demostrar que "hay un solo líder para la generación y no dos",[8] y otras en las cuales la nota más alta de liderazgo pasa por invitar a otros a compartirlo.[9]

El judaísmo es una fe compleja. No hay un modelo único de liderazgo en la Torá. Cada uno de nosotros está llamado a ejercer dife-

7. *Guitin* 62a.
8. *Sanedrín* 8a.
9. *Sanedrín,* ad loc. Según los sabios, esa era la diferencia entre Moisés y el consejo que le diera Dios a Josué en Deuteronomio 31:7, 23. Ver comentario de Rashi a Deuteronomio 31:7.

rentes roles de liderazgo: como padres, maestros, amigos, como miembros o como líderes de un equipo. Sin embargo, no cabe duda de que el judaísmo favorece como ideal al papel de padre, alentando a quienes guiamos a continuar el camino iniciado, e ir más allá que nosotros.[10] Un buen líder genera seguidores. Un gran líder crea líderes. Ese fue el mayor logro de Moisés, el haber dejado tras de sí un pueblo que en cada generación está dispuesto a aceptar la responsabilidad de llevar adelante la gran tarea que él ha comenzado.

ID

10. Ver comentario de Rashi a Génesis 6:9.

# *El punto de inflexión*

La *parashá* de *Beshalaj* está bellamente construida. Comienza con una batalla y termina con una batalla, y en el medio está el gran milagro, el punto de inflexión: el cruce del Mar de los Juncos. Tal como ocurre tan a menudo con los libros mosaicos, se nos presenta un quiasmo, una estructura literaria poseedora de una forma ABCBA, en la que el final es una imagen espejo del comienzo, y el clímax está en el centro.

Ocupando el rol central en *Beshalaj* encontramos el episodio del Mar de los Juncos, el cual resulta ser una división en más de un sentido. Las aguas literalmente se dividen. Pero metafóricamente, también el destino de los israelitas se divide en un antes y un después. Antes, se encuentran aún en territorio egipcio, es decir, todavía bajo el dominio de Faraón. No es un accidente que Faraón y sus carros persigan a los israelitas hasta el mismo confín de su territorio. En cualquier lugar dentro de Egipto gobierna Faraón; o al menos, cree hacerlo.

No obstante, una vez que los israelitas cruzaron el mar, atravesaron un límite. Ahora se encuentran en tierra de nadie, en el desierto. Nuevamente, no es casual que aquí, donde no gobierna rey alguno, los israelitas puedan experimentar con diáfana claridad la soberanía de Dios. En términos históricos, Israel se convierte en el primer y único pueblo en haber sido gobernado directamente por Dios. El Mar de los Juncos es lo que el antropólogo Víctor Turner llamó "el espacio liminal", un límite entre dos dominios que debe ser atravesado si uno va a ingresar a un nuevo modo de ser,[1] en este caso se trata del límite entre el gobierno humano y el divino. Una vez atravesado, ya no tiene vuelta atrás.

Sin embargo, el simbolismo del mar no termina aquí. Nos trae a la memoria las antiguas ceremonias de establecimiento de pactos. El verbo clave del pacto es "cortar"[2]. Uno o varios animales eran divididos, y las partes contrayentes del pacto se paraban o sentaban entre ellas. La división de aquello que normalmente está unido o entero era símbolo de la unificación de entidades (personas, tribus, naciones) previamente divididas. En este contexto, un pasaje clave es el pacto que fuera "cortado" entre Dios y Abraham en Génesis 15:

> Entonces el Eterno le dijo: "Tráeme una ternera, una cabra y un carnero, cada uno de tres años, junto con una paloma y un palomino". Abram le trajo todo esto, los cortó en dos y colocó las mitades una frente a la otra; sin embargo, a las aves no las cortó en mitades... Al ponerse el sol, Abram cayó en un profundo sueño y una oscuridad espesa y espantosa se apoderó de él. Entonces el Eterno le dijo: "Ten por cierto que tus descendientes serán extranjeros en un país que no será de ellos, serán esclavizados y maltratados durante cuatrocientos años. Pero castigaré a la nación a la que servirán como esclavos, y luego saldrán con grandes posesiones. Sin embargo, tú irás con tus padres en paz y serás enterrado en buena vejez. En la cuarta generación tu descendencia volverá aquí, ya que el pecado de los amoritas no ha llegado aún a su completa medida". Cuando el sol se puso y cayó la oscuridad, apareció una olla humeante con una antorcha

1. Turner expuso sus puntos de vista en "*Betwixt and Between: The Liminal Period in Rites of Passage*", en *The Forest of Symbols* (Ithaca, N.Y.: Cornell University Press, 1967); "*Liminality and Communitas*", en *The Ritual Process* (Chicago: Aldine, 1969), y "*Passages, Margins and Poverty: Religious Symbols of Communitas*" en *Dramas, Fields and Metaphors* (Ithaca, N.Y: Cornell University Press, 1974).
2. El verbo hebreo utilizado para entablar o establecer un pacto es *lijrot* que se traduce como "cortar", N. de T.

> encendida y pasó entre los trozos. En ese día el Eterno estableció (literalmente "cortó") un pacto con Abram... (Génesis 15:9-18).

Es así como en el Mar de los Juncos los israelitas pasaron "entre trozos" (el agua cortada, en vez de las mitades de los animales) como forma de ratificación del pacto con Abraham. Ellos pasaron de un dominio al otro; de ser esclavos *–avadim–* de Faraón, a ser siervos *–avadim–* de Dios. Seguramente, este es el significado de la frase del Cántico en el Mar que dice:

> ...hasta que pase Tu pueblo, oh, Eterno, hasta que pase el pueblo que Tú has adquirido (Éxodo 15:16).

El cruce del mar es tanto un acto de establecimiento de un pacto como una transferencia de posesión. Ahora, los israelitas eran propiedad de Dios y ya no de Faraón. Habían entrado en un nuevo territorio, no solamente en lo geográfico sino en lo existencial. ¿Qué significa esto? ¿Qué diferencia hace? La respuesta resulta sorprendente y contraria a la intuición. Para entenderla, debemos comparar las dos batallas, una anterior y la otra posterior al cruce del mar.

La primera está marcada por la pasividad extrema. Habiendo dejado ir a los israelitas, los egipcios cambian de opinión. Faraón decide perseguirlos y organiza una fuerza de seiscientos carros. Tenemos que retrotraernos a una época en la cual el carro de guerra tirado por caballos era el arma de combate más avanzada. Tal como lo vimos anteriormente, en los tiempos bíblicos, Egipto era una tierra famosa por sus equinos. Ninguna otra nación podía rivalizar con ellos en esta área. Esto quiere decir que sus maniobras militares podían superar a cualquier fuerza enemiga. Los caballos les daban velocidad, los carros protección. Eran inexpugnables, y la visión de seiscientos de estos carros acercándose podría haber aterrorizado a un ejército bien entrenado, ni que hablar a un grupo de esclavos rebeldes desorganizados. Tal como era de esperar, los israelitas se desanimaron y culparon a Moisés por haberlos traído desde Egipto para morir en el desierto.

La respuesta de Moisés fue breve y aguda:

> Moisés le respondió al pueblo: "No teman, manténganse firmes y verán la salvación que el Eterno les hará hoy. Los egipcios que hoy ven, no los verán nunca más. El Eterno combatirá por ustedes, y ustedes permanecerán en silencio (Éxodo 14:13-14).

En efecto, él les dice que no hagan nada. Dios lo habrá de hacer todo. Los sabios, cuyos oídos están siempre atentos a los matices textuales, detectaron cuatro respuestas en las palabras de Moisés:

> En el mar, nuestros ancestros se dividieron en cuatro grupos.
>
> Uno dijo: "Arrojémonos al mar". Otro dijo: "Volvamos a Egipto". El tercero dijo: "Hagamos la guerra contra ellos". El cuarto dijo: "Gritemos contra ellos". Al primer grupo que dijo "Arrojémonos al mar" Moisés les dijo: "Manténganse firmes y verán la salvación que el Eterno les hará hoy". Al segundo grupo, el que dijera "Volvamos a Egipto", Moisés les dijo: "Los egipcios que hoy ven no los verás nunca más". Al tercero, el que dijo "Hagamos la guerra contra ellos", les dijo: "El Eterno combatirá por ustedes". Al cuarto, el que propuso "Gritemos contra ellos", les dijo: "ustedes permanecerán en silencio".[3]

La batalla contra los egipcios fue un acto divino, no humano.

No así la librada con los amalecitas que tuviera lugar tras el cruce del mar. Aquí, la batalla fue peleada por los propios israelitas:

> Los amalecitas vinieron y atacaron a Israel en Refidim. Moisés le dijo a Josué: "Escoge a algunos de entre nuestros hombres y ve a combatir a los amalecitas. Mañana, yo me pararé sobre la cima de la colina con la vara de Dios en mis manos". Entonces Josué combatió a los amalecitas tal como le ordenara Moisés; y Moisés, Aarón y Jur ascendieron a la cima de la colina. Mientras Moisés mantenía sus manos alzadas los israelitas vencían, pero cuando las bajaba eran los amalecitas quienes prevalecían. Cuando los brazos de Moisés se cansaron, ellos tomaron una roca, la colocaron

3. Talmud Yerushalmi, *Ta'anit* 2:5.

> debajo y él se sentó sobre ella. Aarón y Jur sostenían sus brazos alzados de un lado y del otro, de modo tal que permanecieron firmes hasta la puesta del sol. Entonces Josué venció al ejército amalecita por la espada (Éxodo 17:8-13).

Aquí no hay indicios de un milagro. Los israelitas lucharon y los israelitas vencieron. El único indicio de algún tipo de presencia sobrenatural es la referencia a las manos de Moisés. De alguna forma, tuvieron la clave de la victoria. Cuando Moisés las levantó los israelitas prevalecieron, y cuando las bajó, la marea se volvió contra ellos.

De un modo extraño y a la vez significativo, la Mishná hace un comentario sobre este pasaje. La Mishná es un código de leyes, no un libro de interpretación del texto bíblico. Por lo tanto, raramente encontraremos en ella exégesis bíblica, tanto más dado su contenido. Los sabios, lejos de enfatizar el factor sobrenatural de la batalla contra Amalec, hicieron todo lo posible por minimizarlo:

> Está escrito: "Mientras Moisés mantenía sus manos alzadas los israelitas vencían". Ahora bien, ¿acaso las manos de Moisés hicieron la guerra y aplastaron al enemigo? No. El texto implica que mientras los hijos de Israel dirigían sus pensamientos a lo alto y sometían su corazón a su Padre Celestial prevalecían, pero si no lo hacían, caían ante el enemigo.[4]

La Mishná implica que Dios hace una diferencia no "allí afuera" sino "aquí adentro". Las manos de Moisés no obraron un milagro, simplemente apuntaban hacia arriba. Dirigían los ojos y por ende las mentes de los israelitas hacia el cielo. Eso los armó del valor, la fuerza interior, la esperanza y la fe necesarios para prevalecer.

Esta transición –tal como veremos, forma el argumento subyacente de todo el libro de Éxodo– está señalada en un versículo extraordinariamente sutil inmediatamente antes de la batalla contra Amalec.

Dios había llevado a cabo un milagro del tipo más majestuoso para los israelitas. Para ellos, Él había dividido las aguas del mar, y esta

4. Mishná, *Rosh Hashaná* 3:8.

vez, los israelitas creyeron. "Los israelitas vieron el gran poder que Dios había desplegado contra los egipcios, y el pueblo temió a Dios. Y entonces, creyeron en Dios y en Su siervo Moisés" (Éxodo 14:31). Pero el cambio de corazón no perduró. Tres días después se quejaron por el agua. Luego se quejaron por la falta de comida. Los milagros se suceden. El agua se torna potable. Dios envía maná del cielo. Se trasladan a Refidim y nuevamente no hay agua. Otra vez la gente se queja. Esta vez, Moisés se encuentra cercano a la desesperación. "¿Qué tengo que hacer con esta gente?" le dice a Dios, "¡Están a punto de apedrearme!" (17:4). Entonces Dios envía agua de una roca. Pero el recuerdo de la ingratitud de los israelitas permanece. Moisés lo incorpora al nombre de un sitio:

> Y llamó a aquel lugar *Masá* (prueba) y *Meribá* (pleito) porque los israelitas riñeron y porque pusieron a prueba al Eterno, al decir: "¿Está acaso el Eterno entre nosotros (*bekirbenu*) o no?" (17:7).

Inmediatamente después leemos que "Los amalecitas vinieron y atacaron a Israel en Refidim" (17:8). Hay una conexión obvia. La duda de los israelitas es castigada. Habiéndolos protegido en todo momento, Dios les ofrece un vistazo de cómo se ve la vida sin Su protección. Estarán expuestos a grandes peligros. Esto es lo que está en la superficie de la narración.

No obstante, bajo esta superficie, nos encontramos con una ironía abrumadora. En hebreo, el vocablo *bekirbenu* puede tener dos significados. Puede querer decir "entre nosotros" (en un sentido espacial) y puede también significar "dentro de nosotros" (en un sentido psicológico). El verdadero sentido de la batalla contra Amalec, tal como lo entendió la Mishná, es que mostraba la dimensión interior psicológica, espiritual y emocional de la Presencia Divina. Los israelitas vencieron no porque Dios libró la batalla por ellos, sino porque les dio la fuerza para que ellos mismos lucharan. Dios no estaba "entre" ellos, sino "dentro" de ellos. Este fue el cambio crucial entre el antes y el después del cruce del Mar de los Juncos.

Una de las características más destacables del judaísmo –en este sentido resulta suprema entre las demás creencias religiosas– es su llamado a la responsabilidad humana. Dios desea que luchemos nuestras propias batallas. Esto no es abandono. No significa, Dios no lo permita, que estamos solos. Dios está con nosotros cuando y dondequiera que estemos con Él. "Aunque ande por el valle de la sombra de la muerte no he de temer mal alguno pues Tú estás conmigo" (Salmos 23:4). Esto significa que Dios nos llama a ejercer esas cualidades –la confianza, el valor, la elección, la imaginación, la determinación y la voluntad– que nos permiten alcanzar nuestra plena estatura como seres creados a la imagen de Dios.

El libro de Éxodo nos enseña esta lección en forma de tres narraciones, de las cuales el cruce del Mar de los Juncos es la primera. Las otras son la epifanía en el Monte Sinaí y posteriormente en el Tabernáculo, y las primeras y segundas tablas que Moisés trajo consigo de la montaña. En los tres casos encontramos una doble narrativa, un antes y un después. En cada una, el primero es un acto ejecutado enteramente por Dios: el ahogamiento de los egipcios, la revelación en Sinaí y las primeras tablas. El segundo implica una sociedad entre Dios y los seres humanos (la batalla contra los amalecitas, la construcción del Tabernáculo, y las segundas tablas, talladas por Moisés e inscritas por Dios). La diferencia es inmensa. En el primero de cada par de eventos, es evidente el poder de Dios y la pasividad del hombre. En el segundo, lo que cuenta es la voluntad de Dios internalizada por el hombre. Dios se transforma de hacedor en maestro. En el proceso, los seres humanos se transforman de dependientes en interdependientes.

Este es el mensaje asombroso contenido en un único vocablo hebreo, *eved*, que puede significar "siervo" o "esclavo". En Egipto los israelitas eran los *avadim* de Faraón. Al salir de Egipto se convirtieron en *avadim* de Dios. Sin embargo, la diferencia no es un mero cambio de amos. El esclavo de un ser humano es aquel que carece de libertad. El siervo de Dios es aquel que está llamado a la libertad, a un tipo específico de libertad, es decir, aquella que respeta la libertad de los demás y la integridad del mundo creado (la diferencia, tal como lo solían decir los escritores de los siglos XVII y XVIII, entre libertad y liberalismo, entre una libertad con y sin responsabilidad).[5] En el corazón de la Biblia hebrea

5. La distinción entre libertad y liberalismo fue hecha por John Locke en el segundo de sus *Dos tratados sobre el gobierno civil* (libro II, cap. II, párrafo 6). Ver el ensayo "*El pacto del destino*", p. 95, por una idea similar de la autoría de Edmund Burke.

hay una visión específica de humanidad, expuesta en los primeros capítulos de Génesis. Los seres humanos no son irremediablemente malos, contaminados por el pecado original. Tampoco somos ineludiblemente buenos. En cambio, estamos definidos por nuestra capacidad de elección. Si elegimos bien somos un "poco inferiores a los ángeles" (Salmos 8:5). Si elegimos mal somos peores que las bestias. No estamos condenados a una condición perpetua de desarrollo detenido en el cual somos completamente dependientes de una figura paterna, sea esta humana o divina. Semejante punto de vista no concuerda con el concepto de paternidad tal como lo articulan la Biblia hebrea y la literatura rabínica.

Génesis, que trata sobre familias, es una serie de variaciones sobre el tema de los padres humanos y sus hijos. Éxodo trata del nacimiento de una nación, de un padre divino y sus hijos humanos (el primer mandato que le da Dios a Moisés es, "Entonces dile a Faraón, 'Esto es lo que ha dicho el Eterno: Israel es Mi hijo primogénito, y te he dicho, "Deja salir a Mi hijo para que pueda servirme"' Éxodo 4:22). La Torá enseña que ni la paternidad ni la niñez son condiciones estáticas, sino de desarrollo. En sus primeros años, un niño es realmente dependiente. Sin la atención de un progenitor, no podría sobrevivir. Pero con el correr del tiempo desarrolla aquellas capacidades que le permiten madurar. Durante ese período, el padre aprende paulatinamente a generar espacio para que el niño actúe por su propia cuenta. Esto puede ser doblemente desgarrador. No solo implica soltar, lo cual es siempre una forma de duelo. También exige que los padres sean lo suficientemente fuertes y autocontrolados como para permitir que el niño camine, a sabiendas de que habrá de caerse; que elija, a sabiendas de que habrá de cometer errores; que viaje, a sabiendas de que optará por malas sendas y falsas direcciones.

La "ira" de Dios, tan a menudo expresada en la Biblia hebrea, en realidad no se trata de enojo sino de angustia: la angustia de un padre que ve que su hijo procede mal, pero sabe que no debe intervenir si es que pretende que algún día su vástago crezca, aprenda, madure, cambie y se vuelva responsable.

Este es el punto de inflexión marcado por las batallas antes y después de la división del mar. Los versículos iniciales y finales de *Beshalaj* contienen ambos la palabra *miljamá*, "guerra", como su palabra clave. El versículo inicial afirma:

> "Cuando Faraón dejó salir al pueblo, Dios no los condujo a través de la tierra de los filisteos, aunque este era el camino más corto. Porque que Dios dijo: "Si se enfrentan con la guerra, podrían cambiar de opinión y regresar a Egipto" (13:17).

El versículo final dice:

> El Eterno estará en guerra contra los amalecitas de generación en generación (17:16).

La diferencia entre ellos es entre la guerra que Dios libra por nosotros y la guerra que nosotros libramos por Dios. La primera es milagrosa, la segunda lo es solo metafóricamente. La guerra que Dios pelea cambia la naturaleza al grado de dividir el mar. Pero la guerra que luchamos nos cambia a nosotros, y eso es algo que Dios no puede hacer en lugar nuestro. Solo podemos librarla nosotros mismos. Mientras los israelitas fueron totalmente dependientes de Dios se mantuvieron quejosos y pendencieros, en un estado de desarrollo detenido. Solo cuando libraron sus propias batallas, eventualmente –y de un modo dolorosamente lento– comenzaron a reconocer a Dios.

Un verdadero padre es aquel que libra las batallas en nuestro nombre cuando somos jóvenes e indefensos, pero una vez que hemos madurado, nos provee de la fortaleza interior para luchar por nuestros propios medios. Esta es la diferencia entre la guerra anterior y la posterior al cruce del Mar de los Juncos.

ID

# Itró

# יתרו

La *parashá* de *Itró* (Jetro) está dividida en dos episodios. En el primero (capítulo 18), el pueblo de Israel recibe su primer sistema de gobierno –delegado en jefes de millares, centenas, cincuentenas y decenas– por consejo de Itró, el suegro de Moisés, cuyo nombre lleva la presente *parashá*. En el segundo (capítulos 19-20), recibe su constitución eterna a modo de alianza con Dios. La propia voz de Dios brinda un breve resumen de sus elementos clave, bajo la forma de los Diez Mandamientos (o enunciados, declaraciones).

El primero de los siguientes ensayos examina la tensión entre la justicia estricta y la paz como modos de resolución de conflictos. El segundo y el tercero se centran en los dos elementos presentes en la declaración de misión del pueblo judío como "reino de sacerdotes y nación sagrada". El cuarto argumenta que la revelación en el Sinaí y el orden político que esta instituyó ocupan un lugar clave en la historia de la libertad.

# *¿Justicia o paz?*

La *parashá* de *Itró*, que contiene el relato de la revelación Divina más grande de la historia, en el Monte Sinaí, comienza con una nota que es humana, demasiado humana. Itró, el sacerdote de Midián, ha venido a ver cómo les va a su yerno Moisés y al pueblo que él dirige. Comienza diciéndonos lo que Itró *escuchó* (los detalles del éxodo y los milagros que lo acompañaron). Sigue con la descripción de lo que Itró *vio*, y nos dice que esto le produjo preocupación.

Vio que Moisés estaba guiando al pueblo él solo. El resultado era malo para Moisés y malo para el pueblo. Esto es lo que dijo Itró:

> El suegro de Moisés dijo: "No es bueno lo que haces. Tú y este pueblo que está contigo se agotarán. El trabajo es demasiado pesado para ti; no podrás hacerlo tú solo. Ahora escucha mi voz y te aconsejaré, y que Dios esté contigo. Debes ser el representante del pueblo ante Dios, y llevarle sus disputas a Él. Enséñales los decretos y las leyes, y muéstrales la forma de vivir y la obra que deben realizar. Pero selecciona de entre todo el pueblo hombres capaces –hombres temerosos de Dios, hombres veraces que desprecien las ganancias deshonestas– y los designarás jefes de

> millares, jefes de centenas, jefes de cincuenta y jefes de decenas. Y juzgarán al pueblo en todo momento, pero haz que traigan todos los asuntos difíciles a ti y todos los asuntos simples los juzgarán ellos mismos. Así será más ligera tu carga, porque la compartirán contigo. Si esto haces y si Dios así lo ordena, entonces podrás soportar, y así también todo este pueblo llegará a su destino en paz" (Éxodo 18:17-23).

Moisés debe aprender a delegar y a compartir la carga del liderazgo. Es interesante remarcar que el enunciado "No es bueno (*lo tov*) lo que haces" es uno de los dos únicos lugares en que la frase "no es bueno" aparece en la Torá. El otro (Génesis 2:18) es: "No es bueno que el hombre esté solo". No podemos liderar solos; no podemos vivir solos. Ese es uno de los axiomas de la antropología bíblica. La palabra hebrea para vida, jaím, está en plural, como para denotar que la vida es esencialmente compartida. Dean Inge definió una vez a la religión como "lo que hace un individuo con su propia soledad". Esa no es una visión judía.

Sin embargo, fue el gran erudito del siglo XIX, el Netziv (el rabino Naftali Zvi Yehuda Berlin) quien hizo una inesperada e incluso contraintuitiva observación sobre este pasaje. Comienza planteando la siguiente cuestión: es fácil entender cómo el consejo de Itró ayudó a Moisés. El trabajo era excesivo. Se estaba agotando y necesitaba ayuda. Lo que no es tan fácil de entender es su comentario final: si, con el permiso de Dios, delegas, "así también todo este pueblo llegará a su destino en paz". El pueblo no estaba extenuado; lo estaba Moisés. Entonces, ¿cómo podían resultar favorecidos con un sistema de delegación? Los casos del pueblo serían escuchados, pero no por Moisés. ¿Cómo les benefició esto?[1]

El Netziv comienza citando un pasaje del Talmud.[2] El pasaje trata sobre lo que los sabios llamaron bitzua, o lo que luego se conoció como *peshará,* compromiso. Se trata de una decisión por parte de un juez en un caso civil para buscar una solución basada en la equidad y no en la aplicación estricta de la ley. No es demasiado distinto a la mediación, en la cual las partes aceptan una resolución que ambas consideran justa,

1. *Harjev Davar,* comentario a Éxodo 18:23.
2. *Sanedrín* 6b.

independientemente de si se basa o no en un estatuto o un precedente. Desde una perspectiva distinta, es una modalidad de resolución de conflictos en el que ambas partes ganan, en lugar de la pura administración de justicia, en la que una parte gana y la otra pierde. El Talmud quiere saber: ¿esto es bueno o malo? ¿Debe adoptarse o evitarse? Esta es parte del debate:

> Rabí Eliezer, hijo de Yose de Galilea, dijo: está prohibido mediar... En cambio, que la ley perfore la montaña (que es como decir: "que pase lo que tenga que pasar"). Por lo tanto, el lema de Moisés era: Que la ley perfore la montaña. En cambio Aarón era un amante de la paz, perseguía la paz y hacía la paz entre la gente... Rabí Yehoshua ben Korja decía: es bueno mediar, pues está escrito (Zacarías 8:16), "Ejecuta el juicio de la verdad y la paz en tus puertas". Seguramente, ¡donde hay justicia estricta no hay paz, y donde hay paz no hay justicia estricta! ¿Cuál es entonces la justicia que coexiste con la paz? Debemos decir: la mediación.

La ley sigue a Rabí Yehoshua ben Korja. Está permitido, y es incluso preferible, mediar, con una condición: que el juez no sepa aún quién tiene razón y quién no. Es precisamente esta incertidumbre en las primeras etapas de una audiencia la que permite que se arribe a una resolución equitativa favorable por sobre una estrictamente legal. Si el juez ha arribado ya a un veredicto claro, sería supresión de justicia de su parte favorecer una solución de compromiso.

Aplicando ingeniosamente este principio a los israelitas en el tiempo de Moisés, el Netziv puntualiza que –como dice el Talmud– Moisés prefería la justicia estricta a la paz. No era hombre de ceder o mediar. Además, siendo el más grande de los profetas, sabía casi inmediatamente cuál de las partes era inocente y cuál culpable; quién tenía al derecho de su lado y quién no. Por eso le resultaba imposible mediar, ya que esto solo está permitido antes de que el juez haya llegado a un veredicto, que en el caso de Moisés era casi inmediato.

De ahí la sorprendente conclusión del Netziv. Delegando la función judicial a los estratos inferiores, Moisés traería a gente común sin dones especiales legales ni proféticos a los asientos del juzgado. Precisamente porque *carecían* del conocimiento intuitivo de Moisés de la ley y la justicia, estaban en condiciones de proponer soluciones equitativas, y una solución equitativa es aquella en la cual ambas partes sienten que han sido escuchadas. Ambas ganan; ambas sienten que el resultado es justo. Esa, como dice el Talmud más arriba, es la única forma de justicia que al mismo tiempo crea paz. Es por eso que la delegación de los juicios no sólo ayudaría a Moisés a evitar la extenuación; además ayudaría a "todo este pueblo" a "llegar a su destino en paz".

Qué idea tan profunda es esta. Moisés era el *Ish ha-Elokim* (Salmos 90:1), el hombre supremo de Dios. Sin embargo había algo, según insinúa el Netziv, que él no podía hacer, que otros menos grandes que él en todos los demás aspectos sí podían lograr. Podían traer paz a las partes en disputa. Podían crear formas no violentas y no coercitivas de resolución de conflictos. Sin conocer la ley con la profundidad que Moisés lo hacía, sin tener su sentido intuitivo de la verdad, tuvieron que ejercitar la paciencia. Tuvieron que escuchar a ambas partes. Tuvieron que llegar a un veredicto equitativo que ambas partes sintieran como justo. Un mediador tiene dones distintos a los de un profeta, un libertador, un legislador, más modestos quizás, pero en algunos casos no menos necesarios.

No es que deba preferirse un tipo de carácter sobre otro. Nadie –ciertamente no el Netziv– consideraba a Moisés como nada menos que el líder y profeta más grande que Israel haya tenido jamás. Es más bien que ningún individuo puede tener todas las virtudes necesarias para sostener a un pueblo. Un sacerdote no es un profeta (aunque algunos, como Samuel y Ezequiel eran ambos). Un rey necesita virtudes distintas a las de un santo. Un líder militar no es (aunque más adelante en su vida pueda convertirse en) un hombre de paz.

Lo que surge al final del hilo de pensamiento que pone en marcha el Netziv, es el profundo significado de la idea de que no podemos vivir ni liderar solos. El judaísmo no es una fe que se practica en la privacidad del alma del creyente. Es una fe social. Se trata de redes de relaciones. Trata de familias, comunidades y en última instancia de una nación, en la cual cada uno de nosotros, grande o pequeño, tiene una función que cumplir. "No desprecies a nadie ni desdeñes nada", dijo Ben Azai (*Avot* 4:3) "pues no hay nadie a quien no le llegue su hora, y nada que no tenga su lugar". Había algo que los individuos comunes (cabezas de miles, de cientos, de decenas) podían lograr, que no podía lograr Moisés pese a toda su gloria. Es por eso que una nación es más grande que cualquier individuo, y por qué cada uno de nosotros tiene algo que aportar.

CB

# *Un reino de sacerdotes*

Inmediatamente previo a la revelación en el Monte Sinaí, Dios instruye a Moisés comunicar Su propuesta al pueblo. A través de Moisés, Dios los invita a establecer con Él un pacto que habría de definir su identidad para siempre:

> "Ustedes mismos han visto lo que hice con Egipto y cómo les he cargado sobre alas de águilas y los he traído a Mí. Y ahora, si realmente escuchan Mi voz y guardan Mi pacto, serán para Mí un tesoro especial entre todas las naciones, ya que toda la tierra es Mía. En cuanto a ustedes, serán para Mí un reino de sacerdotes y una nación sagrada" (Éxodo 19:4-6).

Esta expresión –"un reino de sacerdotes y una nación sagrada"– de tan solo cuatro palabras en su versión hebrea original, se habría de transformar en la más breve, simple y desafiante declaración de misión del pueblo judío. De hecho, con la posible excepción del estadounidense, el judío es el único pueblo que ha tenido una declaración de misión. La mayoría de las naciones se definen en términos de idioma, geografía, estructura política, una prolongada asociación y cosas similares. Los judíos se volvieron una nación al asumir una tarea, al pactar con Dios. En ausencia de ello, resulta difícil decir qué es ser un judío.

Sin embargo, las palabras mismas resultan difíciles de comprender. En el presente ensayo quiero analizar la primera parte de la expresión: "un reino de sacerdotes". Su interpretación literal nos lleva a obvias complicaciones. En primer lugar, los judíos nunca fueron un reino de sacerdotes. El sacerdocio recayó en Aarón y sus hijos. Ni siquiera Moisés fue sacerdote. Hubo tiempos en los que Moisés dijo: "Ojalá todo el pueblo de Dios fueran profetas" (Números 11:29), pero ni él ni ningún otro dijo: "Ojalá todo el pueblo de Dios fueran sacerdotes".[1]

Es más, el sacerdocio como tal no es visto por la Torá como un fenómeno distintivo del judaísmo o del pueblo de Israel. Melquisedec, contemporáneo de Abraham, es descrito como un "sacerdote del Dios Supremo" (Génesis 14:18). Itró, el suegro de Moisés, es descrito al inicio de la *parashá* como un "sacerdote midianita" (Éxodo 18:1). Todas las religiones antiguas tenían sacerdotes.

Los comentaristas clásicos están divididos en sus opiniones. Algunos, como Ibn Ezra y Najmánides, interpretan la palabra en el sentido de "siervos". Un sacerdote es aquel consagrado al servicio de Dios. Esa habría de ser ahora la tarea de los israelitas en su conjunto. Otros, como Saadiá Gaón, Rashi y Rashbam, entienden que significa "príncipes", basándose en el versículo (II Samuel 8:18) en el cual los hijos de David son descritos como *cohanim*, lo cual no puede significar 'sacerdotes', por lo que necesariamente debe implicar que son personajes de la realeza, de la nobleza o príncipes. Dado que Dios es el supremo Rey de reyes, y dado que Él ha descrito a los israelitas como "Mi hijo, Mi hijo primogénito" (Éxodo 4:22), de ello se desprende que los israelitas son 'hijos del rey'; pertenecen a la realeza.

La sugerencia más interesante es la de Ovadia Sforno, quien interpreta la expresión en el sentido de que los israelitas se encuentran con el resto de la humanidad en una relación semejante a la de los hijos de Aarón ante la generalidad del pueblo de Israel. Los israelitas son,

1. Sin duda, Koraj abogó por la igualdad y también procuró ser sacerdote (Números 16), pero esa es una narrativa compleja en el curso de la cual parece haber distintos reclamos de los diversos grupos que tomaron parte en la rebelión.

por así decirlo, los sacerdotes del mundo, cuya tarea es "enseñar a toda la raza humana que todos deben invocar el nombre de Dios y servirle unánimemente, que es lo que de hecho habrán de hacer en el futuro".[2] Cabe destacar que Sforno (Italia, 1470-1550) –escribiendo durante el Renacimiento italiano– proporciona las interpretaciones más universalistas. Ya que fue en la Italia renacentista donde los judíos y el judaísmo estuvieron más integrados a la sociedad en general que en otros lugares.[3]

Sin embargo, quisiera sugerir un tipo completamente diferente de interpretación, prestando atención al contexto más amplio del mundo antiguo y al trasfondo en el cual se desarrolla la narración bíblica. Esta interpretación comienza con la proposición de que las transformaciones más profundas de la condición humana se producen cuando hay un cambio en la tecnología de la información, en el modo cómo los seres humanos registran y transmiten lo que saben. Otros avances tecnológicos poseen un impacto localizado; cambian el modo de hacer las cosas. La tecnología de la información posee un impacto sistémico. Afecta el modo en que la gente piensa.[4]

Un ejemplo evidente, que habría de cambiar el semblante de Europa, fue la invención de la imprenta por parte de Gutenberg a mediados del siglo XV.[5] Cuando Lutero inició la Reforma, sus obras se diseminaron como reguero de pólvora por toda Europa poniendo en marcha una serie de revoluciones que, con el transcurso del tiempo, llevaron al fenómeno que conocemos como "el nacimiento de lo moderno". Sin embargo, la mayoría de las ideas de Lutero ya habían sido formuladas

2. Sforno, comentario a Éxodo 19:6. Su comentario al versículo anterior es igualmente llamativo. Él interpreta la expresión "serán para Mí un tesoro especial entre todas las naciones" en el sentido de que, aunque los judíos son amados por Dios, de igual manera lo son los justos de todas las naciones dado que "Mía es toda la tierra".
3. Sforno fue un hombre de una amplia erudición humanística. Estudió matemáticas, filología, filosofía y medicina. Entre 1498 y 1500 enseñó hebreo al humanista cristiano Johannes Reuchlin.
4. Respecto de la forma en la que la alfabetización "reestructura la conciencia", ver Walter J. Ong, *The Presence of the Word* (Yale University Press: 1967) y *Orality and Literacy* (Nueva York: Routledge, 1982). Véase también Jack Goody, *The Logic of Writing and the Organization of Society* (Cambridge University Press, 1986).
5. Por supuesto que los chinos la habían inventado antes, pero la tecnología no había llegado todavía a suelo europeo.

dos siglos antes en Oxford por John Wycliffe. La diferencia radicó en que, en el tiempo de Wycliffe, la imprenta no existía, por lo que el impacto de sus ideas fue solamente local. En los días de Lutero había más de doscientas imprentas en el continente europeo. Muy pronto comenzaron a producir sus escritos, así como también cientos de miles de Biblias traducidas a lenguas vernáculas. Esa fue una marea imposible de controlar que transformó la política y la cultura europeas.

La primera invención tecnológica fue el nacimiento de la escritura en Mesopotamia hace unos cinco mil años.[6] Este fue el nacimiento de la civilización. Si bien en un inicio la escritura fue utilizada para propósitos comerciales y administrativos –registrar quién le debía qué a quién– rápidamente fueron explotadas sus posibilidades más amplias y fue usada para registrar mitos y las victorias militares de los monarcas. Por primera vez, los seres humanos podían acumular conocimiento más allá del límite de la simple memoria personal. Nada aceleró más el ritmo del progreso humano.

La escritura fue inventada unas siete veces de manera independiente: en Mesopotamia (cuneiforme), en el antiguo Egipto (jeroglíficos), en el valle del Indo (la escritura del Indo), en China (ideogramas), en Creta (la inscripción minoica conocida como Lineal-B) y en las Américas (tanto por los mayas como por los aztecas). Los primeros sistemas de escritura solían adoptar la forma de pictogramas, representaciones estilizadas de los objetos denotados por los símbolos; o ideogramas que representaban cualidades o conceptos. Algunos sistemas de escritura se convirtieron en silabarios, donde cada símbolo representaba una sílaba.

Sin embargo, los primeros sistemas de escritura implicaron un problema obvio. El número de símbolos empleados era grande. En el idioma chino hay unos sesenta mil, por lo que podría tomar años dominarlos. Como resultado de ello, en cada sociedad donde existía la escritura, había una elite alfabetizada, una clase con conocimiento que solía estar involucrada en la administración. Es así como las sociedades de

6. Sobre la historia de la escritura y el alfabeto, dos libros recientemente publicados son: David Sacks, *The Alphabet* (Arrow Books, 2004); John Man, *Alpha Beta* (Headline Books, 2000). Sobre el alfabeto hebreo específicamente, está la obra clásica de David Diringer, *The Story of the Aleph Bet* (Lincolns-Prager, 1958).

lenguaje pictográfico o ideográfico eran jerárquicas. En ellas solo unos pocos tenían acceso al conocimiento, y tal como dijera Francis Bacon,[7] el conocimiento es poder.

Fue la segunda revolución la que condujo a posibilidades que hasta ahora resultaban desconocidas: la invención del alfabeto. Esta innovación redujo el número de símbolos que era necesario aprender a menos de treinta. Las primeras inscripciones alfabéticas, lo que se ha llegado a conocer como el idioma protosemítico, fueron descubiertas por el arqueólogo británico William Flinders Petrie en Serabit al-Khadim en el desierto de Sinaí en 1905. Él supuso que fueron realizadas por los israelitas en su camino desde Egipto a la Tierra Prometida. Su pleno significado no fue comprendido sino hasta 1916, cuando fueron decodificadas por el egiptólogo británico Alan Gardiner, el primero en comprender que en realidad se trataba de inscripciones alfabéticas. Un segundo descubrimiento similar fue realizado a mediados de la década de los 90 por el egiptólogo de Yale, John Darnell, en Wadi el-Hol (el "Valle del Terror") cerca de Luxor.

Tanto Flinders Petrie como Darnell notaron que el alfabeto fue desarrollado a partir de jeroglíficos egipcios al truncar una palabra o una sílaba en su sonido inicial. Ambos estaban convencidos de que los creadores de los primeros alfabetos no eran egipcios sino trabajadores semitas, comerciantes, esclavos o sus supervisores. No podemos adjudicar una fecha precisa al primer alfabeto; parece probable que haya sido algún momento entre el 1800 y el 2000 A.E.C. Pero a diferencia de las escrituras prealfabéticas, el alfabeto parece haber sido inventado una sola vez. Todos los cientos de escrituras existentes son descendientes directos o indirectos de la escritura protosemítica del desierto del Sinaí. La propia palabra *alfabeto* proviene de las dos primeras letras de la escritura hebrea, *alef-bet*. La primera escritura que incluyó vocales fue la griega, pero esta también derivó de los sistemas sinaíticos/cananeos/fenicios anteriores, tal como se puede percibir en sus primeras cuatro letras: alfa, beta, gamma y delta que se corresponden con las hebreas *alef*, *bet*, *guimel* y *dalet*.

La conexión entre esta innovación y el desarrollo de la fe de Israel

7. Sir Francis Bacon, *Religious Meditations*, "*Of Heresies*" (1597).

es inconfundible, incluso si solamente nos cabe especular respecto de su forma precisa. Tal como lo escribe John Man: "Tanto el nuevo Dios como la nueva escritura funcionaron bien juntos para forjar una nueva nación y difundir una idea que cambiaría el mundo".[8] El alfabeto creó el libro que creó al pueblo del libro. ¿Fue acaso la divina providencia la que hizo que esta invención se tornara disponible exactamente en el momento y lugar adecuados para ser utilizada por los israelitas para el más sagrado de los propósitos, es decir, registrar la palabra de Dios? ¿O acaso fue este nuevo desarrollo el que permitió a los israelitas desarrollar la consciencia –los altos niveles de abstracción, esenciales para el monoteísmo, posibilitados por la alfabetización– que les permitiera descifrar la palabra del Dios Único?

De una forma u otra, el alfabeto creó una posibilidad que nunca había existido, es decir una sociedad de masas, incluso universal, alfabetizada. Con solo veintidós símbolos, se le podía enseñar a todos en un tiempo relativamente corto. En muchos lugares del Tanaj, la Biblia hebrea, tenemos evidencia de ello. Isaías dice: "Todos tus hijos serán enseñados por el Eterno y grande será la paz de tus hijos" (Isaías 54:13), insinuando la educación universal. En el libro de Jueces, previo a la aparición del primer rey de Israel, leemos que Gedeón "atrapó a un joven de Sucot, lo interrogó, y el joven le escribió los nombres de los setenta y siete oficiales de Sucot, los ancianos de la ciudad" (Jueces 8:14). Gedeón dio por sentado que un joven escogido al azar supiera leer y escribir.

Después de la revelación en el Monte Sinaí, Moisés "tomó el libro del pacto para leerlo a oídos del pueblo" (Éxodo 24:7). ¿Era este un rollo de pergamino? ¿Una inscripción grabada en piedra? No tenemos forma de saberlo. Pero seguramente no es una coincidencia que Israel se convirtiera en la primera –y de hecho la única– nación en la historia en recibir sus leyes antes que su tierra. Una ley que podía ser fácilmente escrita y leída, y que podía ser transportada a cualquier parte, era la expresión del Dios que estaba en todas partes, tanto en el desierto como en la tierra.

Sobre todo, la idea de la alfabetización universal estaba cambiando el mundo porque anunciaba la posibilidad de una sociedad no jerárquica, en la cual todos tienen igual acceso al conocimiento. Este fue

8. John Man, *Alpha Beta: How 26 Letters Shaped the Western World* (Wiley, 2001), 129.

el cambio trascendental, tal como fuera resumido en la radical declaración de los sabios:

> La corona de la Torá es para todo Israel, tal como fue dicho: "Moisés nos ordenó una ley, una herencia de la congregación de Jacob" (Deuteronomio 33:4). Quienquiera que así lo desee puede adquirirla. No pienses que las otras dos coronas (del reinado y del sacerdocio) son mayores que la corona de la Torá, porque fue dicho: "Por mí (la Torá) los monarcas reinan y los príncipes decretan justicia; por mí los príncipes gobiernan" (Proverbios 8:15-16). De ahí se desprende que la corona de la Torá es mayor que las otras dos.[9]

La igualdad es el santo grial de la política revolucionaria. A menudo ha sido buscada, pero nunca alcanzada. Los dos intentos más conocidos han sido la igualdad de la riqueza (a través del socialismo o el comunismo) o la igualdad del poder (a través de la democracia participativa, en oposición a la representativa). Resulta poco probable que cualquier sistema de este tipo perdure en el tiempo, porque la riqueza y el poder son esencialmente bienes en disputa. Cuanto más tienes tú, menos tengo yo. Por lo tanto, mi ganancia es tu pérdida.

El conocimiento es diferente. Si te doy todo lo que sé, no habré de saber menos. Puedo saber más. La igualdad de la dignidad basada en el acceso universal al conocimiento es la única igualdad que probablemente perdure a largo plazo. Ello es aún más cierto si el conocimiento en juego –tal como ocurre en el judaísmo– es el de la ley, y su fuente es el mismísimo Dios. Ese es el conocimiento sobre el cual se basa la ciudadanía. En el Monte Sinaí todos los hijos de Israel se convirtieron en socios del pacto. Dios les habló a todos, constituyendo el único registro de una revelación que no fue ante un profeta o un grupo de iniciados, sino ante la totalidad de un pueblo. Todos eran parte de la ley, porque potencialmente, todos eran capaces de leerla y conocerla. Todos eran ciudadanos iguales en la nación de la fe bajo la soberanía de Dios. Eso es lo que sucedió en Sinaí.

9. Rambam, *Mishné Torá*, Talmud Torá 3:1.

¿Qué tiene que ver esto con la expresión "un reino de sacerdotes"? Normalmente pensamos en un sacerdote en términos de sus deberes, ministrando a Dios en un sitio sagrado. Pero los sacerdotes también tenían ciertas capacidades. La palabra "jeroglífico" significa "escritura sacerdotal" –porque solamente los sacerdotes podían leer y escribir. La palabra inglesa "clerical" significa (a) perteneciente al clero, ministros de religión, y (b) personal de oficinas que escribe cartas y mantiene registros. El motivo por el cual un solo vocablo tiene dos significados tan diferentes es porque, a lo largo de la Edad Media, los ministros de religión eran prácticamente la única clase social alfabetizada. Las primeras universidades fueron principalmente destinadas a la enseñanza de los miembros del clero.

Desde un punto de vista funcional, en el mundo antiguo un sacerdote era alguien que podía leer y escribir. Por lo tanto, un reino de sacerdotes es *una nación de alfabetización universal.* Entendida así, la naturaleza del pacto y de la misión de Israel se vuelve clara. La ley que Dios estaba por revelar en el Monte Sinaí se convertiría en posesión de cada miembro de la nación. Él o ella podría conocerla, leerla, estudiarla, internalizarla y hacerla suya. Por así decirlo, el pueblo judío fue llamado a convertirse en una nación de abogados constitucionales. Eso es, en gran medida, en lo que se convirtieron, al menos durante el período rabínico.

La Torá, la ley y la enseñanza de Dios, no fue un código escrito por un rey lejano que debía ser impuesto por la fuerza. Tampoco fue un misterio esotérico comprendido únicamente por una elite académica. Debía estar disponible y ser inteligible para todos. Dios habría de convertirse en el maestro, el pueblo de Israel en Sus alumnos, y la Torá en el texto que los vincularía entre sí. En las palabras del salmo: "Él ha revelado Su palabra a Jacob, Sus leyes y Sus decretos a Israel. No ha hecho algo así con ninguna otra nación; ellos no conocen Sus leyes. ¡Aleluya!" (Salmos 147:19-20).

No hay nada semejante a esto en los anales de la experiencia religiosa de la humanidad. Eventualmente, en el seno del judaísmo, el estudio se convertiría en una experiencia religiosa incluso más elevada que el rezo.[10] Los judíos serían personas educadas cuando la mayor parte de

10. Ver *Shabat* 10a.

Europa estaba sumida en el analfabetismo. Fue por medio del estudio que los judíos crearon una forma nueva y aun convincente de dignidad e igualdad humana, y ello fue posible gracias al nacimiento del alfabeto. Es así como los judíos se convirtieron en un "reino de sacerdotes".

ID

# *Una nación sagrada*

En el ensayo anterior analicé la primera mitad de la declaración de misión de Israel como el pueblo del pacto: "un reino de sacerdotes". Aquí me enfoco en la segunda mitad: "una nación sagrada". ¿Qué es exactamente la santidad en el judaísmo, y cómo se aplica no a tal o cual persona sino a un pueblo entero?

Rudolf Otto, en su libro Lo santo: Lo racional y lo irracional en la idea de Dios, definió célebremente lo sagrado como *mysterium tremendum et fascinans*; una sensación de estar en presencia de algo vasto y sobrecogedor.[1] Sin duda hay mucho de verdad en esta idea, pero el difunto Eliezer Berkovits argumentó lo contrario: que cada vez que encontramos el vocablo sagrado en relación con Dios se refiere a Su implicación con la humanidad y no a Su trascendencia o misterio.[2]

Sin embargo, estos análisis no van lo suficientemente lejos al explicar qué significa la palabra "santo" o "sagrado" en la Torá. Sus apariciones más obvias en los libros de Moisés son dos: la primera

1. Rudolf Otto, *The Idea of the Holy* (Oxford University Press, 1958).
2. Eliezer Berkovits, *Essential Essays on Judaism*, ed. David Hazony (Jerusalem: Shalem, 2002), 247-314.

vinculada a Shabat –el día que Dios mismo proclamó como sagrado– y la segunda en relación con la cámara interior del Santuario, conocida como el sanctasanctórum.[3] Es en estos contextos que podemos aprender mejor qué significa la santidad cuando se aplica a un pueblo.

La cabalá luriana, la escuela de misticismo asociada al rabino Isaac Luria y su círculo en la ciudad de Safed del siglo XVI,[4] le confirió al judaísmo uno de sus conceptos más gloriosos; una idea que sin duda había estado presente desde el principio, pero nunca había sido articulada de un modo tan simple. Esa fue la idea del *tzimtzum*, la "contracción" o la "autoanulación" divina.

Detrás de la idea de *tzimtzum* está la comprensión de que existe una contradicción entre lo infinito y lo finito. Si Dios está en todas partes, ¿cómo puede existir algo más? Dos entidades diferentes (Dios, y lo que no es Dios) no pueden ocupar el mismo espacio. La respuesta cabalística es que el acto mismo de la creación implicó una autolimitación por parte de Dios. El Creador, por así decirlo, contrajo Su presencia de modo tal que la finitud –el espacio, el tiempo y todas las cosas que los ocupan– pudieran emerger.

La palabra hebrea para espacio y tiempo, *olam*, que significa tanto "universo" –es decir, la totalidad del espacio– como "eternidad" –es decir, la totalidad del tiempo– también significa "oculto", como en el caso del vocablo *ne'elam*. Así, tenemos incorporado en el idioma hebreo la idea de que el espacio y el tiempo son dimensiones del ocultamiento de Dios, que está más allá del espacio y el tiempo.

Sin embargo, si Dios estuviera completamente oculto del universo, sería experiencial y funcionalmente como si no existiera. En el mejor

3. El Shabat es la primera cosa declarada santa o sagrada en la Torá: Génesis 2:3 (esta es la única aparición del vocablo en el libro de Génesis). Abrumadoramente, en el libro de Éxodo, la palabra "sagrado" aparece ya sea en el contexto de Shabat o del Santuario. La expresión sanctasanctórum (*kodesh kodashim*) aparece en Éxodo 26:33-34, 29:37, 30:10, 29, 36, 40:10. Aparece veinte veces en el libro de Levítico y cuatro en el de Números.
4. El estudio clásico a este respecto es Gershom Scholem, *Major Trends in Jewish Mysticism* (London: Thames and Hudson, 1955), 244-286. Ver también Lawrence Fine, *Physician of the Soul, Healer of the Cosmos: Isaac Luria and his Kabbalistic Fellowship* (Stanford University Press, 2003).

de los casos, el deísmo sería verdad, la idea difundida durante la Ilustración científica de los siglos XVII y XVIII de que Dios creó el universo, pero después no jugó papel alguno en él ni intervino en la historia bajo la forma de milagros, ni se manifestó por medio de la revelación. Dios sería un *Deus absconditus*, un creador que abandonó a la humanidad.

Por lo tanto los mismos términos de la creación implican una paradoja. Sin Dios, el universo no existiría, pero Su presencia amenaza la existencia de algo que no sea Él. "Ningún hombre", dice Dios, "puede verme y vivir" (Éxodo 33:20).

A esto la Torá ofrece una respuesta que es a la vez simple y profunda. El universo fue creado en seis días; sin embargo, la creación misma involucró siete días. El séptimo día es declarado por Dios mismo como sagrado, lo cual implica que de ahí en adelante se convertiría en la ventana en el tiempo a través de la cual veremos la presencia de Dios.

¿Cómo lo hacemos? Renunciando a nuestra propia condición de creadores. En Shabat, toda *melajá*, definida como "labor creativa", está prohibida. En este día, somos más pasivos que activos. Nos volvemos creaciones y no creadores. Renunciamos a hacer para experimentarnos como ya hechos. Shabat es el espacio que le hacemos a Dios dentro del tiempo.

De igual forma el Tabernáculo. En esencia, se trataba de una gran tienda portátil, un armazón con sus tapices. Dondequiera que fuera erigido, definía determinado espacio como sagrado, es decir, apartado para Dios. Dentro de ese espacio nada debía intervenir entre quien realizaba el servicio y Dios. En particular, los sacerdotes debían evitar todo contacto con la muerte o cualquier cosa que se le pareciera, ya que la muerte es peculiarmente humana –como en el caso del término "mortal"– mientras que Dios representa la vida.[5] El Tabernáculo es el lugar que le hacemos a Dios dentro del espacio.

5. Por eso también quienes rendían servicio en el Tabernáculo debían purificarse del contacto con la muerte por medio del rito de 'la vaca roja' (Números 19), previo a su ingreso al Santuario. En el judaísmo, Dios es visto como el Autor de la vida; la muerte es la antítesis de la Divina Presencia. Ver Yehudá Haleví, El Cuzarí, II, 60. Maimónides en la *Guía de los perplejos* III:10, explica que todo mal, incluida la muerte, es una forma de negación y no la obra de Dios. Cuando decimos que Dios crea el mal o causa la muerte, se trata de una manera metafórica de hablar.

Las instrucciones inmensamente detalladas para la construcción del Tabernáculo y su servicio (como las igualmente detalladas leyes de Shabat) están allí para señalar que nada en la santidad es el resultado de la iniciativa humana. Ocupar el espacio o el tiempo sagrados es renunciar a la creatividad humana para estar existencialmente abierto a la creatividad divina. Es por ello por lo que Nadav y Avihú murieron, ya que trajeron una ofrenda que "no había sido ordenada" (Levítico 10:1). Lo sagrado es el espacio/tiempo definido por la voluntad divina, no la humana. Entramos en el dominio de Dios en Sus términos, no en los nuestros. Esta no es la consecuencia de la santidad sino su significado mismo.

Por lo tanto, no todo tiempo o espacio es sagrado. Esto resulta esencial para nosotros como humanos. Un mundo en el cual todo el tiempo fuera sabático o en el cual todo el espacio tuviera la santidad del Tabernáculo, sería uno en el cual las personas no podrían existir como seres humanos. No habría tiempo ni espacio para el esfuerzo o el logro humano. Eso es exactamente lo que Dios no quiere que suceda. Él celebra la labor humana. Es a esto precisamente a lo que la Torá se refiere cuando dice que estamos creados a la imagen de Dios, lo cual implica que al igual que Dios, también nosotros somos creativos. Al igual que Dios, también nosotros somos capaces de imaginar un mundo que aún no existe y traerlo al ámbito de la existencia.

Sin embargo, si ningún tiempo o espacio fuera sagrado, nos enfrentaríamos al peligro inverso, es decir, que un mundo en el cual Dios está oculto sería uno en el que, para muchas personas, Dios no existiera. Ese sería un mundo sin límites a la presunción humana, que es siempre el preludio de un desastre político, militar, económico o ambiental. Por lo tanto, debe existir alguna ventana –algún punto de transparencia– en la pantalla entre lo infinito y lo finito. Eso es la santidad.

*La santidad es el espacio que hacemos para Dios.* De la manera más sencilla y elegante, la santidad es para la humanidad lo que el *tzimtzum* es para Dios. Así como Dios se anula a sí mismo para brindarle espacio a la humanidad, de igual manera nosotros nos anulamos para hacerle espacio a Dios. Lo hacemos por medio de una renuncia temporal a la creatividad. La santidad es ese vacío limitado que se llena con la Presencia Divina.

Esta idea era absolutamente incomprensible para la mente helenística. Cuando los griegos y los romanos se encontraron por primera vez con los judíos, no pudieron entender el Shabat. Conocían el concepto de un día sagrado, cada religión posee dichos días. Con lo que nunca se habían encontrado era con un día santificado por medio del descanso, un día para "ser" más que para "hacer". Muchos de ellos expresaron su ingenua opinión de que los judíos observaban el Shabat porque eran perezosos.[6] Esa era la única explicación que le podían dar a semejante fenómeno.

Asimismo, una antigua tradición afirma que cuando el general romano Pompeyo invadió Jerusalén y entró en el Templo, quedó asombrado al encontrar que el lugar del sanctasanctórum estaba vacío.[7] Él esperaba encontrar allí al ídolo más sagrado de los israelitas. La idea de que el espacio vacío –como el tiempo vacío– pudiera ser santo, estaba más allá de su alcance.

La santidad es el espacio que hacemos para la Otredad de Dios, por medio de escuchar, no hablar; por medio de ser, no hacer; al permitir que se actúe sobre nosotros mismos en vez de actuar. Significa desconectarnos del flujo de actividad por medio del cual imponemos nuestros propósitos humanos en el mundo, dejando así un espacio para que surja el propósito divino. Toda santidad es una forma de renuncia, pero como Dios desea la existencia del hombre como ser responsable y creativo, no pide una renuncia total. Por lo tanto algunos tiempos son sagrados, no todos; algunos espacios son sagrados, no todos; algunas personas son sagradas, no todas. Todas las naciones poseen individuos santos. Lo que hace singular al pueblo de Israel es que es una nación sagrada, es decir, una nación en la cual todos sus miembros son llamados a la santidad. El judaísmo fue la primera fe

6. Séneca fue particularmente crítico del Shabat, el cual, según escribió, condenaba a quien lo practicaba a un día en siete de ociosidad. Plutarco lo vio como una forma de superstición que hizo que los judíos perdieran guerras porque en ese día se les prohibía pelear. Tácito sostuvo que, habiéndose acostumbrado por indolencia a descansar cada séptimo día, extendieron este principio también al séptimo año. Ver Allan Gould, ed., *What Did They Think of the Jews?* (Jason Aronson: 1991), 5-13.
7. Heinrich Graetz, *History of the Jews* (Jewish Publication Society of America, 1956), 2:66.

en ver a la santidad no como la propiedad de una élite sagrada, sino de la propia vida nacional.

Para el judaísmo el concepto de nación es fundamental, porque esta es la unidad básica de la cultura. Como entidad sociopolítica, construye su propio ordenamiento a través de la ley, el ritual y la costumbre. Es donde muchos grupos más pequeños, familias y comunidades, se unen para construir los términos básicos de su vida común. Y Dios desea que exista para dar así forma a la vida pública, de otra manera habría limitado sus preocupaciones a los ámbitos del individuo y el alma.

El judaísmo conoce la fe de los individuos. Sobre ello es que versa el Génesis, y el libro de los Salmos, que es el léxico eterno del alma en diálogo con Dios. El judaísmo también conoce la fe de la humanidad. Ese es el significado de los primeros once capítulos del libro de Génesis y su culminación con el pacto de Noaj, el cual estableciera Dios con toda la humanidad. Pero las grandes preocupaciones del judaísmo son respecto de la vida que construimos juntos y los términos en los que lo hacemos: justicia, compasión, dignidad humana, paz, la conducción correcta y limitada de la guerra, el cuidado de los dependientes, el bienestar de los pobres, la preocupación por la viabilidad a largo plazo del medio ambiente, y por sobre todo, el imperio de la ley, en el cual tanto el fuerte como el débil, el poderoso y el impotente, están sujetos al mismo código de conducta que se aplica a todos por igual. Estas instituciones e ideales son esencialmente políticos; por lo tanto requieren la constitución de una nación como entidad política. Ese es el significado de la expresión *goy kadosh*, una nación sagrada. En el Sinaí, el pueblo judío, hasta entonces un mero cúmulo de individuos unidos por lazos familiares, la memoria y la experiencia del éxodo, se transformó en un cuerpo político, con la Torá como su constitución escrita. La palabra *goy* –como su término afín "*gueviá*"– significa "un cuerpo". Es una metáfora para un grupo de individuos que se relacionan entre sí como las diferentes partes de un mismo cuerpo. Sinaí crea los términos de existencia colectiva. De ahora en adelante,cada uno de los israelitas está involucrado en el destino de todos los demás.

En este contexto, la palabra *kadosh* designa un tercer tipo de vacío, no del tiempo (Shabat), ni del espacio (el Tabernáculo) sino un trono vacío (*cátedra*, el asiento de la autoridad). El sitio que en otras naciones ocupa el monarca, el gobernante o el faraón, en el caso de Israel debe quedar vacío para Dios. Israel se habría de convertir en una república de fe bajo Su directa soberanía. Él es el autor de su constitución, el artífice de sus reglas, aquel que guía a la nación a lo largo de sus prolongados viajes, la sostiene en tiempos de necesidad y le da esperanza en momentos de crisis. La esencia de la revelación del Sinaí es que los israelitas se convierten en la primera –de hecho la única– nación formada sobre la base de un pacto con Dios.

De ahí la importancia del escenario: el desierto. Todas las demás naciones se transforman en tales porque sus integrantes han vivido juntos durante mucho tiempo en el territorio que ven como su hogar. Ya sea por medio de la guerra, el asesinato, el golpe de Estado, el plebiscito o la aclamación general, eligen a un individuo o a un grupo para ser su líder, y crear una estructura política que determine las relaciones entre gobernantes y gobernados.

Israel se convirtió en una nación antes de todas estas cosas. Aún no ha llegado a su tierra. Todavía carece de un rey. Estas cuestiones están muy por delante y se encuentran en un futuro distante. Sinaí constituye la creación de una nación mucho antes que todas aquellas cosas que por lo general conducen a su surgimiento, ya que no se trata de una nación normal sino de una nación sagrada.

Entonces, ¿qué significa ser una nación sagrada? Al menos lo siguiente: los anales del pueblo judío apuntarán continuamente a algo que está más allá de sí mismo, a algo que no puede ser explicado por las leyes comunes de la historia. Eso es a lo que se refiere Moisés cuando dice:

> "Pregunta ahora acerca de los días pasados, mucho antes de tu tiempo, desde el día en que Dios creó al hombre sobre la tierra; pregunta desde un extremo del cielo hasta el otro. ¿Acaso ha sucedido alguna vez algo tan grande como esto, o se ha escuchado algo semejante?... ¿Acaso algún dios ha intentado tomar para sí una nación de otra por medio de pruebas, con señales y prodigios, con guerra, mano fuerte y brazo extendido, o mediante acciones grandes y terribles como todas las cosas que el Eterno tu Dios ha hecho por ti en Egipto ante tus ojos?" (Deuteronomio 4:32-34).

Este es también el significado de la notable declaración de Isaías: "Ustedes son Mis testigos –declara el Eterno– que Yo soy Dios" (Isaías 43:12). En su suerte y su destino colectivo, Israel constituirá la evidencia más convincente de participación divina en la historia humana. Alcanzará cúspides de logros y a veces profundidades de degradación que no tienen contraparte en el destino de otras naciones. Tal como escribiera Tolstoi: "El judío es el emblema de la eternidad".[8]

Además, la ley judía –la estructura eterna de su existencia colectiva– dará testimonio de su carácter más que humano. De ahí, la declaración de Moisés:

> Mira, te he enseñado decretos y leyes tal como el Eterno mi Dios me ha ordenado, para que puedas seguirlos en la tierra a la que estás entrando para tomar posesión. Obsérvalos atentamente, pues ello demostrará tu sabiduría y tu comprensión ante las naciones, quienes escucharán sobre todos estos decretos y dirán: 'Ciertamente esta gran nación es un pueblo sabio y entendido'... ¿Qué otra nación es tan grande como para tener leyes y decretos tan justos como este cuerpo de normas que estoy presentando hoy ante ustedes?" (Deuteronomio 4:5-8).

La gentileza de su legislación benefactora y la lucidez de su (incansablemente anti-mitológica) fe hablará de un orden social más que humano en su pura humanidad. Tal como escribiera Matthew Arnold: "Mientras el mundo exista, todo aquel que desee hacer un progreso en su rectitud, habrá de venir a Israel en busca de inspiración, como aquel pueblo que ha tenido el sentido de integridad más potente y esplendoroso".[9]

Israel será una nación que reconozca en todas sus leyes la existencia de algo más allá de sí mismo. Por ello, la propia tierra que habita no será de la nación, sino que pertenecerá a Dios: "La tierra no se venderá en perpetuidad porque Mía es la tierra" (Levítico 25:23). Todas las formas de gobierno, ya sea de jueces, ancianos o monarcas,

8. Carta encontrada en los archivos del estadista búlgaro F. Gabai. Texto en Allan Gould, ed., *What Did They Think of the Jews?* (Jason Aronson, 1991), 180-181.
9. Matthew Arnold, *Literature and Dogma* (Nelson, 1873), cap. 1.

estarán limitadas por la soberanía general de Dios. Israel no conocerá absolutos –ni el Estado, ni el individuo, ni el status quo– porque hay solamente un absoluto, es decir Dios mismo. Este simple hecho, en el curso de la historia, habrá de salvar a los judíos de la tiranía por una parte, y de la anarquía por la otra. Israel siempre será el enemigo de los tiranos porque se negará en todo momento a servir a nada o nadie que sea menos que Dios mismo.

El gobierno de Israel siempre se basará en el consentimiento más que en la obediencia al poder. Este hecho está implícito en Sinaí, donde el mismísimo Dios tuvo que asegurar la anuencia del pueblo antes de darle Sus leyes.[10]

Históricamente, el resultado más notable del pacto de Sinaí fue que incluso cuando perdieron su tierra y su soberanía, los judíos no dejaron de ser una nación ya que se habían convertido en una antes de lograr aquellos elementos que conforman al ser nacional. En el exilio se convirtieron en el primer pueblo global, la primera nación virtual, definida no por un territorio compartido, un destino, una cultura, un sistema político o incluso un lenguaje hablado, sino exclusivamente por un pacto promulgado por sus antepasados más de tres mil años antes.

Por lo tanto *kadosh* significa: *aquello que en sí mismo apunta más allá de sí mismo*. Significa el tiempo que señala la eternidad (Shabat), el espacio que insinúa estar más allá del espacio (el Tabernáculo) y la nación cuya historia y estilo de vida revelan algo que está por fuera de los parámetros normales de la historia y modos de vida.

Encapsulando esta idea en términos contemporáneos, el escritor estadounidense Milton Himmelfarb una vez escribió:

> Cada judío sabe lo completamente común que es; sin embargo, en conjunto, parecemos atrapados en las cosas grandes e inexplicables… El número de judíos en el mundo es menor que un error estadístico en el censo chino. Sin embargo, seguimos siendo

10. En Éxodo 19:3-6 Dios le ordena a Moisés que procure el consentimiento del pueblo a los términos generales del pacto. Solo una vez que dieron su consentimiento (19:8) fue que Dios procedió con la revelación.

> mayores que nuestros números. Grandes cosas parecen suceder a nuestro alrededor y a nosotros.[11]

Es esta una manera, tan buena como cualquiera, de expresar lo que significa ser una nación sagrada.

ID

11. "In the Light of Israel's Victory", ensayo escrito poco después de la Guerra de los Seis Días en 1967; reimpreso en Milton Himmelfarb, *Jews and Gentiles* (New York: Encounter Books, 2007), 141-42.

# *El Monte Sinaí y el nacimiento de la libertad*

La revelación en el Monte Sinaí –el episodio central no solo de la *parashá* de Itró, sino del judaísmo en su totalidad– fue única en la historia religiosa de la humanidad. Otras religiones (el cristianismo y el islam) han afirmado ser religiones de revelación, pero en ambos casos la revelación a la que se refieren era para un individuo ("el hijo de Dios", "el profeta de Dios"). Solo en el judaísmo la autorrevelación de Dios fue dirigida no a un individuo (un profeta) o a un grupo (los ancianos) sino a una nación entera, jóvenes y ancianos, hombres, mujeres y niños, tanto los virtuosos como los aún-no-virtuosos.

Desde el comienzo, el pueblo de Israel supo que algo sin precedentes había ocurrido en el Monte Sinaí. Moisés no tuvo duda de que se trataba de un evento sin igual:

> "Pregunta ahora acerca de los días pasados, mucho antes de tu tiempo, desde el día en que Dios creó al hombre sobre la tierra; pregunta desde un extremo de los cielos hasta el otro. ¿Acaso ha sucedido alguna vez algo tan grande como esto, o se ha escuchado algo semejante? ¿Ha habido algún otro pueblo que haya

> escuchado la voz de Dios hablando desde el fuego como lo han hecho ustedes, y que haya sobrevivido?" (Deuteronomio 4:32-33).

Para los grandes pensadores de la Edad Media, su significado era primordialmente epistemológico. Creaba certeza y eliminaba dudas. La autenticidad de una revelación experimentada por una sola persona podía ser cuestionada. La presenciada por millones de personas, no. Dios reveló Su presencia en público para eliminar cualquier posible sospecha de que la presencia sentida, y la voz escuchada, no fueran genuinas.

Sin embargo, contemplando la historia de la humanidad desde aquellos días, está claro que además había otro significado, uno que no tenía que ver con el conocimiento religioso sino con la política. En el Sinaí se estaba formando un nuevo tipo de nación y una nueva forma de sociedad, una que sería la antítesis de Egipto, donde pocos ostentaban el poder y la mayoría eran esclavos. Sería, en palabras de Abraham Lincoln en el Discurso de Gettysburg, "una nueva nación, concebida en Libertad, y dedicada a la propuesta de que *todos los hombres son creados iguales*". En efecto, sin el pacto del Monte Sinaí, las palabras de Lincoln podrían haber sido inconcebibles. Ya que en ningún otro lugar encontramos nada parecido a la política del Monte Sinaí, con su visión radical de una sociedad ligada no por el poder, sino por el libre consentimiento de sus ciudadanos a estar sujetos, en forma individual y colectiva, a un código moral y a un pacto con Dios.[1]

Los trabajos canónicos sobre la historia de la política de la libertad se remontan desde Marx, Rousseau y Hobbes, a la *República* de Platón, la *Política* de Aristóteles, y las ciudades-estado griegas (particularmente Atenas) del siglo V a. e. c. Esto es un grave error. Ciertamente, palabras como "democracia" (el gobierno del pueblo) son de origen griego. Los griegos brillaron por sus sustantivos abstractos y su pensamiento sistemático. Sin embargo, si observamos el "nacimiento de la modernidad" –a figuras como Milton, Hobbes y Locke en Inglaterra, y a los padres fundadores de Estados Unidos– el libro con el que dialogaban no era

1. "El gobierno de los israelitas era una federación, unida no por una autoridad política, sino por la unidad de raza y fe, y fundada, no en la fuerza física, sino en un pacto voluntario". Lord Acton, *Essays in the History of Liberty* (Liberty Press, 1985), 7.

Platón ni Aristóteles, sino la Biblia hebrea. Hobbes la cita 657 veces solo en el *Leviatán*. Mucho antes que los filósofos griegos, y mucho más profundamente, nació en el Sinaí el concepto de una sociedad libre.

Tres factores acerca de ese momento resultaron cruciales. El primero fue que mucho antes de que los israelitas entraran en la tierra y adquirieran su propio sistema de gobierno (primero por los jueces y luego los reyes), habían entrado en un amplio pacto con Dios. Ese pacto (*brit Sinai*) fijó límites morales al ejercicio del poder. El código que llamamos Torá, estableció por primera vez la primacía del derecho sobre la fuerza. Cualquier rey que obrara en forma contraria a la Torá estaba actuando *ultra vires* (fuera de la autoridad legítima) y podría ser cuestionado. Este es el hecho más importante sobre la política bíblica.

La democracia según el modelo griego siempre tuvo una falla letal. Alexis de Tocqueville y John Stuart Mill la llamaron "la tiranía de la mayoría".[2] J. L. Talmon la llamó "democracia totalitaria".[3] El gobierno de la mayoría no garantiza los derechos de las minorías. Como señaló acertadamente Lord Acton, fue eso lo que llevó a la caída de Atenas: "No había ley superior a la del estado. El legislador estaba por encima de la ley".[4] En el judaísmo, por el contrario, los profetas tenían el mandato de desafiar la autoridad del rey si actuaba en contra de los términos de la Torá. El ejemplo clásico es la acusación que Dios le ordena a Elías que le haga al rey Ajab por apoderarse del viñedo de Nabot. "Así dice el Eterno: ¿Serías capaz de asesinar para tomar posesión?" (I Reyes 21:19).

Los individuos tienen el poder de desobedecer órdenes ilegales o inmorales. El primer ejemplo, como notamos en el ensayo "Desobediencia civil", (p. 23), fue el de las parteras judías que "temieron a Dios y no hicieron lo que el rey egipcio les había ordenado" (Éxodo 1:17). Otro momento clave fue cuando el rey Saúl ordenó a sus siervos matar a los sacerdotes de Nob, que habían dado refugio a David, "Pero los siervos del rey no quisieron alzar su mano para atacar a los sacerdotes

2. Alexis de Tocqueville, *Democracy in America*, libro 1, capítulo 15; John Stuart Mill, introducción a *On Liberty*.
3. J. L. Talmon, *The Origins of Totalitarian Democracy* (Secker and Warburg, 1955).
4. Lord Acton, *Essays in the History of Liberty*, 13.

del Eterno" (I Samuel 22:17).[5] Fue en esta tradición que Calvino –inspiración de los radicales puritanos del siglo XVII en Inglaterra y Estados Unidos– se basó cuando dijo "los profetas y maestros pueden tener el coraje de enfrentarse valientemente a reyes y naciones".[6] Fue en esta misma tradición que Thomas Paine basó su panfleto *Common Sense* (*Sentido Común*) (1776), ampliamente acreditado en su época como la inspiración que condujo a la revolución norteamericana.[7] Históricamente, fue el pacto en el Monte Sinaí y todo lo que derivó de él, no la tradición política griega, lo que inspiró el nacimiento de la libertad en Inglaterra y Norteamérica, los primeros pueblos en tomar ese camino en la era moderna.

El segundo elemento clave está en el prólogo del pacto. Dios le dice a Moisés:

> "Esto es lo que dirás a la casa de Jacob y al pueblo de Israel: 'Ustedes mismos han visto lo que Yo hice a Egipto y como los llevé sobre alas de águilas y los traje hacia Mí. Y ahora si ustedes me obedecen plenamente y guardan Mi pacto, serán Mi posesión más preciada, pues toda la tierra es Mía. Ustedes serán para Mí un reino de sacerdotes y nación sagrada…'" (Éxodo 19:3-6)

Moisés le dice esto al pueblo, que le responde: "Haremos todo lo que el Eterno dice" (Éxodo 19:8). Hasta que el pueblo no confirmó su consentimiento, la revelación no pudo continuar. El principio en juego era que no hay gobierno legítimo sin el consentimiento de los gobernados,[8]

5. Sobre la desobediencia civil en el judaísmo, ver los ensayos de Moshe Greenberg, Maurice Lamm y Milton Konvitz sobre ética judía contemporánea, Contemporary Jewish Ethics, ed. Menachem Kellner (Sanhedrin Press, 1978), 211-254; y del autor Harold Schulweis, *Conscience: The Duty to Obey and the Duty to Disobey* (Jewish Lights, 2008).
6. Calvin, *Jeremiah*, clase 2: I.44. Citado en Michael Walzer, *The Revolution of the Saints: A Study in the Origins of Radical Politics* (New York: Atheneum, 1972), 63.
7. Re-impreso en Thomas Paine, *Political Writings* (Cambridge University Press, 1989), 3–38. El panfleto vendió 100,000 copias solamente en el año 1776. Paine se basó enteramente en los pasajes antimonárquicos de la Biblia hebrea.
8. La frase proviene de la Declaración de Independencia de los Estados Unidos.

aun si el gobernador es el Creador del cielo y de la tierra. Conozco pocas ideas más radicales que esta.

Es cierto que hubo sabios de la época talmúdica que cuestionaron si la aceptación del pacto en el Sinaí era totalmente libre. Hay una famosa declaración del Talmud que dice:

> "Y estaban parados debajo de (normalmente traducido como "al pie de") la montaña" (Éxodo 19:17) lo cual nos enseña que el Santo, Bendito Sea, dio vuelta a la montaña sobre ellos como un barril y les dijo: "Si ustedes aceptan la Torá, bien. Si no, éste será vuestro lugar de entierro".[9]

Lo que los sabios están haciendo aquí es preguntar si los israelitas realmente tuvieron libertad de elección en Sinaí. Todavía no habían entrado a la tierra prometida. Dependían de Dios para el alimento, el agua y la protección. ¿Adónde podrían ir y a quién podrían dirigirse si le decían que no a Dios?

El mismo Talmud dice que "De cualquier forma, lo volvieron a aceptar durante el reinado de Asuero (Ajashverosh)",[10] esto es, en el tiempo que describe el libro de Ester –uno de los dos únicos libros de la Biblia en que no se menciona el nombre de Dios.[11] En ese contexto no podría haber dudas acerca de la coerción divina. Sin embargo, en el nivel más elemental, este es el significado de las dos ceremonias de renovación del pacto, una al final de la vida de Moisés, cuando los israelitas estaban a punto de entrar a la tierra (Deuteronomio 29-31), y la otra al final de la vida de Josué, cuando el pueblo había conquistado la tierra (Josué 24). El pacto fue renovado precisamente para que nadie pudiera decir que se había celebrado coercitivamente cuando no había otra alternativa.

En el corazón del judaísmo está la idea –muy adelantada a su tiempo, aunque no siempre reconocida– de que el Dios libre desea el

9. *Shabat* 88a.
10. *Shabat* 88a.
11. El otro es Shir HaShirim, el Cantar de los cantares.

culto libre de seres humanos libres. Dios, dijeron los rabinos, no actúa tiránicamente con Sus criaturas.[12]

El tercero, igualmente adelantado a su tiempo, era que los socios del pacto serían "todos los integrantes del pueblo": hombres, mujeres y niños. Este hecho se enfatiza más adelante en la Torá en la mitzvá de *Hak-hel*, la ceremonia de renovación del pacto cada siete años. La Torá expresa específicamente que todo el pueblo debe estar reunido para esta ceremonia, "hombres, mujeres y niños" (Deuteronomio 31:10-13). Mil años más tarde, cuando Atenas experimentó con la democracia, solo un sector limitado de la sociedad tenía derechos políticos. Las mujeres, niños, esclavos y extranjeros estaban excluidos. En muchos aspectos esto se mantuvo así hasta muy recientemente. En Inglaterra, las mujeres no tuvieron derecho al voto sino hasta 1918. En Estados Unidos el sufragio femenino recién se completó en 1920, aunque algunos estados lo habían promulgado antes.

De acuerdo con los sabios, cuando Dios estaba por entregar la Torá en el Sinaí, le dijo a Moisés que consultara primero con las mujeres y solo después con los hombres. Este es el sentido del versículo: "Esto es lo que dirás a la casa de Jacob y al pueblo de Israel" (Éxodo 19:3). La casa de Jacob, nos dicen los sabios, se refiere a las mujeres.[13] La Torá, la "constitución de la libertad" de Israel, incluye a todos. Es el primer momento, en miles de años, en que la ciudadanía es concebida como universal.

Quizás el mayor testimonio de la política de la Biblia hebrea fue dado por Jean-Jacques Rousseau en un manuscrito no publicado y descubierto después de su muerte:

> Los judíos nos proveen de un espectáculo sorprendente: las leyes de Numa, Licurgo y Solón están muertas; las mucho más antiguas leyes de Moisés, aún viven. Atenas, Roma y Esparta han perecido y ya no tienen hijos sobre la tierra; Sión, destruida, no ha perdido a sus hijos… ¿Cuál será la fuerza de una legislación capaz de obrar tales maravillas, capaz de afrontar conquistas, dispersio-

12. *Avodá Zará* 3a.
13. Mejilta, ad loc.

> nes, revoluciones, exilios, capaz de sobrevivir a las costumbres, a las leyes, al imperio de todas las naciones, y que finalmente les promete, mediante estas pruebas, que continuará sosteniéndolos a todos, a vencer las vicisitudes de las cosas humanas y perdurando tanto como el mundo?... cualquier hombre, sea quien fuere, debe reconocer esta maravilla única, cuyas causas, divinas o humanas, ciertamente merecen el estudio y la admiración de los sabios, con preferencia a todo lo que Grecia y Roma ofrecen de lo que es admirable en materia de instituciones políticas y asentamientos humanos.[14]

Con la revelación en el Sinaí, algo sin precedentes ingresó en el horizonte humano, aunque transcurrirían siglos, milenios, antes de que se comprendieran todas sus implicaciones. En el Sinaí, nació la política de la libertad.

CB

14. Estas notas sin publicar están conservadas en la biblioteca pública de Neuchatel. Citado en Leon Poliakov, *The History of Anti-Semitism* (Routledge and Kegan Paul, 1975), vol. 3:104–5.

# Mishpatim

# משפטים

Tras la revelación en el Monte Sinaí, la *parashá* de *Mishpatim* completa los detalles de la ley –predominantemente civil– que habría de regir a los israelitas: normas vinculadas a los esclavos y su liberación, a las lesiones personales y a las leyes de propiedad, leyes de responsabilidad social, justicia y compasión, así como también la normativa relativa a Shabat y las festividades. Esta porción de lectura culmina con una ratificación del pacto y con Moisés ascendiendo a la montaña durante cuarenta días.

En los ensayos que siguen, el primero analiza la ley relativa a ayudar a un enemigo y la psicología social que la sustenta. El segundo examina dos interpretaciones de un pasaje que eventualmente llevaría a enfoques divergentes entre judíos y cristianos sobre el aborto. El tercero trata del contraste entre la simplicidad de los Diez Mandamientos y la complejidad y el detalle de las leyes de *Mishpatim*. ¿Por qué la Torá utiliza ambas metodologías? El cuarto se ocupa de uno de los imperativos bíblicos más desafiantes y distintivos: el mandato de amar al extranjero.

# *Ayudando a un enemigo*

Una gran parte de la *parashá* de *Mishpatim* se ocupa de un código de leyes que expresa detalladamente la sociedad justa que se les ordenó crear a los israelitas, de acuerdo con la idea ya expuesta respecto de Abraham: "Pues lo he escogido para que ordene a sus hijos y a su casa tras él para que guarden el camino del Eterno haciendo lo recto (*tzedaká*) y lo justo (*mishpat*)" (Génesis 18:19). Es así como los *mishpatim* son leyes que promueven el imperio de la justicia.

En la *Guía de los perplejos,* Maimónides señala que *mishpat* es una idea compleja. Denota "la tarea de decidir sobre una determinada acción de acuerdo con la justicia, que puede demandar ya sea compasión o castigo".[1] En el judaísmo, la justicia es en raras ocasiones "justicia estricta", conocida en el hebreo rabínico como "*midat hadín*" (lit. la 'medida del rigor o la justicia' N. de T.). Hay momentos en los cuales la justicia debe ser moderada por medio de la compasión y la humanidad. Un ejemplo notable está contenido en la *parashá* de esta semana. Es un pasaje brevemente mencionado y carente de énfasis, pero que tiene implicaciones de largo alcance, así como sutileza y belleza moral:

1. *Guía de los perplejos*: III, 53.

> Si ves al asno de tu enemigo colapsado bajo su carga, no habrás de pasar de largo. Ciertamente lo habrás de liberar de esta junto con él (Éxodo 23:5).

Aquí hay dos principios en juego. Uno es la preocupación por el animal. La ley judía prohíbe el *tzaar ba'alei jaím*, provocar sufrimiento innecesario a los animales.[2] Es como si la Torá estuviera diciendo aquí: un conflicto entre dos seres humanos no debe llevar a que ninguno de ellos ignore el hecho de que el asno está realizando un pesado esfuerzo físico bajo su carga. El animal es inocente. ¿Por qué habría de sufrir? Eso en sí mismo es una poderosa lección moral.

El segundo principio es aún más fuerte. En efecto, este dice: tu enemigo es también un ser humano. La hostilidad puede dividirlos, pero hay algo más profundo que los conecta: el pacto de la solidaridad humana. Angustia, dificultad, todas estas cosas trascienden el lenguaje de la diferencia. Una sociedad decente será una en la cual los enemigos no permitirán que su rencor o animosidad les impida acudir en socorro de los demás cuando estos necesitan ayuda.

Si alguien se encuentra en problemas, ayúdale. No te detengas a averiguar si se trata de amigos o enemigos. Involúcrate, tal como lo hiciera Moisés cuando vio a los pastores maltratando a las hijas de Itró (Éxodo 2:16-19); tal como lo hiciera Abraham cuando oró por la gente de las ciudades de la llanura (Génesis 18:23-33). Hay aquí numerosos matices. El primero surge de un mandato paralelo que se encuentra en el libro de Deuteronomio:

> Al ver al asno o al buey de tu hermano caer (bajo el peso de su carga) en el camino, no te esconderás de ellos, habrás de levantarla (la carga) con él (22:4).

2. Otros ejemplos en la Torá –todos en el libro de Deuteronomio– incluyen "ahuyentar a la madre de los pichones" (22:6), permitir a los animales descansar en Shabat (5:14), no tapar la boca del buey a la hora de trillar los cereales (25:4) y no poner a arar en una misma yunta a un buey con un burro (22:10).

El libro de Éxodo habla sobre enemigos; el de Deuteronomio, sobre amigos. Respecto de estos dos mandatos, el Talmud dice:

> Si el animal de un amigo precisa ser descargado, y el de un enemigo precisa ser cargado, debes ayudar primero a tu enemigo, para doblegar la inclinación al mal.[3]

Ambos necesitan ayuda por igual. Sin embargo, en el caso de un enemigo hay más en juego que simplemente ayudar a alguien que se encuentra en apuros. Está también el desafío de superar la desvinculación, la distancia, los sentimientos negativos. Por lo tanto, la ayuda al enemigo tiene prioridad. Los sabios prestaron atención a un matiz en el texto. La expresión "no habrás de pasar de largo" parece innecesaria, pero no lo es. Lo que destaca es que cuando vemos a nuestro enemigo sufrir, nuestro primer instinto es pasar de largo. Por lo tanto, parte de la lógica del mandato es "doblegar la inclinación al mal".

Más llamativas aún son las traducciones arameas (*Targum Onkelos*, y más explícitamente *Targum Yonatan*[4]). Ellos toman la expresión "Ciertamente lo habrás de liberar" para referirse no solamente a la carga física sino también a la psicológica: "Ciertamente, en ese momento, dejarás ir el odio que tienes en tu corazón hacia él".

Sin embargo, hay una condición. Nótese que el texto dice: "Ciertamente lo habrás de liberar de ésta (la carga) *junto con él*". De esto, los sabios dedujeron lo siguiente:

> Si (el dueño del animal) se sienta y le dice al transeúnte: "La obligación es tuya. Si deseas descargar (el animal), hazlo" el transeúnte está exento, porque fue dicho "junto con él" (lo cual significa que ambos deben compartir la labor). Sin embargo, si el propietario (no es capaz de ayudar debido a que) es mayor o

3. *Baba Metzia* 32b.
4. *Targum Onkelos*, comentario a Éxodo 23:5, traduce el pasaje como "Ciertamente dejarás ir aquello que hay en tu corazón contra él". El *Targum Yonatan* lo lee como "Ciertamente en ese momento dejarás ir el odio que tienes en tu corazón hacia él".

> está enfermo, entonces uno deberá (descargar el animal por su propia cuenta).[5]

¿Por qué esto es así? Después de todo, la bestia continúa sufriendo bajo su carga. ¿Por qué la negativa del enemigo a ayudar habría de excusarte de tu deber de ayudar?

Un principio fundamental de la moralidad bíblica está involucrado aquí: la reciprocidad. Tenemos deberes con quienes reconocen el concepto del deber. Tenemos una responsabilidad con quienes reconocen la responsabilidad. Sin embargo, si el interesado se niega a cumplir su deber hacia su propio animal sobrecargado, entonces no mejoramos las cosas al ayudarle. Por el contrario, podríamos empeorarlas al permitirle evadir su responsabilidad. En el lenguaje de la terapia de adicciones, nos volvemos "codependientes". Reforzamos el mismo problema que estamos procurando ayudar a resolver, al permitir que el individuo en cuestión crea que siempre habrá alguien más para hacer lo que es moralmente necesario. Creamos aquello que el psicólogo Martin Seligman denomina "indefensión aprendida".[6] En términos estrictamente personales, puede resultar virtuoso ayudar a alguien que se niega a ayudarse a sí mismo. Pero existe el riesgo de que nos mejoremos a nosotros mismos a costa de empeorar a la sociedad, y la moralidad bíblica no es un código de perfección individual sino de conducta social virtuosa.

Hay algo distintivo en el enfoque de la Torá hacia el odio y los enemigos. Es más realista que utópico. No dice "Ama a tu enemigo". Dice "ayúdale". Santos aparte, no podemos amar a nuestros enemigos, y en caso de intentarlo podríamos pagar un alto precio en el plano psicológico: eventualmente terminaríamos odiando a aquellos que deberían ser nuestros amigos.[7] En cambio, la Torá dice que cuando tu enemigo

5. Mishná, *Baba Metzia* 32a.
6. Martin Seligman, *Learned Optimism* (New York: Vintage, 2006), esp. 17-30.
7. Históricamente, el precio ha tomado la forma de la demonización del enemigo, de modo tal que él o ella ya no pueden ingresar más en la categoría de seres humanos. Un texto clásico a este respecto, de Joshua Trachtenberg, *The Devil and the Jews*, 2nd ed. (Jewish Publication Society of America, 1983). Ver también Richard Kearney, *Strangers, Gods and Monsters: Interpreting Otherness* (London: Routledge, 2002).

está en problemas, debes acudir en su ayuda. De este modo, una parte del odio se disipará. ¿Quién sabe si la ayuda dada no habrá de convertir la hostilidad en gratitud, y desde allí en amistad? Esa es una manera práctica de ir más allá del odio.

Sin duda, el judaísmo tiene cosas fuertes que decir en contra del odio. Moisés ordenó al pueblo: "No odiarás al edomita porque es tu hermano. No odiarás al egipcio, porque forastero fuiste en su tierra" (Deuteronomio 23:8). Estos fueron los casos paradigmáticos de enemigos. Edom era Esaú, el rival de Jacob. Los egipcios fueron la nación que esclavizó a los israelitas. Sin embargo, Moisés ordena la prohibición de odiarlos.

Una prohibición más general contra el odio a los enemigos aparece en el mismo pasaje que ordena el amor al prójimo:

> No odies a tu hermano en tu corazón. Reprende a tu prójimo con franqueza para que no compartas su culpa. No busques venganza ni guardes rencor hacia alguien de tu pueblo, sino que ama a tu prójimo como a ti mismo, Yo soy el Eterno (Levítico 19:17-18).

A este respecto, Maimónides escribe:

> Borra de tu mente (cualquier ofensa hacia ti) y no guardes rencor. Mientras uno alimente un agravio y lo mantenga en mente, podrá llegar a vengarse. Por lo tanto, la Torá nos advierte enfáticamente que no guardemos rencor, para que impresión del mal se borre completamente y ya no sea recordada. Este es el principio correcto. Solo él hace posible la vida civilizada y la interacción social.[8]

Sin embargo, lo que hace que la ley del burro sobrecargado sea significativa, es el modo creativo en que hace uso de una circunstancia angustiosa para sanar heridas y superar animosidades. Y funciona. Para ello, tenemos hoy la evidencia de uno de los ejercicios de investigación más fascinantes que se hayan realizado en las ciencias sociales, el estudio

8. *Mishné Torá*, Hiljot De'ot 7:8.

conducido en 1954 por Muzafer Sherif, conocido como "El experimento de Robbers Cave".[9]

Sherif quiso comprender la dinámica de los conflictos grupales y los prejuicios. Para ello, él y sus compañeros de investigación escogieron a un grupo de veintidós niños blancos de once años, ninguno de los cuales se había conocido antes. Fueron llevados a un campamento de verano distante en el Parque Estatal Robbers Cave en Oklahoma. Fueron divididos al azar en dos grupos. En un inicio, ninguno de los grupos sabía de la existencia del otro. Se alojaban en cabañas muy distantes la una de la otra. La primera semana fue dedicada al trabajo en equipo. Los niños fueron de excursión y nadaron juntos. Cada grupo escogió para sí un nombre, se volvieron "Las águilas" y "Los cascabeles". Ellos pintaron estos nombres sobre sus camisetas y sus banderas.

Luego, durante cuatro días, los dos grupos fueron presentados mutuamente por medio de una serie de competiciones. Había trofeos, medallas y premios para los ganadores, y nada para los perdedores. Casi de inmediato se generó tensión entre los grupos: insultos, burlas y canciones despectivas. La cosa empeoró. Cada grupo quemó la bandera del otro y asaltó su cabaña. Se negaron a comer juntos en el mismo salón comedor.

La tercera etapa fue denominada "fase de integración". En esta, se llevaron a cabo encuentros. Ambos grupos vieron películas juntos y encendieron juntos petardos por el 4 de julio. Lo que se esperaba era que los encuentros cara a cara disminuyeran las tensiones y condujeran a la reconciliación. No lo hicieron. Varios de los encuentros concluyeron con los niños arrojándose comida unos a otros.

En la etapa cuatro, los investigadores organizaron situaciones en las cuales surgía algún problema que amenazaba a ambos grupos simultáneamente. El primer inconveniente fue el bloqueo del suministro de agua potable al campamento. Los dos grupos identificaron el problema por separado y se reunieron en el punto en el cual se había producido el desperfecto. Trabajaron juntos para eliminarlo, y celebraron juntos

9. Muzafer Sherif et al., *Intergroup Conflict and Cooperation: The Robbers Cave Experiment* (1954-1961). Texto completo disponible en http://psychclassics.yorku.ca/Sherif/

cuando lo lograron. En otra situación, ambos grupos votaron a favor de ver unas películas. Los investigadores explicaron que contratar las películas costaría dinero y que el campamento no disponía de suficientes fondos para hacerlo. Ambos grupos acordaron asumir el costo del entretenimiento por partes iguales. En una tercera situación, el autobús en el cual viajaban se detuvo y los muchachos tuvieron que trabajar juntos para empujarlo. Para cuando las pruebas terminaron, los chicos habían dejado de tener imágenes negativas del otro grupo. Durante el viaje final en autobús, los miembros de un equipo usaron el dinero de su premio para comprar bebidas para todos.

Lo que Sherif había hecho en la cuarta etapa fue, en esencia, replicar la situación del burro sobrecargado al crear problemas que ningún grupo podía resolver por sí solo, pero que podían ser solucionados con ambos grupos trabajando juntos. La conclusión es poco menos que revolucionaria. Las líneas divisorias entre enemigos no son, como a menudo se ha pensado, un hecho inexorable de la naturaleza humana, integrado en nuestros genes. En efecto, sentimos hostilidad hacia el forastero, hacia el otro, hacia el extranjero y hacia el extraño. Eso está escrito en nuestra psicología evolutiva y saldrá a la superficie cada vez que se le dé la oportunidad de hacerlo.

Pero los límites pueden volver a ser demarcados de modo tal que los antiguos enemigos se encuentren de un mismo lado de la mesa y no en lados opuestos. Todo lo que se necesita es una tarea compartida que ambos puedan lograr juntos pero que ninguno pueda hacerla por sí solo. Esa es la situación ejemplificada en la ley del asno que está sobrecargado. No requiere que nosotros realicemos la sobrehumana tarea de amar a nuestros enemigos. En el experimento de Robbers Cave, lo que logró derribar las barreras del distanciamiento y la hostilidad intergrupal fue simplemente la necesidad de trabajar juntos para resolver un problema compartido.[10]

El Tanaj, la Biblia hebrea, no es un código para la utopía. Ese es un sueño profético, no una realidad actual. Sin embargo, en el aquí y ahora, la Torá nos dice algo no exento de grandeza moral: pequeños gestos de

10. Para saber más sobre este asunto, ver Jonathan Sacks, *The Home We Build Together* (Continuum, 2007), 173-182.

ayuda mutua pueden, a la larga, transformar la situación humana. En el corazón de la ley del asno sobrecargado se encuentra uno de los axiomas más hermosos del judaísmo: "¿Quién es un héroe? Aquel que convierte a un enemigo en amigo".[11]

ID

11. *Avot de Rabí Natán*, 23.

# *Texto e interpretación: el caso del aborto*

Detrás de la creencia judía en la *Torá shebealpé*, la "Ley Oral", se esconde una verdad fundamental. El significado de un texto no lo da el texto en sí. Entre un texto y su significado se encuentra el acto de la interpretación –y este depende de quién interpreta, en qué contexto y con qué creencias.

Sin una tradición autorizada de interpretación, que en el judaísmo es la Ley Oral– habría caos. Ha habido grupos sectarios dentro del judaísmo, saduceos, caraítas y otros– que aceptaron la validez de la Torá Escrita pero no la Ley Oral, y en realidad tal doctrina es insostenible.

El Talmud Babilónico lo demuestra elegante y humorísticamente. Cuenta de un cierto no judío que buscaba convertirse al judaísmo y acudió al gran sabio Hilel para hacerlo.[1] El candidato a prosélito puso una condición: "Conviérteme a condición de que acepte la Ley Escrita pero no la Oral". Deseaba convertirse en judío, pero solamente en uno herético.

Hilel no protestó y le dijo que viniera a él para que lo instruyera. El primer día, Hilel le enseñó las primeras cuatro letras del alfabeto hebreo: *alef, bet, guimel,* dalet. Al día siguiente le enseñó las mismas letras, pero

1. *Shabat* 31a.

en orden inverso: dalet, *guimel, bet, alef*. "Pero ayer me enseñaste lo contrario", protestó el hombre. "Ves", le dijo Hilel, "tienes que depender de mí incluso para aprender el alfabeto. Depende de mí también cuando se trata de la Ley Oral". Sin principios acordados no puede haber enseñanza, ni aprendizaje, ni autoridad, ni comunicación genuina.

Hay un pasaje en la *parashá* de esta semana que muestra en qué medida las diferencias interpretativas pueden conducir o derivar de profundas diferencias culturales. Irónicamente, el tema del aborto sigue siendo sumamente polémico hasta el día de hoy.[2]

El texto no trata del aborto propiamente dicho, sino de una pelea entre dos personas en las que se golpea a un transeúnte, que es una mujer embarazada, con el resultado de que ella aborta. ¿Cuál es el castigo en tal caso? He aquí el texto:

> Si hombres que se están peleando golpean a una mujer embarazada y ella aborta espontáneamente, pero no hay otro daño fatal (*asón*), el delincuente deberá ser multado por el monto que el marido de la mujer exija y la corte autorice. Pero si hay daño fatal (*asón*), deberás tomar una vida por otra… (Éxodo 21:22-23).

El vocablo *asón* puede significar "travesura, maldad, daño, calamidad, desastre". Jacob lo emplea cuando sus hijos le dicen que el virrey de Egipto (José) insiste en que traigan con ellos a su hermano menor Benjamín cuando regresen, para poder ser absueltos de los cargos por espionaje. Con José desaparecido, Benjamín es el único hijo que le queda a Jacob de su amada esposa Raquel, quien murió al darlo a luz. Inicialmente Jacob se niega a permitir que Benjamín abandone la casa, diciendo: "Si me quitas a este, también, y ocurriese un desastre (*asón*), harás descender mi ancianidad al sepulcro en medio del dolor" (Génesis 44:29).[3]

2. La mejor exposición del desarrollo histórico resumido en este capítulo es David M. Feldman, *Marital Relations, Birth Control and Abortion in Jewish Law* (New York: Schocken, 1974), 251-294. Ver también J. David Bleich, *Judaism and Healing* (Ktav, 1981), 96-102; Fred Rosner, *Modern Medicine and Jewish Ethics* (Ktav, 1986), 139-160; Basil Herring, *Jewish Ethics and Halakhah for Our Time* (Ktav, 1984), 25-46.
3. La palabra aparece tres veces en la historia de Jacob-José-Benjamín (Génesis 42:4, 42:38, 44:29) y dos veces en el presente contexto (Éxodo 21:22, 23). Estas son las

Aparentemente, *asón* significa un accidente fatal. La ley en consideración trata sobre los daños colaterales –daño a un tercero inocente– cuando hay personas que participan en una pelea pública con potencial de asesinato. Si el tercero fuese una mujer embarazada, y como consecuencia de un golpe abortase pero sin sufrir otra lesión, la persona responsable deberá pagar una compensación por la pérdida del niño que estaba por nacer, mas no sufrirá ninguna otra pena. Sin embargo, si la mujer muriese, el agresor será culpable de un delito mucho más grave (los sabios discreparon sobre si esto significa que esté o no sujeto a la pena capital).[4]

No obstante, una cosa resulta clara en esta interpretación. Causar que una mujer aborte –ser responsable por la muerte de un feto– no es un delito capital. Hasta su nacimiento, el feto no tiene el estatus legal de una persona. Esa fue la opinión de los sabios en la tierra de Israel.

Sin embargo, había una importante comunidad judía en la ciudad egipcia de Alejandría, durante el período tardío del Segundo Templo y la época de los maestros de la Mishná (los dos primeros siglos de la Era Común). Un pasaje en el Talmud[5] describe el gran esplendor de la sinagoga que allí se encontraba. La comunidad judía de Alejandría –cuyo miembro más famoso fue el filósofo del siglo I llamado Filón– estaba altamente helenizada. Desarrolló sus propias tradiciones, a veces muy diferentes de las de la corriente central del judaísmo rabínico. En una de sus obras, en la que Filón explica los principios fundamentales de la ley judía para un público que no leía hebreo, se refiere al pasaje bíblico antes mencionado, parafraseándolo con las siguientes palabras:

> Pero si alguno tuviese una pelea con una mujer embarazada, la golpease en el vientre y esta abortase, si el niño que se estaba

únicas apariciones del vocablo en la Biblia hebrea.

4. *Sanedrín* 79a. El argumento gira en torno a la cuestión de si X tiene la intención de matar a Y, pero en lugar de eso mata a Z, si X es o no culpable de asesinato. Esto afecta el significado de la expresión que describe el castigo: "deberás tomar una vida por otra". Si se juzga el caso como asesinato, "una vida por otra" implica pena capital. Si no se lo considera asesinato, entonces "una vida por otra" significa –como en el caso de "ojo por ojo"– compensación monetaria.
5. *Sucá* 51b.

> concibiendo en su interior careciese aún de molde y de forma, el (agresor) será castigado con una multa, tanto por la agresión cometida, como por haber impedido que la naturaleza, que estaba modelando y preparando la más excelsa de todas sus criaturas –un ser humano– lo trajera a la existencia. Pero si el niño concebido hubiese adquirido ya una forma definida en todas sus partes, recibiendo todas sus cualidades distintivas y conectivas propias, el agresor morirá; ya que semejante criatura es un hombre, asesinado mientras se encontraba aún en el taller de la naturaleza, la cual aún no pensaba que era el tiempo correcto de darlo a luz, pero yacía cual estatua en el taller del escultor, requiriendo nada más que ser liberado y enviado al mundo.[6]

Aquí Filón está siguiendo el texto de la Septuaginta, la traducción griega de la Biblia realizada en el siglo III a. e. c. durante el reinado de Ptolomeo II. Existen numerosas diferencias entre el texto de la Septuaginta y el de la Biblia en el idioma hebreo, y este pasaje mencionado es una de ellas. La versión griega traduce el vocablo *asón* no como "calamidad" sino como "forma".[7] El significado de ambos versículos resulta así completamente diferente. Ahora, según Filón, se está hablando únicamente del daño infligido al feto. En el primer caso "no hay *asón*", significa que el feto es "carente de forma", es decir, la mujer aborta, pero el nonato se encontraba en una etapa temprana de desarrollo. En el segundo versículo, se habla de un feto que ya "posee forma", es decir, la mujer se encontraba en una etapa avanzada de gestación. Filón lo expone claramente cuando compara al feto desarrollado con una escultura que ha sido culminada, pero se encuentra todavía en el taller del escultor. Desde este punto de vista, el feticidio –y por ende el aborto– puede ser un crimen capital, un acto de asesinato.

La interpretación de Filón y las opiniones de la comunidad judía de Alejandría en general jugarían un rol muy importante en la historia religiosa de Occidente. Esto no se debió a que tuvieran un impacto en los

6. Filón, *The Special Laws*, III: XIX, ed. Leopold Cohn, vol. 5:180-182.
7. Sobre este pasaje en la Septuaginta, ver Viktor Aptowitzer, "Observations on the Criminal Law of the Jews", *Jewish Quarterly Review* 15 (1924).

judíos, no lo tuvieron. Más bien, tuvieron impacto en el cristianismo. Los primeros textos cristianos fueron escritos en griego en lugar de hebreo. Pero al mismo tiempo, eran intensamente dependientes de la Biblia hebrea. De hecho, el único intento serio de divorciar completamente al cristianismo de la Biblia hebrea –efectuado por Marción, gnóstico del siglo II– fue considerado una herejía.[8]

Por lo tanto, los cristianos dependían de las traducciones griegas y de los comentarios al Tanaj, y estos –especialmente de la Septuaginta– se encontrarían entre los judíos de Alejandría. El resultado fue que las enseñanzas de los primeros cristianos en lo relativo al aborto siguieron la línea de Filón en lugar de la de los sabios. La diferencia clave era, como dijo Agustín, entre *embryo informatus* y *embryo formatus*, entre un feto formado y uno que aún no lo está.[9] Si el feto se formó (o sea, si habían pasado ya más de cuarenta u ochenta días desde la concepción: había una discusión sobre el lapso preciso), entonces causar su muerte era un asesinato. Así lo enseñó Tertuliano en el siglo II.[10] Así fue como permaneció la ley hasta 1588, cuando el Papa Sixto V ordenó que el aborto en cualquier etapa era un asesinato. La decisión fue revocada tres años después por el Papa Gregorio XIV, pero reintroducida por el Papa Pío IX en 1869.

Esto no quiere decir que los puntos de vista judíos y católicos sobre el aborto sean completamente diferentes. En la práctica son bastante cercanos, especialmente si se los compara con las culturas de la antigua Grecia o Roma, o la del Occidente secular contemporáneo, en el cual el aborto está sumamente extendido y no se lo considera en absoluto un mal moral. El judaísmo permite el aborto únicamente para

8. Marción de Sinope (85-160) fue un teólogo cristiano que abogó por una completa ruptura con el judaísmo y sus Escrituras. Creía que el cristianismo era una religión nueva que no le debía nada al judaísmo. Tal como los gnósticos, sostenía que el creador del universo físico –el Dios de los judíos– era una deidad menor y que el verdadero Dios, el Dios del cielo, era puramente espiritual y no tenía nada que ver con las leyes que regulaban la vida en la tierra.
9. Agustín, *Cuestiones sobre el Éxodo* (Questiones in Exodum) 80.
10. Tertuliano, Acerca del alma (Treatise on the Soul) XXXVII: "Sobre la formación y el estado del embrión".Sobre la historia de las actitudes cristiana hacia el aborto, ver E. Westermarck, *The Origin and Development of the Moral Ideas* (London: Macmillan, 1906).

salvar la vida de la madre o protegerla de enfermedades potencialmente mortales. Puede que para la ley judía un feto no sea una persona, pero lo es en potencia y por lo tanto debe ser protegido. Sin embargo, la diferencia teórica es real. En el judaísmo el aborto no es un asesinato. En el catolicismo lo es.

Resulta fascinante ver cómo surgió esta diferencia sobre la base de la interpretación de una sola palabra, *asón*. Sin la tradición, y todo aquello a lo que los sabios denominan la Ley Oral, simplemente no sabríamos lo que significa un versículo. Entre el texto y su significado se encuentra el acto interpretativo. Sin reglas que nos guíen, reglas que fueron transmitidas de generación en generación, nos encontraríamos en la misma situación que el alumno de Hilel, incapaces siquiera de comenzar.

ID

# *Dios está en los detalles*

El contraste entre la *parashá* de *Itró* y la de *Mishpatim* es enorme. En la primera, la Torá nos lleva al mayor encuentro jamás ocurrido entre los seres humanos y Dios: la revelación en el Monte Sinaí con su amplia declaración de principios conocida popularmente como los Diez Mandamientos.[1] En la última, súbitamente nos sumergimos en un mar de detalles: leyes relativas a la liberación de esclavos, la responsabilidad por daños personales, la protección a la propiedad y así sucesivamente. Parecería que pasamos de los sublime a lo prosaico, de la visión moral y espiritual omniabarcante a la letra pequeña de un código legal. Sin embargo, existe una profunda conexión entre ambas porciones de lectura, y es Rashi –el mayor de los comentaristas de la Torá– quien nos otorga una comprensión de lo que está en juego.

En la frase inicial de *Mishpatim*, "Y estas son las leyes que debes poner delante de ellos" (Éxodo 21:1), Rashi comenta:

> "Y estas son las leyes" –Donde sea que la Torá utiliza solamente el

1. *Aseret Hadibrot*, comúnmente traducido como "diez mandamientos" se traduce de un modo más exacto como las diez "expresiones" o "principios generales".

> vocablo "estas" indica una discontinuidad con lo que se ha dicho previamente. Donde sea que se emplee el término "Y estas (o estos)" el texto alude a una continuidad. (Es así como aquí, esta expresión se encuentra para enseñar que) así como los mandamientos anteriores (los Diez Mandamientos) fueron dados en el Sinaí, de igual manera estas (las leyes civiles) fueron también dadas en el Sinaí. ¿Por qué entonces las leyes civiles han sido colocadas en yuxtaposición con las concernientes al altar (en el final del capítulo anterior)? Para indicarte que coloques al Sanedrín (la Suprema Corte) junto al Santuario. "Que debes poner delante de ellos" –Dios le dijo a Moisés: No debes pensar, yo les he de enseñar una categoría y una ley dos o tres veces hasta que las sepan palabra por palabra, pero no he de tomarme la molestia de hacerles entender el motivo (detrás de la ley) y su significado. Por lo tanto, la Torá dice "que debes poner delante de ellos", como una mesa totalmente puesta con todo listo para comer.

Aquí se exponen tres proposiciones destacadas que han delineado los contornos del judaísmo desde entonces.

La primera es que así como los principios generales del judaísmo establecidos en el Decálogo en Sinaí son divinos, de igual manera lo son los detalles, las minucias de las leyes civiles. En los años 60, el arquitecto danés Arne Jacobson diseñó un nuevo campus universitario en Oxford. No contento con haber diseñado el edificio, pasó a diseñar la cubertería y la vajilla que se utilizarían en el salón comedor y supervisó la plantación de todos los arbustos destinados al jardín del colegio. Cuando le preguntaron por qué, respondió con las palabras de otro arquitecto, Mies van der Rohe: "Dios está en los detalles".

Ese es un sentimiento judío. Están quienes piensan que lo sagrado del judaísmo es su amplia visión, nunca tan convincentemente expresada como en el Decálogo entregado en el Sinaí. Sin embargo, la verdad es que Dios se encuentra en los detalles: "Así como los mandamientos anteriores (los Diez Mandamientos) fueron dados en el Sinaí, de igual manera estas (las leyes civiles) fueron también dadas en el Sinaí". La grandeza del judaísmo no radica simplemente en su noble visión de una sociedad libre, justa y compasiva, sino también en la forma en que trae esta visión a la tierra por medio de una legislación detallada.

A lo largo de la historia ha habido filósofos tales como Platón, Aristóteles, Locke, Hume, Kant, Bentham o Mill, que han intentado reducir la vida moral a unos pocos principios generales: racionalidad, compasión, deber o la mayor felicidad para el mayor número de individuos. Pero si bien estos principios son importantes, la moralidad, si es que ha de convertirse en el texto y la textura de una sociedad, debe ser traducida a un código de conducta. Nos hace morales lo que hacemos en el día a día y también lo que otros hacen. La moralidad es como un idioma, y así como no podemos inventar nuestro propio lenguaje y esperar poder comunicarnos con los demás, tampoco podemos inventar nuestra propia moralidad con la esperanza de poder vivir con los demás en una sociedad de ideales compartidos.

Es por esto que en *Mishpatim* en particular y en la Torá en general, Dios se revela a Sí Mismo en forma de leyes, ya que estas le dan color y especificidad a un orden social. He aquí un simple ejemplo:

> Si tomas en prenda el manto de tu prójimo, devuélveselo con la puesta del sol, ya que esta es la única cobertura para su cuerpo. ¿En qué más habrá de dormir? Cuando clame a Mí, le escucharé, ya que soy compasivo (Éxodo 22:26-27).

Esta es una ley con rostro humano. Superficialmente, estamos ocupándonos de una simple transacción económica. Alguien pide dinero prestado y le entrega al prestamista una prenda de vestir a modo de garantía de reembolso del préstamo, algo sumamente habitual en la antigüedad. Sin embargo, la Torá insiste en que no debemos olvidar la situación existencial humana. El prestatario puede ser pobre. La capa en cuestión puede ser su única vestimenta. El prestamista no debe olvidar este hecho. En estrictos términos legales puede ser que esté en su derecho de retener la garantía, pero una sociedad decente depende de algo más que los derechos legales.

A modo de justificación, la Torá añade un detalle. Dios mismo dice sobre el pobre prestatario que "Cuando clame a Mí, le escucharé, ya que soy compasivo". Dios, el legislador, no es una abstracción remota.

Es una presencia personal directa en las vidas de quienes guardan Su ley. Y así como Dios templa la justicia con la compasión, también Su pueblo debe hacer lo mismo.

Nótese cómo la Torá enseña este principio. Lo hace por medio de un ejemplo específico. No dice "Sé compasivo". Nos da un ejemplo de qué puede significar esto en la vida diaria, y hay muchos otros. El libro de Deuteronomio nos proporciona un escenario diferente: "No tomes un par de piedras de molino –ni siquiera la de arriba– como prenda por una deuda, ya que eso sería tomar el sustento de un hombre como garantía" (24:6). Aquí la preocupación es que quien pudiera necesitar un préstamo no tenga nada de valor suficiente como para ofrecerlo en garantía, salvo aquello con lo que se gana la vida. Si lo empeñara, quedaría atrapado en deudas y sería incapaz de pagar lo que ha pedido prestado.

Aquí como en otros lugares, la Torá construye la imagen de una vida moral por medio de ilustraciones concretas. Tal como explica Najmánides en su comentario al mandamiento que aparece en Deuteronomio (6:18): "Harás lo recto y lo bueno a los ojos del Eterno", resulta imposible especificar en detalle la respuesta moral a cada interacción humana. La vida es simplemente demasiado compleja e impredecible. Por lo tanto, la Torá nos provee de reglas generales por un lado y de ejemplos por el otro, de modo tal que podamos ver tanto el panorama general como así también algunas de las pinceladas con las que está compuesto.[2] Dios no está solamente en las generalidades; se encuentra también en los detalles.[3]

El segundo principio, no menos fundamental, es que el derecho civil no es secular. No creemos en la idea de "dad al César lo que es del César y a Dios lo que es de Dios". Creemos en la separación de poderes[4]

2. Rambán, comentario a Deuteronomio 6:18.
3. Avishai Margalit, en *The Ethics of Memory* (Harvard University Press, 2002) hace una distinción entre lo que llama "filósofos id est (i.e.)" (explicadores) y "filósofos exempli gratia (e.g.)" (ilustradores). Los primeros se especializan en definiciones y principios generales, los segundos lo hacen en "ejemplos sorprendentes". Rambán alude al hecho de que la Torá emplea ambas metodologías.
4. Durante la era bíblica esto se logró a través de la separación de la autoridad en tres dominios diferentes: los del rey, sacerdote y profeta. Esto está elegantemente expresado en un versículo de Isaías (33:22) que reza: "El Eterno es nuestro *juez*, el

pero no en la secularización del derecho ni en la espiritualización de la fe. El Sanedrín o Tribunal Supremo debe ser situado cerca del Templo, para enseñar que la ley misma debe ser impulsada por una visión religiosa.

Hay una famosa tradición rabínica que dice que cuando Moisés ascendió al cielo para recibir la Torá, los ángeles ministeriales protestaron ante Dios: "¿Acaso le darás Tu más preciada posesión a simples mortales?" Dios le dijo a Moisés que respondiera. Moisés se dirigió a los ángeles y dijo: "Dice en la Torá 'Recordarás el séptimo día para consagrarlo'. ¿Acaso ustedes los ángeles trabajan para que necesiten un día de descanso? Dice en la Torá: 'Honrarás a tu padre y a tu madre'. ¿Acaso tienen ustedes padres a los cuales deben honrar? Dice en la Torá: 'No cometerás adulterio'. ¿Acaso ustedes tienen un impulso al adulterio que necesita ser controlado por semejante prohibición?" Entonces, los ángeles dejaron de objetar.[5]

Dios está en el cielo, pero lo honramos aquí en la tierra. Eso es de lo que se trata la 'Torá', vocablo que significa "ley, enseñanza o instrucción ética". Es precisamente a través de la instrumentalidad de la ley que promulgamos verdades espirituales en circunstancias físicas, creando así fragmentos del cielo en nuestras interacciones sobre la tierra.

No se trata simplemente de que en el judaísmo Dios sea nuestro legislador. Se trata de que la ley misma se vea así transformada, grabada por doquier con señales de trascendencia. Esto ya fue presagiado en el primer capítulo de la Torá con su declaración sobre la igual y absoluta dignidad de la persona humana creada a la imagen de Dios (Génesis 1:26-27). La ley y la justicia son los vehículos primarios de la igualdad. Por eso la sociedad debe basarse en el Estado de derecho, administrado imparcialmente, tratando a todos por igual: "No vayas tras las multitudes para hacer el mal. Cuando des testimonio en un juicio, no perviertas la justicia poniéndote del lado de la multitud, y no muestres favoritismo por el pobre en su disputa" (Éxodo 23:2-3).

Eterno es nuestro *legislador*, el Eterno es nuestro *rey*; Él nos salvará". Aunque no es idéntico, resulta sorprendentemente cercano al principio de separación de poderes enunciado por Montesquieu en su obra *El espíritu de las leyes* (1748), quien los dividió en legislativo, judicial y ejecutivo. Ver Stuart Cohen, *The Three Crowns* (Cambridge University Press, 2007).

5. *Shabat* 88b–89a.

Sin duda, en los niveles más elevados de misticismo, Dios se encuentra en las profundidades más íntimas del alma humana, pero Dios se encuentra igualmente en la plaza pública y en las estructuras sociales: el mercado, los ámbitos del poder y los tribunales de justicia. No debe haber brecha ni disociación de sensibilidades entre la corte de justicia (el sitio de encuentro entre el hombre y su semejante) y el Templo (el sitio de encuentro entre el hombre y Dios).

El tercer y más notable de los principios, es la idea de que la ley no le pertenece a los abogados. Es la herencia de cada judío: "No debes pensar, yo les he de enseñar una categoría y una ley dos o tres veces hasta que las sepan palabra por palabra, pero no he de tomarme la molestia de hacerles entender el motivo (detrás de la ley) y su significado. Por lo tanto, la Torá dice "que debes poner delante de ellos", como una mesa totalmente puesta (*shulján aruj*) con todo listo para comer". Este es el origen del nombre del más famoso de los códigos legales judíos, el *Shulján Aruj*, escrito por Rabí Yosef Caro.

Desde los primeros tiempos, el judaísmo esperaba que todos supieran y entendieran la ley. El conocimiento legal nunca fue una propiedad reservada para una elite. Por el contrario, tenemos la famosa frase que dice: "La Torá es la heredad de la congregación de Jacob" (Deuteronomio 33:4). Ya en el primer siglo de la Era Común, Flavio Josefo pudo escribir que "si a alguno de nuestra nación se le preguntara sobre nuestras leyes, las repetiría tan fácilmente como su propio nombre. El resultado de nuestra cuidadosa educación en nuestras leyes desde los albores de la inteligencia es que están, por así decirlo, grabadas en nuestras almas. Por ello, resulta raro que sean violadas, y nadie puede evadir el castigo so pretexto de ignorarlas".[6] Ese puede ser el motivo por el cual hay tantos abogados judíos. El judaísmo es una religión de ley, no porque no crea en el amor ("Amarás al Eterno tu Dios", "Amarás a tu prójimo como a ti mismo") sino porque sin justicia, ni el amor, ni la libertad, ni la misma vida humana pueden florecer.

Tras la impresionante grandeza de la revelación que tuvo lugar en el Sinaí, la *parashá* de *Mishpatim*, con sus reglas y regulaciones detalladas, puede a veces parecer una suerte de anticlímax. No debería serlo.

6. Flavio Josefo, *Contra Apionem* II. 177-78.

La *parashá* de *Itró* contiene la visión, pero Dios está en los detalles. Sin la visión, la ley es ciega; pero sin los detalles, la visión flota en el cielo. Con ellos, la Presencia Divina es traída a la tierra, que es donde más la necesitamos.

ID

# *Amando al extranjero*

Hay preceptos que parecen saltar de la página por su singular poder moral. Ese es el caso de la legislación social de *Mishpatim*. En medio de las leyes complejas relacionadas con el trato a los esclavos, las lesiones personales y la propiedad, se destaca un precepto en particular en virtud de su repetición (aparece dos veces en la *parashá*) y del razonamiento histórico-psicológico detrás de él:

> No maltratarán al extranjero ni lo oprimirán, pues ustedes fueron extranjeros en Egipto (Éxodo 22:20).
>
> No opriman al extranjero; ustedes mismos saben lo que se siente ser extranjero (literalmente "ustedes conocen el alma del extranjero"), porque fueron extranjeros en Egipto (23:9).

*Mishpatim* contiene muchas leyes de justicia social –no aprovecharse de la viuda o el huérfano, por ejemplo, o no cobrar intereses por un préstamo a un miembro de comunidad del pacto, leyes en contra del soborno y la injusticia, etc. Sin embargo, la primera y última de estas leyes reiteran el precepto de no maltratar al *guer* o "extranjero". Claramente hay algo fundamental en juego en la visión de la Torá de un orden social justo y amable.

El término *guer* en sí no está definido en la Torá. Hay otras palabras para extranjero, como *zar* y *nokri*, y ambas tienen un sentido más fuerte como "ajeno" o "extraño", un visitante de otro lugar. Por el contrario, la palabra *guer* significa uno que no es israelita de nacimiento, pero quien ha venido a vivir a largo plazo dentro de la sociedad israelita. Como consecuencia, la tradición oral identificó dos formas de *guer*: el *guer tzedek*, o prosélito (Rut es el ejemplo clásico), y el *guer toshav*, el "extranjero residente" que ha elegido vivir en Israel sin convertirse al judaísmo, pero aceptando vivir de acuerdo a las siete leyes noájidas, obligatorias para toda la humanidad. La legislación de *guer toshav* representa la forma bíblica de los derechos de las minorías.

Una de las preguntas que se hicieron los sabios cuando examinaron esta ley fue sobre la diferencia entre "malos tratos" y "opresión". Concluyeron que la "opresión" estaba ligada a irregularidades monetarias, a aprovecharse financieramente por medio del robo o cobro excesivo. Los "malos tratos" se refiere al abuso verbal recordando al extranjero sus orígenes.

> Así como se extralimitan en la compra y venta, también se hace el mal con las palabras… Si una persona es hijo de prosélitos, no debes burlarte de él diciendo: "Recuerda las obras de tus antepasados", pues está escrito: "No maltratarán al extranjero ni lo oprimirán".
>
> Rabí Yojanán dijo en nombre de Rabí Shimon bar Yojai: las malas acciones verbales son peores que las malas acciones monetarias, porque de las primeras está escrito: "Y temerás a tu Dios", pero no lo dice de las segundas. Rabí Elazar dijo: una afecta a la persona, la otra solo a su dinero. Rabí Shmuel bar Najmani dijo: para una hay reparación, pero no para la otra.[1]

Este énfasis en el abuso verbal es típico de los sabios en su sensibilidad hacia el lenguaje como creador o destructor de vínculos sociales. Como

1. *Baba Metzía* 58b.

Rabí Elazar nota, el discurso duro o despectivo afecta la autoimagen y el amor propio de una forma que otros males no lo hacen. Aún más, como Rabí Shmuel bar Najmani aclara, una mala acción financiera puede ser rectificada de una forma que un discurso hiriente no puede. Incluso después de la disculpa, el dolor (y el daño a la reputación) permanece. En particular, un extranjero es sensible a su estatus dentro de la sociedad. Es un forastero. Los extranjeros no comparten con los nativos una memoria, un pasado, un sentido de pertenencia. Son conscientes de su vulnerabilidad. Por lo tanto, tenemos que ser especialmente cuidadosos de no herirlos al recordarles que no son "uno de los nuestros".

Lo segundo que notaron los sabios fue el énfasis repetido sobre el extranjero en la ley bíblica. Según Rabí Eliezer, la Torá "advierte acerca del maltrato al *guer* en treinta y seis instancias; otros dicen que en cuarenta y seis lugares".[2]

Cualquiera sea el número exacto, la repetición a lo largo de los libros mosaicos es notable. Algunas veces el extranjero es mencionado junto con el pobre; otras, con la viuda y el huérfano. En varias ocasiones la Torá especifica: "Tendrás la misma ley para el extranjero que para el nativo".[3] No solo no se debe agraviar al extranjero; él o ella deben ser incluidos en las provisiones positivas de bienestar de la sociedad israelita/judía. Pero la ley va más allá; el extranjero debe ser amado:

> Cuando un extranjero vive contigo en tu tierra, no lo maltrates. El extranjero que vive contigo debe ser tratado como un habitante nativo. Ámalo como a ti mismo, pues tú fuiste extranjero en Egipto. Yo soy el Eterno tu Dios (Levítico 19:33-34).

Esta disposición aparece en el mismo capítulo que el precepto "Amarás a tu prójimo como a ti mismo" (Levítico 19:18). Más adelante, en el libro de Deuteronomio, Moisés deja claro que este es el atributo de Dios mismo:

> "Pues el Eterno tu Dios es Dios de dioses y Señor de señores, el gran Dios, poderoso y temible, que no muestra parcialidad

2. *Baba Metzia* 59b.
3. Éxodo 12:49; Levítico 24:22; Números 15:16, 29.

> alguna ni acepta sobornos. Él defiende la causa del huérfano y de la viuda, y ama al extranjero, dándole alimento y vestimenta. Y tú debes amar a los que son extranjeros, pues ustedes mismos fueron extranjeros en Egipto" (Deuteronomio 10:17-19).

¿Cuál es la lógica de este precepto? El comentario más profundo proviene de Najmánides:

> La interpretación correcta me parece que es que Él está diciendo: no maltrates al extranjero ni lo oprimas pensando que nadie lo puede liberar de tu mano; pues tú sabes que fuiste extranjero en la tierra de Egipto y Yo vi la opresión con la que los egipcios te oprimieron y vengué en ellos tu causa, porque vi las lágrimas de los que fueron oprimidos y no tuvieron consuelo, y hay poder en el lado de sus opresores, y Yo libero a cada uno de aquel que es demasiado fuerte para él. De igual forma no causarás aflicción a la viuda y al huérfano porque Yo oiré sus llantos, pues todos ellos no dependen de sí mismos sino que han depositado su confianza en Mí.
>
> Y en otro versículo Él agrega este motivo: pues ustedes saben lo que se siente ser extranjero, porque fueron extranjeros en la tierra de Egipto. O sea, saben que todo extranjero se siente deprimido, está siempre penando y llorando, y sus ojos están siempre dirigidos hacia Dios, y por lo tanto Él siempre le tendrá compasión, así como la tuvo con ustedes, como está escrito, y los hijos de Israel suspiraron a causa de la esclavitud, y lloraron, y su clamor llegó a Dios a causa de la servidumbre, lo que significa que Él tuvo misericordia de ellos, no por sus méritos, sino solo por causa de la esclavitud (y de la misma forma Él tiene compasión de todos los oprimidos).[4]

Según Najmánides el precepto tiene dos dimensiones. La primera es la relativa impotencia del extranjero. Él o ella no está rodeado de familia, amigos, vecinos, una comunidad dispuesta a salir en su defensa. Por lo

4. Rambán, comentario a Éxodo 22:22.

tanto, la Torá advierte acerca del maltrato hacia ellos porque Dios se ha hecho protector de aquellos que no tienen a nadie más que los proteja. Esta es la dimensión política del precepto.

La segunda razón, como ya hemos notado, es la vulnerabilidad psicológica del extranjero (recordamos las propias palabras de Moisés ante el nacimiento de su primer hijo, cuando vivía entre los midianitas: "Yo soy extranjero en tierra extraña", Éxodo 2:22). El extranjero es aquel que vive fuera de las seguridades normales del hogar y la pertenencia. Él o ella está, o se siente solo –y a través de la Torá, Dios es especialmente sensible al lamento del oprimido, a los sentimientos del rechazado, al llanto del que no es escuchado. Esa es la dimensión emotiva del precepto.

El rabino Jaim ibn Atar (Or HaJaim) agrega otra visión fascinante. Puede ser, dice, que la misma santidad que sienten los israelitas como hijos del pacto, los lleve a menospreciar a quienes carecen de un linaje similar. Por eso les está ordenado no sentirse superiores al *guer*, sino recordar la degradación que sus antepasados experimentaron en Egipto.[5] Como tal, se convierte en un precepto de humildad ante los extranjeros.

De cualquier forma en que lo miremos, hay algo impactante acerca de esta casi interminable y repetitiva preocupación por el extranjero –junto con el recordatorio histórico de que "ustedes mismos fueron esclavos en Egipto". Es como si, en esta serie de leyes, estuviéramos llegando al centro del misterio de la existencia judía misma. ¿Qué está implicando la Torá?

La preocupación por la justicia social no era exclusiva de Israel.[6] Sin embargo, lo que sentimos a través de toda la narrativa bíblica, es la carencia de derechos básicos a los cuales podían apelar los extranjeros. No es casualidad que el destino de Sodoma y las ciudades de la llanura quede sellado cuando intentan atacar a los dos visitantes de Lot. Tampoco podemos dejar de sentir el riesgo al que Abraham e Isaac creen estar expuestos cuando se ven obligados a dejar su hogar y refugiarse en Egipto o en la tierra de los filisteos. En cada uno de estos tres episodios (Génesis capítulos 12, 20, 26) ellos están convencidos de que sus

5. Or HaJaim, comentario a Éxodo 22:20
6. Moshe Weinfeld, *Social Justice in Ancient Israel and in the Ancient Near East* (Jerusalem: Magnes Press, 1995).

vidas están en riesgo; que pueden ser asesinados para que sus esposas puedan ser llevadas al harén real.

Dina, la hija de Jacob, es violada y secuestrada mientras deambula dentro del territorio de Siquem (Shejem). En el transcurso de la historia de José hay repetidas implicaciones de que en Egipto, los israelitas eran considerados como parias (la palabra "hebreo", así como el término *hapiru* encontrado en la literatura no israelita de la época, parece tener una connotación fuertemente negativa). Un versículo en particular –cuando los hermanos visitan a José por segunda vez– señala el desprecio con el que se les mira:

> Le sirvieron a él [José] solo, a los hermanos por su cuenta, y a los egipcios que comían con él, aparte; porque los egipcios no podían comer con los hebreos, ya que era detestable para ellos (Génesis 43:32).

Así era en el mundo antiguo. El odio al extranjero es la más antigua de las pasiones, remontándose al tribalismo y la prehistoria de la civilización. Los griegos llamaban a los extranjeros "bárbaros" debido a que su extraña dicción (así les parecía a ellos) les recordaba el balido de las ovejas. [7] Los romanos también despreciaban a las razas no helenísticas. Las páginas de la historia están manchadas de sangre derramada en nombre de conflictos raciales o étnicos. Fue precisamente esto lo que la Ilustración, la nueva "era de la razón", prometió erradicar. No sucedió. En la Francia revolucionaria de 1789, mientras Los derechos del hombre eran proclamados, se produjeron disturbios contra los judíos en Alsacia. El odio en contra de los trabajadores inmigrantes ingleses y alemanes persistió a lo largo del siglo XIX. En Marsella en 1881, una turba de diez mil personas atacó a los italianos y sus propiedades. La aversión a lo diferente es tan antigua como la humanidad.

Este hecho yace en el corazón mismo de la experiencia judía. No es coincidencia que el judaísmo naciera en dos viajes lejos de las dos mayores civilizaciones del mundo antiguo: el de Abraham desde Meso-

7. El verbo *barbarízein* en griego antiguo significaba imitar los sonidos lingüísticos que hacían los no-griegos, o cometer errores gramaticales en griego.

potamia, el de Moisés y los israelitas desde el Egipto faraónico. La Torá es la protesta más grande del mundo contra los imperios y el imperialismo. Esta protesta tiene muchas dimensiones. Una dimensión es la protesta contra el intento de justificar la jerarquía social y el poder absoluto de los gobernantes en nombre de la religión. Otra es la subordinación de las masas al estado, ejemplificada en los monumentales proyectos de construcción, primero en Babel, luego en Egipto, y la esclavitud que suponían. Una tercera es la brutalidad de las naciones durante las guerras (el tema de los oráculos de Amós contra las naciones). Sin embargo, la trasgresión más seria fue sin duda –tanto para los profetas, como para los libros mosaicos– el uso del poder en contra de los indefensos: la viuda, el huérfano, y sobre todo, el extranjero.

Ser judío es ser extranjero. Es difícil evitar la conclusión de que por eso se le ordenó a Abraham que dejara su tierra, su casa y la casa de su padre; que por eso, mucho antes de nacer José, a Abraham le había sido ya anunciado que sus descendientes serían extranjeros en una tierra que no sería la propia; que por eso Moisés tuvo que sufrir el exilio personal antes de asumir el liderazgo del pueblo; que por eso los israelitas sufrieron persecuciones antes de heredar su propia tierra; y que es por eso que la Torá es tan insistente en que esta experiencia –el recuento de la historia en Pesaj, junto con el sabor nunca olvidado del pan de la aflicción y las hierbas amargas de la esclavitud– debería convertirse en una parte permanente de su memoria colectiva. El pensamiento de la Ilustración estuvo marcado por dos grandes intentos de fundamentar la ética en algo más que la tradición. Uno perteneció a la ilustración escocesa –David Hume y Adam Smith– que buscó su fundamento en la emoción: la simpatía natural de los seres humanos unos por otros.[8] El otro fue construido por Immanuel Kant, sobre la base de la razón. No era lógico prescribir una regla ética para cierta gente y otra para otros. Kant argumentó que la razón es universal; por lo tanto, una ética de la razón garantizaría el respeto universal ("Trata a cada persona como un fin en sí mismo").[9]

8. David Hume, *A Treatise of Human Nature* (Oxford University Press, 1978); Adam Smith, *The Theory of Moral Sentiments* (Cambridge University Press, 2002).
9. Immanuel Kant, *The Moral Law* (Routledge, 2005).

Ninguno de los dos tuvo éxito. En el siglo XX, pueblos y municipios en donde los judíos habían vivido por casi mil años fueron testigos de su asesinato en masa o deportación a los campos de exterminio con poca o sin protesta. Ni la razón de Kant o la emoción de Hume fueron suficientemente fuertes para inocular a Europa contra el genocidio. Siglos de odio de inspiración religiosa se unieron a teorías pseudocientíficas sobre la raza y el darwinismo social ("la supervivencia del más apto" como dijo Herbert Spencer) para relegar poblaciones enteras –sobre todo a los judíos– a la categoría de infrahumanos.

En retrospectiva, es aterrador percibir cuán seriamente tomó la Torá el fenómeno de la xenofobia, el odio al extranjero. Es como si la Torá dijera con la máxima claridad: la razón es insuficiente. La simpatía, inadecuada. Sólo la fuerza de la historia y la memoria tiene el peso suficiente para contrarrestar el odio.

La Torá pregunta: ¿Por qué no odiar al extranjero? Porque una vez estuviste parado donde está él ahora. Tú conoces el corazón del extranjero porque una vez fuiste extranjero en la tierra de Egipto. Si tú eres humano, también lo es él. Si él es menos que humano, también lo eres tú. Debes luchar contra el odio en tu corazón, tal como Yo luché contra el mayor gobernante y el más grande imperio del mundo antiguo por ti. Te transformé en el arquetipo del extranjero del mundo para que puedas luchar por los derechos de los extranjeros, por los propios y por los de otros, donde sea que se encuentren, quienquiera que sean, sea cual fuere el color de su piel o la naturaleza de su cultura, porque aunque no son a tu imagen, dice Dios, lo son sin embargo a la Mía. Hay una sola respuesta suficientemente fuerte para contestar la pregunta: ¿Por qué no debiera yo odiar al extranjero? Porque el extranjero soy yo.

CB

# Terumá

# תרומה

Con *Terumá* comienza el pasaje más largo del libro del Éxodo, el cual continúa hasta el final del volumen y se ve interrumpido únicamente por el episodio del Becerro de Oro. Su tema central es el *Mishkán,* el Tabernáculo o Santuario que se les ordenara erigir a los israelitas como centro de culto y signo visible de la Presencia de Dios en medio de ellos. La mera extensión y detalle de la narrativa aluden al significado central que poseía para los israelitas; sin embargo requiere un considerable esfuerzo interpretativo para traducirlo al lenguaje y al pensamiento contemporáneo.

En el primero de los siguientes ensayos analizaremos la conexión existente entre el Tabernáculo y la posterior institución de la sinagoga. En el segundo, nos centramos en por qué era importante que se construyera a partir de las contribuciones voluntarias de los israelitas. En el tercero, exploramos la conexión existente entre la creación del Tabernáculo por parte de los israelitas y la creación del universo por parte de Dios. En el cuarto, nos preguntamos por qué era tan importante que todos tuvieran una participación en el Arca del Pacto, en la cual se llevaban las tablas de piedra que representaban la Torá.

## *Un hogar portátil*

La *parashá* de *Terumá* describe la construcción del Tabernáculo, la primera casa colectiva de culto en la historia de Israel. La primera pero no la última, ya que eventualmente su sucesor sería el Templo de Jerusalén. Quiero centrarme en un momento de la historia judía, que representa su punto más bajo y a la vez su vuelo más alto en lo que a espiritualidad se refiere: el momento en el que el Templo fue destruido.

Resulta difícil comprender la profundidad de la crisis en la que la destrucción del Primer Templo sumió al pueblo judío. Su mera existencia se basaba en una relación con Dios simbolizada por el servicio que tenía lugar a diario en Jerusalén. Con la conquista babilónica en el 586 a. e. c., los judíos no solo perdieron su tierra y su soberanía. Al perder el Templo fue como si hubieran perdido la esperanza misma. Ya que su esperanza estaba depositada en Dios, y ¿cómo podrían dirigirse a Él si el lugar mismo donde Le servían se encontraba en ruinas? Un documento ha dejado un registro vívido del estado de ánimo de los judíos en ese momento, uno de los salmos más famosos:

Junto a los ríos de Babilonia nos sentamos y lloramos al recordar

> a Sión… ¿Cómo podremos entonar las canciones del Eterno en una tierra extraña? (Salmo 137).

Fue entonces cuando una respuesta comenzó a cobrar forma. El Templo ya no estaba en pie, pero su memoria perduró y esta era lo suficientemente fuerte como para reunir a los judíos en torno a un culto colectivo. En el exilio, en Babilonia, los judíos comenzaron a reunirse para explicar y comentar la Torá, articular una esperanza colectiva de retorno y recordar al Templo y su servicio.

El profeta Ezequiel fue uno de los que dieron forma a una visión de retorno y restauración, y es a él a quien le debemos la primera referencia indirecta a una institución radicalmente nueva que finalmente sería conocida como *Beit Kneset*, la sinagoga: "Así dice el Eterno: A pesar de que los envié lejos entre las naciones y los dispersé entre los países, me he convertido para ellos en un pequeño Santuario (*Mikdash me'at*) en las tierras adonde han ido" (Ezequiel 11:16). El Santuario central había sido destruido, pero quedaba un tenue eco de su existencia, una miniatura.

La sinagoga es uno de los ejemplos más notables de *itaruta de'letata*, "un despertar desde abajo". Este no surgió a través de palabras dichas por Dios a Israel, sino a través de aquellas que Israel le dijo a Dios. No hay sinagoga en el Tanaj, no hay una orden de construir casas locales de oración. Por el contrario, cuando la Torá habla de una "casa de Dios" se refiere a un Santuario central, a un foco colectivo para el culto del pueblo en su conjunto.[1]

Tendemos a olvidar cuán profundo era el concepto de la sinagoga. El profesor M. Stern ha escrito que "al establecer la sinagoga, el judaísmo creó una de las mayores revoluciones en la historia de la religión y la sociedad, ya que la sinagoga era un entorno completamente nuevo para el servicio divino, totalmente desconocido hasta entonces".[2] De acuerdo con Salo Baron, se convirtió en la institución a través de la cual la comunidad exiliada "cambió completamente el énfasis de un sitio de culto, el Santuario, a reuniones de devotos, a una congregación

1. II Samuel 7:27; I Reyes 6:1, 8:27; I Crónicas 22:1, etc.
2. H.H. Ben-Sasson, ed., *A History of the Jewish People* (Harvard University Press, 1976), 285.

reunida en cualquier momento a lo largo y ancho del mundo de Dios".[3] La sinagoga se convirtió en la Jerusalén del exilio, el hogar del corazón judío. Es la máxima expresión del monoteísmo: que donde sea que nos reunamos para dirigir nuestros corazones hacia el cielo, allí se puede encontrar la Presencia Divina, ya que Dios está en todas partes.

¿De dónde surge esta idea que habría de cambiar al mundo? No provino del Templo, sino más bien de una institución mucho más antigua descrita en la *parashá* de esta semana: el Tabernáculo. Su esencia era su carácter portátil, hecho de parantes y cortinas que los levitas podían desmantelar y cargar mientras los israelitas marchaban por el desierto. El Tabernáculo, una estructura temporaria, resultó ejercer una influencia permanente; mientras que el Templo, que estaba destinado a ser permanente, resultó ser temporal, hasta que tal como oramos a diario, sea reconstruido.

Más significativa que la estructura física del Tabernáculo era su estructura metafísica. La idea misma de que uno puede construir un hogar para Dios parece absurda. En un mundo de cosmovisión politeísta, era sumamente sencillo entender el concepto de espacio sagrado. Los dioses eran semihumanos. Tenían lugares donde se los podía encontrar. El monoteísmo arrancó esta idea desde sus raíces, en ningún lugar con mayor elocuencia que en el Salmo 139:

> ¿A dónde puedo irme de Tu Espíritu?
> ¿A dónde puedo huir de Tu presencia?
> Si asciendo a los cielos, allí estás Tú;
> Si he de hacer mi lecho en las profundidades, allí estás Tú.

De ahí la pregunta formulada por el rey más sabio de Israel, Salomón: "¿Acaso Dios habitará realmente en la tierra? Los cielos, incluso el más alto de estos no pueden contenerte. ¡Cuánto menos este templo que he edificado!" (I Reyes 8:27).

La misma pregunta se plantea en el nombre de Dios por parte de uno de los grandes profetas de Israel, Isaías:

3. Salo Baron, *The Jewish Community* (Jewish Publication Society of America, 1945), I:62.

> El cielo es Mi trono, y la tierra es el escabel de Mis pies. ¿Dónde está la casa que has construido para Mí? ¿Dónde estará Mi lugar de descanso? (Isaías 66:1).

El concepto mismo de hacer en un espacio finito un hogar para una presencia infinita parece una contradicción en términos.

La respuesta, todavía asombrosa por su profundidad, está contenida en el inicio de la *parashá* de esta semana: "Me harán un Santuario y habitaré en ellos (*betojam*)" (Éxodo 25:8). Los místicos judíos señalaron la extrañeza lingüística de esta oración. Debería decir "habitaré en él" no "habitaré en ellos". La respuesta radica en que la Divina Presencia no reside en un edificio sino en sus constructores; no en un lugar físico sino en el corazón humano. El Santuario no era un sitio en el cual la existencia objetiva de Dios se encontraba de alguna manera más concentrada que en otros lugares. Más bien, era un lugar cuya santidad tenía el efecto de abrir los corazones a Aquel al que allí se servía. Dios existe en todas partes, pero no en todas partes sentimos Su presencia de igual manera. La esencia de "lo sagrado" es que se trata de un lugar en el cual dejamos de lado todos los dispositivos y deseos humanos e ingresamos en un dominio totalmente apartado para Dios.

Si el concepto del *Mishkán*, el Tabernáculo, es que Dios reside en el corazón humano cada vez que este se abre al cielo sin reservas, entonces su ubicación física resulta irrelevante. Fue así como se abrió el camino para que, siete siglos después, hiciera su aparición la sinagoga: la máxima afirmación de la idea de que si Dios está en todas partes, se le puede encontrar en cualquier lugar. Me resulta conmovedor que la frágil estructura descrita en la *parashá* de esta semana se haya convertido en la inspiración de una institución, que más que ninguna otra, mantuvo al pueblo judío vivo durante casi dos mil años de dispersión, el más largo de todos los viajes a través del desierto.

ID

# *Contribución voluntaria*

La *parashá* de esta semana y aquellas que le siguen en el resto del libro de Éxodo, describen el gran proyecto colectivo de los israelitas en el desierto: la construcción de un *Mishkán*, un Santuario portátil, que serviría como hogar visible de la Presencia Divina. Fue la primera casa colectiva de culto en la historia de Israel.

Sin embargo, la orden inicial enfatiza una dimensión inusual del proyecto:

> Dios le habló a Moisés diciendo: "Habla a los israelitas y haz que traigan para Mí una ofrenda. Toma Mi ofrenda de todo aquel cuyo corazón lo impulsa a dar... Harán para Mí un Santuario y habitaré entre ellos" (Éxodo 25:1-2, 8).

El énfasis está en el carácter voluntario de los regalos. ¿Por qué? El Santuario y su servicio eran claramente obligatorios, no voluntarios. Las ofrendas regulares fueron prescritas minuciosamente. También lo fueron las contribuciones. Todos debían dar medio siclo de plata para los apoyos o fundamentos que se necesitaban para la edificación, y otro medio siclo por año para los sacrificios. El Santuario mismo era el dominio preeminente de lo sagrado, y lo sagrado es donde gobierna la voluntad de Dios, no la nuestra. Entonces, ¿por qué se habría de construir el Santuario por medio de donaciones voluntarias?

Hay algunos pasajes bíblicos cuyo significado resulta claro solamente en retrospectiva, y este es uno de ellos. Para comprender la *parashá* de esta semana debemos avanzar casi quinientos años, y arribar al tiempo en el cual el rey Salomón construyó el Templo. La historia es una de las más irónicas que registra el Tanaj.

Nuestra impresión inicial de Salomón es que era un rey sumamente sabio. Le solicitó sabiduría a Dios y Él se la concedió en abundancia:

> Dios le otorgó a Salomón sabiduría, una gran perspicacia, y una amplitud de entendimiento que era inconmensurable, tal como lo es la arena que se encuentra a la orilla del mar (I Reyes 5:9).

Durante el reinado de Salomón, Israel alcanzó su mejor situación tanto económica como política. La construcción del Templo fue vista por la Biblia como la culminación del éxodo de Egipto. De manera inusual, el texto nos indica la fecha en la cual fuera efectuado el proyecto no solamente según los años del reinado del monarca, sino que también especifica los años que habían transcurrido desde el éxodo:

> En el año cuatrocientos ochenta después de que los israelitas salieron de Egipto, en el año cuarto del reinado de Salomón… él comenzó a erigir el Templo del Eterno (I Reyes 6:1).

La referencia al éxodo resulta llamativa y deliberada. Nos recuerda la frase que Moisés dijera a los israelitas cuando se encontraban a punto de ingresar a la tierra prometida: "No has llegado aún al lugar de reposo ni a la heredad que el Eterno tu Dios te da" (Deuteronomio 12:9). Los comentaristas clásicos toman esto como una referencia a Jerusalén y al Templo.[1] De este modo el proyecto de Salomón cerró la narrativa del éxodo. Fue el último capítulo de una larga historia.

1. Rashi, ad loc., basándose en *Zevajim* 119a. El texto continúa diciendo (12:11), "Y será en el lugar que escogiere el Eterno tu Dios para hacer morar allí Su Nombre –habrás

No obstante, en última instancia y de manera significativa, Salomón fracasó como rey. La impresión inicial que recibimos del texto bíblico es que su principal falla fue casarse con mujeres extranjeras que lo llevaron a la idolatría (I Reyes 11:4). Sin embargo, una lectura atenta nos revela que el problema tenía que ver más con la forma en la cual se dispuso a construir el Templo. La obra impuso sobre el pueblo inmensas exigencias y llevó, tal como veremos, a consecuencias nefastas. Tras el fallecimiento de Salomón el reino se dividió. Las diez tribus del norte se separaron de su hijo Roboam y establecieron su propio reino bajo la conducción del rebelde Jeroboam. Este fue un punto de inflexión crítico en la historia bíblica. Debilitados por la división, sería solo una cuestión de tiempo hasta que eventualmente ambos reinos cayeran ante los imperios vecinos, y así sucedió.

La verdadera pregunta no es: ¿por qué se rebeló Jeroboam? La política está llena de episodios similares. La verdadera pregunta es: ¿cómo es que pudo hacerlo y tener éxito? Los golpes de estado no ocurren cuando una nación prospera, triunfa y se halla en paz. Esa era la situación de Israel durante el reinado de Salomón. Entonces, ¿cómo es que pudo Jeroboam emprender un golpe de estado con una expectativa real de salir airoso?

La respuesta está en el impacto que ejerció en la gente la construcción del Templo. Se nos ha dicho:

> El rey Salomón reclutó obreros de todo Israel: treinta mil hombres. Los envió al Líbano en turnos de diez mil, de modo tal que pasaban un mes allí y dos meses en casa. Adoniram estaba a cargo del trabajo forzado. Salomón tenía setenta mil cargadores y ochenta mil picapedreros en las colinas, así como también tres mil trescientos capataces que supervisaban el proyecto y dirigían a los trabajadores (I Reyes 5:27-30).

de traer todo cuanto te ordeno: tus ofrendas ígneas y tus sacrificios, tus diezmos y obsequios especiales, y todas tus posesiones selectas que has prometido al Eterno"– en referencia al Templo.

El Tanaj nos dice que fue esta carga la que inquietó a la gente tras la muerte de Salomón:

> Entonces (el pueblo) hizo venir a Jeroboam y él y toda la asamblea de Israel fueron donde Roboam y le dijeron: "Tu padre puso sobre nosotros un pesado yugo, mas ahora, aliviana el duro trabajo y la carga que él estableció sobre nosotros y te serviremos" (I Reyes 12:3-4).

Los ancianos que habían sido los consejeros de Salomón le dijeron a Roboam que accediera a la petición del pueblo: "Si hoy has de ser siervo de este pueblo y les sirves y brindas una respuesta favorable, ellos serán por siempre tus siervos" (12:7). Roboam, influenciado por sus propios jóvenes e impetuosos asesores, hizo caso omiso de la recomendación. Le dijo al pueblo que él incrementaría el peso de la servidumbre en vez de reducirlo. A partir de entonces, su destino quedó sellado.

Sucede algo extraño en este relato. En varias ocasiones escuchamos palabras que aparecen previamente en los libros de Moisés, ya sea en el contexto de la esclavitud en Egipto o en leyes que prohiben a los israelitas conducirse con dureza hacia los esclavos. La expresión "trabajo duro", dicha por el pueblo al hablar con Roboam, es empleada al principio del libro de Éxodo para describir la esclavitud de los israelitas.[2] La descripción que se refiere a los cargadores de Salomón, *nosei saval*, nos recuerda la frase "Y Moisés creció y salió hacia sus hermanos y vio el peso de su carga (*sivlotam*)".[3] Tras el fallecimiento del rey Salomón el pueblo utiliza la palabra 'yugo': "Tu padre puso sobre nosotros un pesado yugo".[4] Este es otro término más que recuerda la esclavitud en Egipto: "Por lo tanto, di a los israelitas: Yo soy el Eterno, y los sacaré de debajo del yugo de los egipcios".[5]

Los capataces que supervisaban las tareas para Salomón son descritos como "*harodim ba'am*", el verbo empleado en Levítico 25 para

2. Éxodo 1:14.
3. Ídem 2:11.
4. I Reyes 12:4.
5. Éxodo 6:6.

describir cómo un amo no debe tratar a su esclavo: "No los gobiernes (*tirdé*) sin piedad".[6] Salomón construyó ciudades depósito o de almacenamiento, *miskenot*, el mismo vocablo empleado para describir las ciudades que los esclavos israelitas habían construido en su momento para Faraón.[7] Al igual que el monarca egipcio, también Salomón poseía carros y jinetes, *rejev* y *parashim*.[8]

Sin decirlo explícitamente, y de hecho, en cierto punto hasta negándolo: "Pero Salomón no tornó en esclavos a ninguno de los israelitas"[9], el Tanaj nos insinúa que la construcción del Templo convirtió a Israel en un segundo Egipto. Salomón estuvo muy cerca de convertirse en un faraón israelita.

La ironía es abrumadora. Salomón fue el rey más sabio de Israel. La nación se encontraba en la cúspide de su poder y prosperidad. De momento, vivía en paz. El rey estaba dedicado a la más sagrada de las tareas, la que habría de completar el relato del éxodo. Sin embargo, en ese preciso momento se generó la falla o fractura que eventualmente traería consigo siglos de tragedia. ¿Por qué? Porque en efecto, Salomón convirtió a los israelitas en una fuerza laboral reclutada, exactamente aquello que, en aras de evitarlo, fuera el motivo de la salida de Egipto.

Tan pronto como entendemos esto, nos damos cuenta retrospectivamente del significado del mandato divino de construir un Tabernáculo: "Habla a los israelitas y haz que traigan para Mí una ofrenda. Toma Mi ofrenda *de todo aquel cuyo corazón lo impulsa a dar*" (Éxodo 25:2). Tal como dijéramos en el ensayo anterior, Dios no vive en los edificios sino en los constructores, no reside en los monumentos de piedra sino en la mente y el alma de los seres humanos cuando se dedican a Él.

El Templo estaba destinado a estar en el corazón –tanto geográfico como espiritual– de una nación que había sido llevada por Dios de la esclavitud a la libertad. Por lo tanto, la fe de Israel debía ser una expresión de libertad. Su Templo debería haber sido construido por medio de contribuciones voluntarias al igual que lo fuera el Tabernáculo. Este no

6. Levítico 25:43, 46, 53.
7. I Reyes 9:19; Éxodo 1:11.
8. I Reyes 9:19; Éxodo 14-15.
9. I Reyes 9:22.

es un detalle menor. Se encontraba en el corazón mismo del proyecto. La fe forzada no es fe. El culto forzado no es verdadero. Un Templo erigido por mano de obra reclutada entra en conflicto con la naturaleza misma de Dios, que es a quien está dedicado. Por un momento, Salomón actuó como si fuera un faraón egipcio y no un rey de Israel; y tanto la frustración como el enojo reprimido de la gente, eventualmente estalló después de su muerte, dividiendo a la nación en dos.

Por lo tanto, el hecho de que la primera casa de Dios –pequeña, frágil y portátil; todo lo opuesto a la grandeza del Templo– fuera construida por medio de contribuciones libres, voluntarias y carentes de coerción no fue accidental, sino que se trata de algo esencial. Porque Dios no habita en casas de madera o de piedra, sino en las mentes y las almas de seres humanos libres. A Dios no se lo encuentra en la arquitectura monumental, sino en el corazón bien dispuesto.

ID

# *El hogar que hacemos para Dios*

La Torá describe dos actos de creación: la del universo por parte de Dios, y la del *Mikdash* o *Mishkán* –el Santuario que viajó con ellos en el desierto, el prototipo del Templo de Jerusalén– por parte de los israelitas. La conexión entre ellos no es accidental o incidental. Tal como lo han notado varios comentaristas, la Torá invoca una serie de paralelismos verbales entre ellos:

| **El universo (Génesis)** | **El Mishkán (Éxodo)** |
|---|---|
| "Y Dios hizo el cielo". | "Harán para Mí un Santuario". |
| "Y Dios hizo las dos grandes luminarias". | "Harán un arca". |
| ""Y Dios hizo a las bestias de la tierra" (1:7, 16, 25). | "Harás una mesa" (25:8, 9, 23). |

| | |
|---|---|
| "Y vio Dios todo lo que había hecho, y he aquí que era muy bueno" (1:31). | "Moisés vio todo el trabajo especializado, y he aquí que lo habían efectuado; lo habían hecho tal como Dios lo había ordenado" (39:43). |
| "Los cielos y la tierra y todos sus elementos fueron completados" (2:1). | "Toda la obra del Tabernáculo de la tienda de reunión fue completada" (39:32). |
| "Y Dios completó otoda la obra que Él había hecho" (2:2). | "Y Moisés completó la obra" (40:33). |
| "Y Dios bendijo" (2:3). | "Y Moisés bendijo" (39:43). |
| "Y lo santificó" (2:3). | "Y tú lo santificarás junto con todos sus utensilios" (40:9). |

El efecto resulta inconfundible. El segundo acto de creación es un reflejo del primero. Tal como Dios hizo el universo, de igual manera instruyó a los israelitas en la realización del *Mishkán*. Este es su primer gran acto constructivo y colaborativo tras el cruce del Mar de los Juncos, al abandonar la jurisdicción de Egipto e ingresar en su nuevo dominio como el pueblo de Dios.

Tal como el universo comenzó con un acto de creación, de igual manera lo hace la historia judía (la historia de un pueblo redimido). Los vocablos clave –*hacer, ver, completar, bendecir, santificar, obrar, he aquí*– son idénticos en ambas narraciones. El efecto es sugerir que la elaboración del *Mishkán* fue para los israelitas lo que la creación del universo fue para Dios.

Los sabios percibieron esta conexión y vincularon los dos eventos. Así por ejemplo encontramos el siguiente midrash:

> Se ha enseñado que en el día (de la inauguración del Tabernáculo) hubo alegría delante del Santo Bendito Sea, tal como en el día en que fueron creados el cielo y la tierra.[1]

1. *Sifrá*, comentario a Levítico 9:1; *Meguilá* 10b.

Aquí hay una comparación explícita entre la elaboración del *Mishkán* y la creación del universo. No solo eso: el pasaje hace la afirmación extraordinaria de que Dios se regocija en la creación humana tanto como en la Suya propia.

Hay otras conexiones. El *Mishkán* fue inaugurado el primero de Nisán.[2] Según Rabí Yehoshua esta fue la fecha en la que el universo fue creado.[3] Nuevamente, resulta sugerente que los dos eventos ocurran en la misma fecha calendario.

Otra tradición rabínica afirma que Betzalel, aquel que hiciera los accesorios del Tabernáculo, conocía el secreto de la combinación de las letras, poseía el saber místico de cómo Dios había creado el universo.[4]

Uno de los paralelismos más llamativos radica en las figuras que aparecen solamente dos veces en la Torá; la primera vez en el Jardín del Edén y la segunda en el Tabernáculo, es decir, los *cruvim* (querubines).[5] Estos eran ángeles guardianes, que una vez que Adán y Eva fueron exiliados del Jardín del Edén, cerraron el camino al árbol de la vida. En el Tabernáculo, los querubines eran figuras ubicadas sobre el arca que contenía la Torá y es descrita en el libro de Proverbios (3:18) como "un árbol de vida para quienes la toman".

Estas conexiones sugieren dos cosas. En primer lugar, que el Tabernáculo fue concebido como un microcosmos, una representación simbólica del universo como un todo. Sin embargo, en un nivel más profundo, la construcción del Tabernáculo fue una especie de *tikún,* la reparación de algo que se había quebrado mucho antes. Lo que se había roto era, por supuesto, la armonía entre la humanidad y Dios, y entre la humanidad y la naturaleza, a raíz del pecado de Adán y Eva. Antes de ello, Dios había sido una presencia íntima. Había formado al hombre y luego a la mujer con Sus propias manos, lo cual representa una expresión metafórica de cercanía y amor. Como resultado del pecado, el paraíso se perdió. Sin embargo ahora, con la construcción del Tabernáculo, Dios volvería a estar cerca: "Haz para Mí un Tabernáculo y habitaré entre

2. Éxodo 40:2, 17.
3. *Rosh Hashaná* 11a.
4. *Berajot* 55a.
5. Génesis 3:24; Éxodo 25:20-21, 26:1, 31.

ellos" (Éxodo 25:8). En cierto sentido, el Tabernáculo representaba el paraíso recuperado.

Hay un *midrash* que describe las diez etapas por medio de las cuales la Presencia Divina se fue alejando más y más de la tierra como resultado de los pecados de la humanidad. Pero luego, a partir de Abraham, esta volvió a aproximarse gradualmente, hasta que por medio de la construcción del *Mishkán*, logró alcanzar el grado de cercanía que había tenido en un principio:

> Entonces vino Moisés y trajo la Presencia Divina a la tierra. ¿Cuándo? Al erigir el Tabernáculo. Entonces, el Santo Bendito Sea dijo: "He venido a Mi jardín, hermana Mía, novia Mía" –He llegado a lo que deseé (desde el principio). Este es el significado de "Y aconteció en el día en que Moisés terminó de erigir el Tabernáculo" –la fuente de la afirmación de Rabí Shimon bar Yojai de que "dondequiera que aparezca 'y sucedió' se refiere a algo acontecido en el pasado, que luego fue interrumpido y posteriormente devuelto a su situación original".[6]

Por lo tanto, la elaboración del *Mishkán* fue un evento cósmico; un retorno al Edén y una reparación del distanciamiento existente entre la humanidad y Dios. Una vez más Dios tendría un hogar, un sitio de residencia entre los seres humanos. El Tabernáculo se ubicaría en el centro del campamento de los israelitas, viajaría cuando estos viajaran y descansaría cuando hicieran una pausa. Los israelitas ya no habrían de sentir la presencia y la proximidad de Dios únicamente por medio de milagros o durante momentos de crisis. Se trataría de un evento diario, una epifanía constante. Solamente así se pueden entender los paralelismos entre el Tabernáculo y la creación. No obstante, quedan aún por tratarse algunas preguntas obvias.

La primera es la gran disparidad entre las longitudes de ambas narraciones. La creación del universo apenas ocupa treinta y cuatro versículos (Génesis 1 junto a los tres primeros versículos del segundo capítulo). La elaboración del *Mishkán* ocupa cientos de versículos (en las

6. Solomon Buber, comp., *Tanjuma, Nasó*, 24.

*parashot* de *Terumá, Tetzavé,* parte de *Ki Tisá,* Vayakel y Pekudei), considerablemente más de diez veces más extenso. ¿Por qué? El universo es vasto. El Santuario fue una construcción pequeña y modesta compuesta de postes y cortinas que podían ser desmantelados y transportados de un lugar a otro mientras los israelitas hacían su camino por el desierto. Dado que la extensión de un pasaje en la Torá es una guía del significado que atribuye a un episodio o ley, ¿por qué dedicarle tanto tiempo y espacio al Tabernáculo?

Una segunda interrogante es, ¿por qué la aparente repetición en la historia del Tabernáculo? Esta narración es relatada dos veces, antes y después del episodio del pecado del becerro de oro. El primer relato (Éxodo 25-30) consiste en las instrucciones de Dios. El segundo (Éxodo 35:4-40) es una descripción de cómo fueron llevadas a cabo esas instrucciones. ¿Por qué contar la historia dos veces?

La tercera cuestión, cuando ya está todo dicho y hecho, ¿qué sentido hemos de adjudicar a la idea de que Dios se encuentra en un edificio, en un lugar específico? Dios es más vasto que el universo con sus cien billones de galaxias, cada una con billones de estrellas. ¿Acaso la idea de construir un hogar terrenal para Dios no está al borde de la blasfemia?

La respuesta, me parece, se encuentra en los dos últimos capítulos del libro de Éxodo. En el capítulo 39, respecto de la confección de las vestiduras sacerdotales, encontramos que se repite siete veces la expresión "tal como el Eterno había ordenado a Moisés". Esta misma frase aparece siete veces en el capítulo 40 para describir cómo Moisés había erigido el Tabernáculo. En ambos casos, la séptuple repetición recuerda los siete días de la creación y las siete veces en las que Dios llamó a la creación "buena".

Lo que resulta radical en el relato de la Torá sobre la creación es el concepto de la voluntad divina. Dios habla y el mundo nace. No hay lucha cósmica, tal como encontramos en todo relato mitológico del origen de las cosas. La voluntad de Dios reina suprema.

Todo va bien hasta que Dios crea a los primeros seres humanos y les otorga libertad. Son hasta hoy la primera y única forma de vida dotada con la capacidad de deshacer la obra de la creación, porque solamente los humanos, aparte de Dios, tienen el don del libre albedrío. Todo el bien que los humanos hacen proviene de esta capacidad de voluntad, por ejemplo, elegir ayudar a otros. Pero también de ahí proviene todo el mal. Cuando dos voluntades chocan, el resultado suele ser la violencia. Todos los conflictos provienen de una colisión de voluntades.

El único *tikún*, la única reparación, es subordinar nuestra voluntad a la de Dios. Cuando hacemos la voluntad de Dios, elegimos actuar, por así decirlo, desde el punto de vista del universo como un todo y en su beneficio. Los intereses de las demás personas importan, no solamente los míos. Las consecuencias a largo plazo importan, no solamente la satisfacción inmediata de mis deseos. La voluntad de Dios es la que me conecta al resto del universo a través de su Creador. Me vuelvo uno con la infinidad cuando renuncio a mi voluntad en favor de la voluntad del Infinito.

Pero esta es una profunda idea metafísica. Y mucho del judaísmo trata de cómo tomar ideas profundas y hacerlas realidad en las vidas humanas. De alguna manera, precisa ser simbolizada de una forma vívida y concreta en el seno de la existencia colectiva del pueblo del pacto. Esto es lo que era el *Mishkán*. Un microcosmos del universo, creado por seres humanos en total obediencia a la voluntad de Dios.

Esto explica la séptuple repetición de la expresión "tal como el Eterno había ordenado a Moisés". Dios habló y los israelitas hicieron, tal como ocurriera en la creación, el Eterno habló y los elementos obedecieron. Esto explica la doble narración de la historia, la primera como mandato divino y la segunda como la respuesta humana a la orden recibida. Ahora también podemos comprender por qué las dos mitades de la narración son interrumpidas en la mitad por la historia del becerro de oro, como diciendo: esto es lo que ocurre cuando las personas no obedecen el mandato de Dios. Inventan un dios de su propia autoría. Sin embargo, el mandato permanece en pie. El mero hecho de que los israelitas elaboren el Tabernáculo en cumplimiento del mandato de Dios cura la herida infligida por el becerro de oro, tal como cura la herida más antigua y profunda del pecado de Adán y Eva en el Jardín del Edén.

Ahora también comprendemos por qué la elaboración del Tabernáculo es relatada con semejante detalle. Es para decirnos que nada fue hecho por iniciativa humana. Cada medida, cada objeto, la forma de cada utensilio, representaba la voluntad de Dios hecha realidad a través de la libre voluntad humana. El Tabernáculo reflejaba el universo para decirnos que también nosotros podemos ser creadores de universos, pero únicamente si hacemos caso a la voluntad de Dios. Sin ello, eventualmente nos convertiremos en los destructores del universo.

Gracias a los recientes descubrimientos en cosmología hoy sabemos que el universo solo pudo llegar a existir por medio de la más extraordinaria precisión de las constantes matemáticas que gobiernan las fuerzas liberadas en el *Big Bang,* tales como la potencia de las fuerzas eléctricas que mantiene unidos a los átomos o la relación entre la gravedad y la cantidad de energía necesaria para superarla a una escala galáctica.[7] Si estas constantes hubiesen sido ligeramente diferentes, el universo no se habría configurado en estrellas, planetas, y en la tierra no habría aparecido la vida. De alguna manera inequívoca, la precisión del Tabernáculo evoca un sentido de la exactitud del orden cósmico que este simbolizaba en miniatura.

El significado del Tabernáculo no era que Dios viviera allí y no en otra parte. Es que Él mora en cualquier lugar en el cual subordinamos nuestra voluntad a la Suya. El Tabernáculo simbolizaba, en el espacio, el lugar en el cual la voluntad divina reina suprema.

Esto explica un dicho de los sabios que de otra manera resultaría incomprensible. Ellos dijeron: "Cualquiera que ore en la noche de Shabat y diga 'Ahora los cielos y la tierra fueron terminados' (Génesis 2:1) es considerado como si se hubiera convertido en un socio del Santo, Bendito Sea, en la obra de la creación".[8] Hubiéramos esperado justo lo contrario, es decir, que nos convirtamos en socios de la creación cuando creamos y no en Shabat, cuando nos abstenemos de crear.

Sin embargo, lo que los sabios están diciendo es que precisamente cuando renunciamos a nuestra voluntad en favor de la de Dios, tal como lo hacemos en Shabat, nos convertimos en socios del Eterno en la obra de la creación. Eso es lo que hacemos –en el tiempo– en Shabat, y lo que los israelitas hicieron –en el espacio– al erigir el Tabernáculo, tal como Dios había ordenado. En el corazón de la iniciativa judía –simbolizada por el Tabernáculo ubicado en el centro del campamento– hay un acto de sacrificio. Sacrificamos nuestra voluntad en aras de la de Dios, no

7. La historia está bien contada en Martin Rees, *Just Six Numbers* (Basic Books, 2001).
8. *Shabat* 119b.

de un modo abstracto y general, sino preciso y práctico, siguiendo las instrucciones más detalladas.

El universo es el espacio que Dios creó para la humanidad. El *Mishkán* es el espacio que los seres humanos crearon para Dios. James Kugel expone esta idea de manera simple y elegante. Dice que el punto de la construcción del Tabernáculo fue:

> que ellos abrieran un espacio para permitirle a Él llenarlo. Y este es el principio más básico de nuestro camino, abrir un espacio similar en nuestras vidas y en nuestros corazones. Entonces, este espacio tendrá la capacidad de irradiar hacia el exterior. Así, la santidad del *Mishkán* irradiaba para colmar la totalidad del campamento de los israelitas durante sus andanzas, y a raíz de ello el propio campamento se veía transformado. Y era muy adecuado que fuera el pueblo quien construyera la morada de Dios, porque así es como debe ser siempre: la gente crea el espacio que luego Dios puede llenar.[9]

Dios llena el espacio que hacemos para Él, y eso no es poca cosa. Es la única forma de sanar las heridas provocadas por la presunción del ser humano y crear un universo digno de Su presencia.

ID

9. James Kugel, *On Being a Jew* (Harper San Francisco, 1990), 36.

# *La elaboración de un arca*

Tal como he escrito en otra parte de estos ensayos, la Torá fue destinada a ser escuchada, no leída. El ojo puede escanear varios renglones a la vez, pero escuchar es siempre un proceso secuencial, palabra por palabra. El resultado es que el oído puede a veces escuchar una discrepancia que el ojo pasa por alto. Una discrepancia siempre resulta significativa cuando se trata de la Torá. Como una falta de armonía en una obra de Mozart o el fondo asimétrico en la Mona Lisa de Leonardo, estas anomalías tienen por cometido llamar la atención sobre algo, proyectar reflejos de complejidad, para añadir profundidad a lo que de otro modo sería una respuesta superficial. Esto es lo que ocurre en los aparentemente prosaicos detalles de la construcción del Tabernáculo. Aunque se trata solamente de dos letras en el texto, estamos ante una importante incongruencia.

Dios instruye a Moisés en la construcción del Santuario y sus accesorios, detalle por detalle. En cada caso, el verbo se encuentra en la segunda persona del singular: *vetzipita, ve'asita, veiatzakta, venatata, veheveta,* "tú recubrirás... harás... verterás... colocarás... traerás".[1] Sin

1. Éxodo 25:11, 12, 14, 15.

embargo, hay una excepción a esta regla; el arca. Allí, el verbo está en tercera persona del plural: *ve'asú aron atzei shitim*, "Y harán un arca de madera de acacias".[2] ¿Por qué "ellos" y no "tú"? ¿Por qué el cambio del singular al plural?

El arca estaba destinada a albergar las tablas de piedra entregadas a Moisés por Dios en el Monte Sinaí:

> No había nada en el arca excepto las dos tablas de piedra que Moisés había colocado en ella en Horeb[3], donde el Eterno estableció un pacto con los israelitas tras salir de Egipto (I Reyes 8:9).

La Torá llama a las tablas "el testimonio" ("Y pondrás en el arca el testimonio que te daré", Éxodo 25:16) ya que fueron el símbolo físico del pacto del Sinaí. Según los sabios, "tanto (el segundo set completo de) las tablas como los fragmentos de las (primeras) tablas (que Moisés rompió tras el incidente del becerro de oro) estaban en el arca".[4] En resumen, el arca simbolizaba y representaba la Torá.

Por lo tanto, el motivo por el cual la construcción del arca fue ordenada en plural es que todos debían tener una participación en ella:

> Rabí Judá el hijo de R. Shalom dijo: El Santo Bendito Sea dijo, "Que todos vengan y se ocupen del arca para que todos merezcan la Torá".[5]

A diferencia de otros aspectos del servicio en el Santuario o Templo, la Torá era el legado de todos. Todo Israel era parte del pacto. Se esperaba que todos supieran y estudiaran sus términos. El judaísmo puede conocer otras jerarquías, pero cuando se trata del conocimiento, del estudio y de la dignidad conferida por la erudición, todos estaban en pie de igualdad.

El judaísmo es una fe profundamente igualitaria. Tal como lo expresa el historiador Norman Gottwald:

2. Éxodo 25:10.
3. Horeb es otro nombre para el Sinaí. Ver Éxodo 3:1, 17:6, 33:6; Deuteronomio 1:6, etc.
4. *Berajot* 8b, *Baba Batra* 14b.
5. *Shemot Rabá* 34:2.

> "El Pueblo Elegido" es la autoconciencia distintiva de una sociedad de iguales creada en el orden inter-tribal y demarcada de un mundo circundante que estaba mayormente centralizado y estratificado. El "pacto" es la vinculación de grupos sociales descentralizados que forman una sociedad más grande formada por iguales, comprometidos a cooperar sin que medie un liderazgo autoritario; y es también una manera de simbolizar el lugar de la soberanía en semejante sociedad de iguales... Israel *pensó* que era diferente porque *era* diferente: constituía un sistema social igualitario en medio de sociedades estratificadas...[6]

El punto de Gottwald es que el antiguo Israel fue el primer intento que conocemos de crear una sociedad de igual dignidad bajo la soberanía de Dios. Como Dios había creado a todos a Su imagen, todos eran iguales. Esta fue una idea tan adelantada a su época que no la encontramos en ninguna parte hasta tiempos relativamente recientes. Todas las grandes civilizaciones del mundo antiguo eran altamente estratificadas y estaban gobernadas por jerarquías rígidas, una contraparte humana de la jerarquía que las personas veían en el cielo mismo, con su sol, luna y estrellas. La idea de que las cosas pudieran ser de otro modo les habría resultado absurda.

En la Declaración de la Independencia de los Estados Unidos, Thomas Jefferson tradujo esta idea en las famosas palabras: "Afirmamos que estas verdades son evidentes, que todos los hombres fueron creados iguales, que fueron dotados por su Creador con ciertos Derechos inalienables, que entre ellos están la Vida, la Libertad y la búsqueda de la Felicidad..." Lo interesante respecto de esta frase es que "estas verdades" son todo menos evidentes. Platón las habría considerado subversivas, ya que sostenía que la humanidad está dividida en personas de oro, plata y bronce, y que esa jerarquía está inscrita en la estructura de la sociedad.[7] Habrían sido incomprensibles para Aristóteles, quien creía que unos

6. Norman K. Gottwald, *The Tribes of Yahweh* (Continuum, 1999), 692-3.
7. Platón, *La república* bk. 3, 415a-c.

nacían para gobernar y otros para ser gobernados.[8] Estas verdades "son evidentes" solo para alguien inmerso en la Biblia.

Cualquier intento de crear una sociedad igualitaria choca con la constante dificultad de que las personas nacen desiguales en cuanto a talentos, cualidades y habilidades naturales, así como en lo referente al entorno de su primera infancia. El comunismo, como cualquier otro intento de forzar la igualdad, termina exigiendo un precio inaceptable en términos de libertad. Entonces, ¿cómo puede una sociedad ser libre e igual al mismo tiempo?

Para exponer más completamente la idea que anoté en el ensayo "Un reino de sacerdotes": Ninguna civilización ha estado más cerca de crear una sociedad semejante que el pueblo del pacto, y lo hizo de una manera que no tiene parangón en su sutileza y profundidad. Los bienes físicos –la riqueza, y con ella el poder– siempre representan, al menos a corto plazo, juegos de suma cero. Cuanto más entrego, menos tengo. Por ese motivo siempre existen arenas de conflicto en las cuales hay ganadores y perdedores. Los sistemas políticos y económicos juegan un importante rol en la mediación de los conflictos por medio de la imposición de reglas (tales como las elecciones en el caso de la democracia y el intercambio en el de las economías de mercado). De ese modo, la competencia no deviene en anarquía. Esa es la necesidad y la gloria de la política y la economía. Pero no generan igualdad.

Sin embargo, los bienes espirituales (a veces llamados sociales o públicos) tienen una lógica diferente. Son juegos de suma cero. Cuanto más amor, influencia o confianza entrego, más tengo. Eso es así porque se trata de bienes cuya existencia depende de que sean compartidos. Dan lugar al surgimiento de estructuras de cooperación, no de competencia. Este ha sido uno de los grandes descubrimientos de la sociobiología por una parte, y de la "sociedad civil" o el pensamiento político "comunitario" por la otra, de que la supervivencia de cualquier grupo depende tanto de la cooperación como de la competición. Ningún individuo, por más fuerte o dotado que sea, puede rivalizar con los logros de un grupo en el que cada uno contribuye con su talento a un esfuerzo colectivo orquestado. En ello coincidieron Aristóteles y Maimónides: el Homo

8. Aristóteles, *Política* 1254b10-26.

sapiens es ante todo un animal social cuya existencia misma depende de la especialización, la cooperación y la confianza.[9]

Fue una genialidad del judaísmo ver que el conocimiento es el bien social primario. La forma más sencilla y eficaz de crear una sociedad de igual dignidad es hacer que el conocimiento sea igualmente accesible para todos. El símbolo de ello era el arca, el contenedor del más importante de todos los cuerpos de conocimiento, es decir, la Torá: la constitución escrita de Israel como nación bajo la soberanía de Dios. Si todos tienen conocimiento de la ley, entonces todos son ciudadanos en el sentido más pleno (casi podría decirse que Israel se define como una nación de abogados constitucionales). El conocimiento es poder; y si el conocimiento se distribuye equitativamente, lo mismo pasa con el poder. Por eso solo aquí, en la lista de las partes que componen el Santuario, la Torá cambia de la segunda persona del singular a la tercera del plural. Cuando se trata del arca, morada y símbolo de la forma de conocimiento más significativa, cada uno debe tener una participación igual.

En ningún otro tema fueron los sabios más elocuentes. El pasaje midráshico arriba citado, continúa declarando lo siguiente en nombre de Rabí Shimon bar Yojai:

> Hay tres coronas: la de la realeza, la del sacerdocio y la de la Torá. La corona de la realeza se corresponde con la mesa de la ofrenda de los panes… la corona del sacerdocio se corresponde con el altar… la corona de la Torá se corresponde con el arca… ¿Por qué dice (del resto de los artículos del Tabernáculo) "Y harás" mientras que respecto del arca dice "Y harán"? Para enseñarte que la corona de la Torá está por encima de todas. Cuando uno ha adquirido la Torá es como si hubiese adquirido todo lo demás.[10]

En una declaración sorprendente, los sabios dictaminaron:

> Un erudito bastardo tiene precedencia sobre un sumo sacerdote ignorante, ya que fue dicho, "Es más preciada que los rubíes

9. Ver Jonathan Sacks, *The Politics of Hope* (London: Vintage, 2000).
10. *Shemot Rabá* 34:2.

> (*peninim*)", lo cual significa que (quien es sabio) es más preciado que el Sumo Sacerdote que ingresa al interior más recóndito del Santuario (*lifnei velifnim*).[11]

Estas son declaraciones intensamente políticas. Reflejan el hecho de que el Israel bíblico no era una sociedad *completamente* igualitaria. Inicialmente, el primogénito de cada familia debía convertirse en sacerdote, pero después del episodio del becerro de oro ese rol fue transferido a una sola tribu, la de Leví, y a una sola familia dentro de ella, es decir, los hijos de Aarón.

Inicialmente, Israel no tenía una monarquía. Durante el largo período cubierto por el libro de Jueces, existía como una confederación de tribus carente de un líder político. En tiempos de crisis surgían individuos conocidos como "jueces" que lideraban al pueblo en la batalla pero que carecían de todo cargo formal o de sucesión. Finalmente en los días de Samuel el pueblo pidió, y les fue concedido un rey.

De modo que la jerarquía existía por necesidad tanto en el caso de la "corona" (dominio) del sacerdocio como de la realeza. Sin embargo, en un salto de imaginación, los sabios vieron que la amenaza política a Israel que presentaba la vida bajo el dominio romano, podía ser contrarrestada tanto espiritual como educativamente por medio de la implementación del ideal bíblico: una sociedad de iguales. Incluso si llegara un momento en que no hubiera más reyes o sacerdotes (en ejercicio), la "corona de la Torá" aún permanecería. Al crear el primer sistema mundial de educación universal y obligatoria de la historia, fueron capaces de sentar las bases de una identidad nacional basada en la alfabetización, el estudio y la vida mental. Es así como el Talmud describe este proceso, culminando en la obra de Yehoshua ben Gamla, quien fuera un sumo sacerdote en los últimos días del Segundo Templo:

> Realmente, sea bendito el nombre de ese hombre, es decir, Yehoshua ben Gamla, ya que si no fuera por él se habría olvidado la Torá en Israel. Al principio, sí un niño tenía padre, este

11. *Horaiot* 13a; Talmud Yerushalmi *Horaiot* 3:5; Rambam, *Mishné Torá*, Talmud Torá 3:2.

> le enseñaba, y si no tenía padre, no aprendía nada... Entonces, ordenaron que se nombraran maestros para los niños en Jerusalén... Aún así, sin embargo, quien tenía padre, este lo llevaba a Jerusalén y hacía que allí le enseñaran, y si no tenía, no iba para aprender. Por ello, ordenaron que se nombraran maestros en cada prefectura, y que los niños ingresaran a la escuela a la edad de dieciséis o diecisiete. (Así lo hicieron) y si el maestro los castigaba, solían rebelarse y abandonar la escuela. Finalmente, Yehoshua ben Gamla vino y ordenó que se designaran maestros para niños pequeños en cada distrito y en cada poblado y que estos ingresaran a la escuela a la edad de seis o siete.[12]

Fue entonces cuando el "arca" se convirtió realmente en propiedad de todos. Sin duda, incluso entonces hubo tentaciones (¿cuándo no las hay?) para aquellos más versados en la Torá de considerarse superiores a los demás, los *amei haaretz* (los ignorantes, los que no dominaban los textos). Sin embargo, este sentido de superioridad estuvo siempre matizado por el hecho de que los sabios sabían, en el fondo de sus corazones, que el aprendizaje no debía ser reservado para una elite. Dos relatos del Talmud ilustran esto con gran intensidad:

> Una vez, Rabí Yanai andaba por el camino cuando se encontró con un hombre elegantemente ataviado. Le dijo: "¿Le importaría al maestro ser mi invitado?" Él le respondió: "Como quieras". Lo llevó a su casa y lo interrogó sobre Biblia, pero no sabía nada; sobre Mishná, pero no sabía nada; sobre Talmud, pero no sabía nada; sobre Agadá, pero no sabía nada. Finalmente le solicitó que recitara el agradecimiento (tras la ingestión de alimentos). Sin embargo, le respondió: "Mejor que Yanai recite el agradecimiento en su casa". Luego le preguntó: "¿Puedes repetir lo que yo te diga?" Le respondió: "Sí". Luego exclamó: "Di, un perro ha comido el pan de Yanai". A este punto el invitado se levantó y lo agarró reclamando: "¿Qué hay de mi herencia que está contigo, que tú me estás robando?" "¿Qué herencia tuya tengo yo?" le

12. *Baba Batra* 21a.

> preguntó Rabí Yanai. Él le respondió: "Los niños recitan: 'Moisés nos ordenó la Torá, herencia de la congregación de Jacob'. No está aquí escrito 'la congregación de Yanai' sino 'la congregación de Jacob'" Entonces, se reconciliaron.[13]

Rabí Yanai asumió erróneamente que en virtud de la buena apariencia del individuo, se trataba de un erudito. Al descubrir que era un ignorante, lo trató con desprecio. Sin embargo, el extraño superó al rabino en un simple punto de un principio judío. La Torá es la herencia o el legado de la totalidad de la congregación y no de una aristocracia de estudiosos. El hecho de que Rabí Yanai se viera en la necesidad de conceder en ese punto demuestra su poder.

La segunda historia se refiere a la destitución temporal de Rabán Gamliel del cargo de *Nasí* (jefe religioso de la comunidad). En su carácter de líder, Rabán Gamliel había adoptado un enfoque exclusivo en lo referente a la casa de estudio. Insistió que solamente podían ingresar aquellos cuyo "interior fuese como su exterior", cuya integridad fuera incuestionable. El Talmud afirma que cuando fue depuesto, las puertas de las casas de estudio fueron abiertas para todos.

> En ese día, se agregaron muchos bancos... Rabán Gamliel se alarmó y dijo: "Tal vez, Dios no lo quiera, he privado de Torá a Israel". Se le mostró en un sueño toneles blancos llenos de cenizas (sugiriendo que aquellos a quienes les había negado el acceso a la casa de estudio eran en realidad indignos de ingresar a ella). Sin embargo, esto no era así. Se le mostró el sueño solamente para tranquilizarlo.[14]

El exclusivismo de Rabán Gamliel estaba errado. Las puertas de la casa de estudio deben estar abiertas para todos.

Aproximadamente al mismo tiempo, en el siglo I E.C., Josefo pudo escribir:

13. *Vaikrá Rabá* 9:3.

14. *Berajot* 28a.

> Si a alguno de nuestra nación se le preguntara sobre nuestras leyes, las repetiría tan fácilmente como su propio nombre. El resultado de nuestra cuidadosa educación en nuestras leyes desde los albores de la inteligencia es que están, por así decirlo, grabadas en nuestras almas.[15]

Un monje del siglo XII escribió en unos de sus comentarios: "Por pobre que sea un judío, si tiene diez hijos, los pondrá a todos a estudiar, no por ganancia, como hacen los cristianos, sino para la comprensión de la Ley de Dios; y no solo a sus hijos, sino también a sus hijas".[16] Con un toque de exageración, el historiador Paul Johnson llama al judaísmo una "antigua y altamente eficiente máquina social destinada a la producción de intelectuales".[17] Por supuesto no fue la producción de intelectuales lo que motivó el amor judío por el estudio, sino más bien la idea de que una sociedad estructurada en torno a la ley divina debe ser una en la que todos tengan idéntico acceso al conocimiento, y por ende, igual dignidad como ciudadanos en la república de la fe. Esta fue y sigue siendo una idea hermosa, insinuada por primera vez en el simple pero resonante detalle de que, aunque el resto del Tabernáculo fue construido por individuos ("tú") el Arca pertenecía a todos ("ellos"). Rara vez, un matiz tan sutil alude a un ideal ético e intelectual tan elevado.

ID

15. *Contra Apionem II.* 177-78.
16. B. Smalley, *The Study of the Bible in the Middle Ages* (Oxford, 1952), 78.
17. Paul Johnson, *A History of the Jews* (Weidenfeld and Nicolson, 1987), 341.

# Tetzavé

# תצוה

En *Tetzavé,* el rol de los sacerdotes en el servicio del Tabernáculo cobra protagonismo. Por una vez, el foco de atención no está puesto en Moisés sino en su hermano Aarón, el Sumo Sacerdote. En esta *parashá* leemos sobre las diferentes tareas del sacerdocio, sus túnicas de oficio y su consagración, así como más detalles respecto del propio Tabernáculo.

Dado que esta es la primera vez que se le dedica tanta atención en la Torá al sacerdocio, los ensayos que siguen analizan lo que diferenciaba a los sacerdotes de otros tipos de líderes religiosos, especialmente del profeta. El primero mira al sacerdote como un símbolo de constancia y continuidad en la vida judía. El segundo se centra en los roles que jugaron tanto el sacerdote como el profeta en el desarrollo de la plegaria judía. El tercero analiza la relación entre Moisés el profeta y Aarón el sacerdote, el último acto de una historia sobre hermanos en cinco partes que comenzó en el libro de Génesis. El cuarto ensayo analiza la idea de las vestimentas de oficio y su lugar en el judaísmo y en otras culturas.

# *Sacerdotes y profetas*

Tal como lo han señalado los comentaristas, *Tetzavé* es la única *parashá* desde el nacimiento de Moisés en el inicio del libro de Éxodo y hasta el final del libro de Números, que no menciona su nombre. Durante la mayor parte de la narrativa Moisés es el protagonista. Aquí, se halla en el trasfondo. ¿Por qué? Se han propuesto numerosas explicaciones. El Gaón de Vilna sugiere que ello está relacionado al hecho de que durante la mayoría de los años, la *parashá* de *Tetzavé* es leída durante la semana en la que cae la fecha del 7 de Adar, el día del deceso de Moisés. Durante esa semana sentimos la pérdida del mayor líder de la historia judía –y su ausencia del texto de *Tetzavé* la expresa.[1]

El Baal HaTurim (Rabí Jacob ben Asher, 1270-1340) asocia esta ausencia a la súplica de Moisés, que aparece en la siguiente *parashá,* para que Dios perdone al pueblo de Israel. "Si no", dice Moisés, "bórrame del libro que has escrito" (Éxodo 32:32). Existe un principio que dice: "La maldición de un sabio se hace realidad incluso si fue condicional (y

1. Dov Eliach, ed., *Peninim MiShulján HaGra al HaTorá* (Jerusalén: 1997), 129.

la condición no se ha cumplido)".[2] Así, su nombre fue "borrado" de la Torá durante una semana.[3]

El Paneaj Raza[4] asocia esto a otro principio: "No hay enojo que no deje una marca".[5] La última vez que Moisés rechazó la invitación de Dios para sacar al pueblo judío de Egipto diciendo: "Por favor, envía a otro", Dios "se enojó con Moisés" (4:13-14), y le dijo que su hermano Aarón lo acompañaría. Por esta razón Moisés perdió el rol que pudo haber tenido, el de convertirse en el primer sacerdote del pueblo de Israel, papel que recaería sobre Aarón y no sobre él. Este es el motivo por el cual Moisés está ausente de la *parashá* de *Tetzavé,* que está dedicada a la función de los sacerdotes.

Las tres explicaciones se centran en una ausencia. Sin embargo, quizás la explicación más simple sea que *Tetzavé* está dedicada a una presencia que tendría una influencia decisiva en el judaísmo y en la historia judía.

El judaísmo es inusual en el hecho de que reconoce no una forma de liderazgo religioso sino dos: el *naví* y el *cohen*, el profeta y el sacerdote. La figura del profeta siempre ha atrapado la imaginación. Él (o ella) es una persona de drama, "le dice la verdad al poder", sin miedo a desafiar a los reyes, a las cortes o la sociedad en su conjunto, en nombre de ideales elevados e incluso utópicos. Ningún otro tipo de personalidad religiosa ha tenido tanto impacto como los profetas de Israel, el mayor de los cuales fue Moisés. Por el contrario, los sacerdotes eran en su mayoría figuras más calmas, apolíticas, sirviendo en el Santuario en vez de ser el centro de atención del debate público. Sin embargo ellos, no menos que los profetas, sostuvieron a Israel como nación sagrada. De hecho, si bien el pueblo judío fue llamado a convertirse en "un reino de sacerdotes" (Éxodo 19:6), jamás fue destinado a volverse una nación de profetas (Moisés dijo: "Ojalá todo el pueblo de Dios fuera profeta" [Números 11:29] pero este era un deseo, no una realidad).

2. *Macot* 11a.
3. Comentario del Baal HaTurim a Éxodo 27:20.
4. El libro *Paneaj Raza* fue compilado por Rabí Isaac ben Judá Halevi. Buena parte de este material está basado en los comentarios de Rabí Isaac ben Samson Katz, el yerno de Rabí Judá Loewe (Maharal) de Praga (1525-1609).
5. *Zevajim* 102a.

Por lo tanto, analicemos algunas de las diferencias entre un profeta y un sacerdote.

La función del sacerdote era hereditaria, pasaba de padre a hijo. La función del profeta no lo era. Los propios hijos de Moisés no lo sucedieron en el cargo; su discípulo Josué lo hizo.

La tarea del sacerdote estaba vinculada a su cargo. No era intrínsecamente personal o carismática. Por el contrario, en el caso de los profetas, cada uno impartió su propia personalidad. "No hubo dos profetas que tuvieran el mismo estilo".[6]

Los sacerdotes vestían un uniforme especial; los profetas no.

Existen reglas de *kavod* (honor) que se le debe al cohen. No existen reglas semejantes para honrar al profeta. El profeta es honrado al ser escuchado, no por medio de protocolos de respeto.

Los sacerdotes fueron apartados del pueblo. Servían en el Templo. No se les permitía contaminarse. Tenían restricciones sobre con quién tenían permitido casarse. En cambio, los profetas solían formar parte del pueblo. Podían ser pastores como Moisés o Amós, o agricultores como Eliseo. Hasta que la palabra o la visión llegaban, no había nada especial en su trabajo o en su clase social.

El sacerdote ofrendaba los sacrificios en silencio. El profeta servía a Dios por medio de la palabra hablada.

Vivían en dos tipos diferentes de tiempo. El sacerdote fungía en el tiempo cíclico –el día (o la semana o el mes) es idéntico al ayer y al mañana. El profeta vivía en el tiempo del pacto (a veces incorrectamente llamado lineal) –el hoy es radicalmente diferente del ayer y del mañana. El servicio del sacerdote nunca cambiaba, el del profeta lo hacía constantemente. Otra forma de expresar esto es decir que el sacerdote trabajaba para santificar la naturaleza, el profeta para responder a la historia. De ese modo, el sacerdote representa el principio de estructura en la vida judía, mientras que el profeta representa la espontaneidad.

Las palabras clave en el vocabulario del cohen son *kodesh* y *jol*, *tahor* y *tamé*; sagrado y profano, puro e impuro. Las palabras clave en el

6. *Sanedrín* 89a. Esto, dicho sea de paso, es el motivo por el cual hubo profetisas pero no sacerdotisas: se corresponde con la diferencia entre la función formal y la autoridad personal. Ver R. Eliahu Bakshi-Dorón, *Responsa Binián Av* 1:65.

vocabulario del profeta son *tzedek* y *mishpat, jesed* y *rajamim*; rectitud y justicia, bondad y compasión.

Los verbos clave del sacerdocio son *lehorot*[7] y *lehavdil*[8], ordenar y diferenciar. La actividad clave del profeta es proclamar "la palabra del Eterno".[9] La distinción entre conciencia sacerdotal y conciencia profética (*torat cohanim* y *torat neviím*) es fundamental para el judaísmo y se refleja en las diferencias entre la ley y la narrativa, la *halajá* y la *agadá*, la creación y la redención. El sacerdote habla la palabra de Dios para todos los tiempos; el profeta habla la palabra de Dios para su tiempo.

Hay un extraordinario pasaje agádico que arroja luz sobre esta idea. Su tema es "el gran principio" del cual depende el judaísmo – siguiendo el espíritu de la famosa sentencia de Hilel: "Lo que te resulta odioso a ti no se lo hagas a otros. El resto es comentario: ve y aprende".[10] Tal como veremos, este texto en particular conduce al tema hacia una dirección inesperada.

> Ben Zoma dijo: "Encontramos un versículo aún más abarcador, es decir, 'Escucha, oh Israel'" (Deuteronomio 6:4).
>
> Ben Nanás dijo: "Hay un versículo aún más abarcador, 'Amarás a tu prójimo como a ti mismo'" (Levítico 19:18).
>
> Ben Pazi dijo: "Hay un versículo aún más abarcador: 'Prepara un cordero por la mañana y otro por la tarde'" (Números 28:4). Cierto rabino se paró y declaró: "La ley es de acuerdo con la opinión de Ben Pazi".[11]

Las primeras dos opiniones son predecibles. "Escucha, oh Israel" es la mayor síntesis de la fe judía en un solo versículo. "Amarás a tu prójimo como a ti mismo" es el resumen más abreviado de la ética judía. Pero "Prepara un cordero por la mañana y otro por la tarde" –el versículo que especifica las ofrendas diarias matinal y vespertina– no es un texto que

7. Ver Levítico 14:57; Deuteronomio 24:8, 33:10; Ezequiel 44:23.
8. Levítico 11:47; Ezequiel 42:20.
9. Isaías 1:10; Jeremías 1:2; Ezequiel 1:3, etc.
10. *Shabat* 31a.
11. Este pasaje aparece en el prefacio de *HaKotev* a *Ein Yaakov* (Rabí Jacob ben Salomón ibn Habib, 1445-1516).

muchos elegirían para personificar la totalidad del judaísmo. Sin embargo, Ben Pazi está haciendo la afirmación fundamental de que sin el servicio diario a Dios, no puede haber fe ni ética judía. La base sobre la cual todo lo demás fue construido fue el servicio diario, poco dramático pero a la vez esencial, que realizaban los sacerdotes ofrendando sacrificios en el Santuario y en el Templo mientras estuvieron en pie. Esta era la conexión vívida del pueblo judío con Dios.

En su esencia, el judaísmo es una religión sacerdotal. Esto lo podemos ver en la organización misma de los libros mosaicos. Están organizados como una estructura quiástica o imagen espejo, de la forma ABCBA. Este es el modo más simple de describirlo:

A. Génesis: la prehistoria de Israel
B. Éxodo: el viaje al Sinaí
C. Levítico: sacerdocio, sacrificio y santidad
B1. Números: el viaje desde el Sinaí
A1. Deuteronomio: el futuro de Israel

En un quiasmo, el término clave es el del medio. El libro central del Pentateuco, Levítico, trata sobre los sacerdotes y el servicio del Santuario. También lo son el último tercio de Éxodo (25-40) y el primer tercio de Números (1-10). Tendemos a olvidarlo, porque el drama narrativo se encuentra en otra parte, y además no hemos tenido ni Templo ni sacrificios durante casi dos mil años.

El judaísmo es una religión de rituales, de actos diarios repetidos. Es una religión de santidad cuyo foco es la casa de servicio divino, la institución que sucediera al *Mishkán*. Es una religión de educación y los sacerdotes fueron los primeros educadores.[12] Todos los grandes logros de los reyes de Israel y la ardiente pasión moral de nuestros profetas, no habrían sido posibles sin la devoción y continuidad de los sacerdotes.

Sin el profeta, el judaísmo no sería una religión de historia y destino. Pero sin el sacerdote, los hijos de Israel no se habrían convertido en el pueblo de la eternidad. Esto está bellamente resumido en los primeros tres versículos de *Tetzavé*:

12. Ver Deuteronomio 30:10; Malaquías 2:4-7.

> Ordena a los israelitas que traigan aceite puro de olivas prensadas, para mantener constantemente encendida la lámpara (*leha'alot ner tamid,* literalmente "para elevar una luz eterna"). En la tienda de reunión, fuera de la cortina que está delante del Testimonio, Aarón y sus hijos mantendrán encendidas las lámparas delante del Eterno desde el anochecer hasta la mañana. Esta habrá de ser una instrucción duradera entre los israelitas para las generaciones venideras (Éxodo 27:20-21).

Moisés el profeta, domina cuatro de los cinco libros que llevan su nombre. Pero en la *parashá* de *Tetzavé,* por una vez es Aarón, el primero de los sacerdotes, quien ocupa el protagonismo, sin verse disminuido por la presencia rival de su hermano. Porque mientras que Moisés encendió el fuego en las almas del pueblo judío, Aarón cuidó la llama y la convirtió en "una luz eterna".

ID

# *¿De quién son los pasos que seguimos cuando rezamos?*

En el ensayo anterior analicé las diferencias existentes entre sacerdotes y profetas. Ellos representan no solo dos roles diferentes, sino dos formas diferentes de ser, dos modos distintos de conciencia. En el presente ensayo, quiero enfocarme en una dimensión específica de esta diferencia. ¿Cómo se relacionaban con Dios? Tal como veremos, lo hacían de maneras completamente distintas. Esto tiene más que un significado histórico. Nos afecta en la actualidad, ya que somos sus herederos.

La historia que descubriremos es fascinante y muy poco conocida. Pero quiero comenzar por el medio, por así decirlo, con una pregunta que aparentemente no está relacionada con el tema, esta es: ¿cuál es la naturaleza del servicio divino en el judaísmo? A este respecto hubo un desacuerdo fundamental entre dos de los más grandes sabios judíos medievales, Maimónides y Najmánides. Esta discusión resultará ser la pista que nos permitirá resolver un tema clave sobre el carácter de la espiritualidad judía, tanto en el pasado remoto como en el vívido presente.

Nuestro punto de partida es la sentencia de Maimónides respecto de la naturaleza del deber de orar.[1] Él escribe lo siguiente:

> Orar diariamente es un precepto positivo, tal como fue dicho: "Y servirán al Eterno vuestro Dios" (Éxodo 23:25). El servicio aquí mencionado, según lo enseña la tradición, es la oración, tal como fue dicho: "Y servirlo con todo vuestro corazón" (Deuteronomio 11:13), sobre lo cual los sabios comentaron: "¿Cuál es el servicio del corazón? La plegaria". El número de rezos no está prescrito en la Torá. Ningún formato de oración fue prescrito en la Torá, ni esta tampoco estableció un tiempo fijo para los rezos... La obligación en este precepto es que cada persona, diariamente, debe elevar súplica y oración de acuerdo con su capacidad...[2]

Maimónides considera a la oración un mandato bíblico, aunque los detalles (textos, horarios, etc.) hayan sido formulados mucho más tarde por los rabinos. Najmánides difiere fundamentalmente.

Su desacuerdo aparece en sus comentarios críticos al *Sefer HaMitzvot*, el libro en el cual Maimónides enumeró los 613 mandamientos bíblicos. Allí, Maimónides argumentó[3] que si bien frases tales como "servirlo con todo vuestro corazón" a menudo se entendían como directivas generales y no como mandamientos específicos, en este caso los sabios dijeron explícitamente[4] que "el servicio del corazón" incluye la oración. Por ese motivo incluyó el rezo como uno de los 613 preceptos.

Najmánides no está de acuerdo.[5] En primer lugar, trae una serie de citas talmúdicas para demostrar que para los sabios, el rezo, a diferencia del recitado del Shemá o la bendición de agradecimiento tras haber comido, se considera un precepto rabínico y no un imperativo bíblico. No cabe duda de que en los tiempos bíblicos las personas rezaban, pero ello no ocurría porque tuvieran el deber de hacerlo. Por el contrario, lo

1. El rezo o la oración, a lo largo del presente ensayo, se refiere específicamente a la Amidá, "la plegaria que se recita de pie" tres veces al día.
2. Rambám, *Mishné Torá*, Hiljot Tefilá 1:1-2.
3. *Sefer HaMitzvot*, preceptos positivos, 5.
4. En *Sifrei*, comentario a Deuteronomio 11:13.
5. Rambán, comentarios a *Sefer HaMitzvot*, precepto positivo 5.

hacían porque sabían que Dios, en Su bondad, escucha la oración. La oración era un privilegio, no una obligación. A lo sumo, Najmánides está dispuesto a aceptar que existe una obligación bíblica de clamar a Dios en tiempos de desgracia nacional (derivado de una fuente bastante diferente, "Cuando salgan a la guerra en vuestra tierra contra el enemigo que los oprime, tocarán las trompetas" [Números 10:9]).

En cuanto al mandato "y servirlo con todo vuestro corazón", significa lo que dice, ni más ni menos: que debemos ser sinceros en nuestro servicio a Dios. Y el principal servicio a Dios en los tiempos bíblicos era ofrendar sacrificios en el altar. Eso es lo que significa el vocablo *avodá*, "servicio": el servicio de los sacerdotes en el Templo.[6] Parece que para Najmánides toda la institución de la plegaria como obligación religiosa era posbíblica. Este es un gran desacuerdo. ¿Cómo debemos entenderlo?

Hay un pasaje clave en el Talmud que nos lleva a pensar en la dirección correcta:

> Ha sido dicho: Rabí Yosei hijo de Rabí Janina dijo: Los rezos [de la mañana, tarde y noche] fueron instituidos por los patriarcas. Rabí Yehoshua ben Leví dijo: Los rezos fueron instituidos para reemplazar los sacrificios diarios.[7]

Según Rabí Yosei hijo de Rabí Janina, los patriarcas sentaron el precedente para la oración. Abraham estableció el rezo de la mañana, tal como fue dicho: "Y Abraham se levantó temprano en la mañana (y fue) al lugar donde había estado" (Génesis 19:27). Isaac instituyó el rezo de la tarde, tal como fue dicho: "E Isaac salió a meditar al campo al atardecer" (24:63). Jacob instituyó la oración de la noche cuando recibió su visión nocturna, de una escalera que se extendía desde la tierra hasta el cielo, con ángeles ascendiendo y descendiendo (28:11-12). Los sabios citaron textos de prueba para demostrar que cada una de estas fue una ocasión de plegaria. .

Sin embargo, según Rabí Yehoshua ben Leví los rezos se corres-

6. Esta es una de las opiniones expresadas en el *Sifrei* y en el *Midrash Tanaim* a Deuteronomio 11:13.
7. *Berajot* 26b.

ponden con los sacrificios diarios: las oraciones de la mañana y la tarde representan las ofrendas matinal y vespertina. La oración de la noche refleja la finalización del proceso de sacrificios (la quema de los órganos) que se realizaba en el horario nocturno.

Esta es una disputa fascinante porque nos recuerda las maneras muy diferentes en que el sacerdote y el profeta se acercaban a Dios.

Los profetas oraban. Usaban palabras. Se dirigían a Dios de modo directo por medio del habla. En la Biblia la oración profética es espontánea. Esta surge a partir de la situación y del momento. Pensamos en la oración de Abraham en favor de Sodoma y Gomorra; la plegaria de Jacob antes de su encuentro con Esaú; el ruego de Moisés a Dios para que perdone a los israelitas luego del pecado del becerro de oro; la súplica de Jana cuando pidió un hijo. No hay dos rezos iguales.

Muy diferente era el servicio de los sacerdotes. Aquí lo principal era el sacrificio, no las palabras; de hecho, aunque los levitas entonaban cánticos en el Templo, y a pesar de que los sacerdotes tenían una fórmula fija de bendición, la mayor parte del culto de los *cohanim* se llevó a cabo en silencio. Las acciones de los sacerdotes estaban reguladas con precisión; además, cualquier desviación, como en el caso de la ofrenda espontánea de los dos hijos de Aarón –Nadav y Avihú– implicaba un gran peligro. Los sacerdotes ejecutaban las mismas acciones, en el mismo lugar, a la misma hora, siguiendo un ciclo diario, semanal, mensual y anual. Rabí Yosei hijo de Rabí Janina y Rabí Yehoshua ben Leví no están en desacuerdo con los hechos: los patriarcas oraban, los sacerdotes ofrendaban sacrificios. La pregunta sobre la cual difieren es: ¿a qué tradición pertenecen nuestras oraciones?

Otro pasaje, esta vez en la Mishná, sugiere un desacuerdo similar. Rabán Gamliel afirma que en cada oración una persona debe recitar las "dieciocho bendiciones".[8] Rabí Yehoshua dice que uno debería recitar "una versión abreviada de las dieciocho". Rabí Eliezer dice: Si una persona hace de su rezo algo "fijo" (*keva*) entonces no eleva una "súplica" genuina.[9]

Sabios posteriores, tanto en el Talmud de Babilonia como en el

8. El formato original de la *Amidá*, el "rezo que se recita de pie".
9. *Berajot* 4:4.

de Jerusalén, discuten sobre qué quiso decir exactamente Rabí Eliezer.[10] Algunos sugieren que no se refería a las palabras que recitamos sino al modo en cómo las decimos: no debemos considerar a la oración como "una carga" o leerla "como quien lee una carta". Otros dicen que se refería a que debíamos elevar una nueva plegaria cada día o al menos introducir algo nuevo en las dieciocho bendiciones. Este es un desacuerdo sobre los respectivos lugares de la estructura y la espontaneidad en la oración.

Otro debate en la Mishná se centra en el rol del individuo frente a la comunidad en la oración. La opinión anónima en la Mishná afirma que "así como quien conduce la oración (*shelíaj tzibur*) está obligado [a recitar la oración], así también cada individuo está obligado a hacerlo". Sin embargo, Rabán Gamliel sostiene que "Quien conduce la oración exime de su deber a los miembros individuales" de la congregación.[11]

Lo que conecta a estos debates es una profunda diferencia de opinión respecto de qué tradición de plegaria es la primaria: la sacerdotal o la profética. El sacerdote elevaba ofrendas en nombre de todo el pueblo. Sus acciones eran esencialmente comunitarias y seguían un patrón invariable ordenado con precisión. Sin embargo, los patriarcas y los profetas hablaban en su carácter de individuos, espontáneamente, según lo requiriera la circunstancia.

Ahora, todos los argumentos encajan. Rabí Eliezer con su oposición al rezo "fijo" (*keva*) favorece la tradición profética con su espontaneidad y su ausencia de formas fijas. Lo mismo ocurre con la opinión de que cada individuo está obligado a rezar. En la dirección opuesta, Rabán Gamliel con su insistencia en un texto fijo y su creencia de que "quien conduce la oración" exime de su deber a los miembros individuales de la congregación, ve la plegaria desde una perspectiva sacerdotal. "Quien conduce la oración" es una especie de sacerdote, la plegaria una suerte de sacrificio, y el culto es una acción netamente comunitaria. Hay otros modos de interpretar estos pasajes, pero este es el más simple.

Ahora estamos en condiciones de comprender el desacuerdo entre Maimónides y Najmánides. Para Maimónides, la oración se remonta a los albores de la historia judía. Los patriarcas y los profetas

10. *Berajot* 29b; Talmud Yerushalmi, *Berajot* 4:4

11. *Rosh Hashaná* 4:9.

hablaban directamente con Dios, cada uno a su manera; y nosotros al orar, seguimos sus pasos. Cuando se trata de la oración hay una continuidad ininterrumpida entre la era bíblica y nosotros. Por lo tanto, para Maimónides la oración es una obligación bíblica.

Por su parte, Najmánides ve las cosas de una manera muy diferente. No cabe duda de que los patriarcas rezaron, pero no sentaron un precedente vinculante. Hablaron con Dios porque se sintieron impulsados a hacerlo, no porque hubiera una obligación de rezar. A lo largo de la era bíblica la principal forma de servicio era la ofrenda de sacrificios por parte de los sacerdotes, primero en el Tabernáculo y luego en el Templo, en representación de todo el pueblo. Solo cuando el Templo fue destruido la oración reemplazó al sacrificio. Es por eso que el rezo es solamente una obligación rabínica y no bíblica. Fue establecido por los rabinos a raíz de la destrucción.

Maimónides y Najmánides no solo discrepan respecto de la naturaleza de la obligación. No están de acuerdo sobre la naturaleza del rezo mismo. Para Maimónides, en el corazón de la oración se encuentra la experiencia profética del individuo que conversa con Dios. Por el contrario, para Najmánides, la oración es el servicio colectivo a Dios por parte del pueblo judío, una continuación del patrón establecido por la labor del Templo.

Por lo tanto, vemos que a lo largo de la historia judía ha habido dos modos distintos de culto, dos formas de *avodá*, el "servicio" a Dios. Los profetas y los sacerdotes se conectaban con Dios, cada uno a su manera; los profetas por medio del "servicio del corazón", mientras que los sacerdotes lo hacían a través de la labor en el Santuario y sus sacrificios. Durante la época bíblica estas dos formas coexistían. Fue solamente después de que la Biblia hebrea fuera concluida y el Templo destruido, cuando ya no hubo más sacerdotes ni profetas activos, que la oración se transformó en el único canal de comunicación entre el cielo y la tierra. La pregunta que dividió a los rabinos fue: ¿cuál es la genealogía de la oración? ¿Se asemeja a un sacrificio? ¿O se parece más a las sentidas súplicas de los profetas? Incluso en los siglos XII y XIII, la época de Maimónides y Najmánides, esta cuestión no había sido resuelta.

Pero la historia no termina ahí, y tiene un giro inesperado. Porque ahora podemos entender el motivo de la extraña costumbre que nos resulta tan familiar que la damos por sentada sin detenernos a preguntar por qué, es decir, que recitamos cada plegaria (con la excepción de la de la noche) dos veces. Una vez oramos en silencio como individuos; luego lo hacemos en voz alta (la "repetición del oficiante") como comunidad.

La explicación es simple. El primer recitado es profético, el segundo sacerdotal. La plegaria judía tal como existe desde hace casi dos mil años es una síntesis brillante de dos modos de espiritualidad bíblica, excelentemente ejemplificados en las figuras de los dos hermanos: Moisés el profeta y Aarón el Sumo Sacerdote. Sin la tradición profética, careceríamos de espontaneidad. Sin la tradición sacerdotal, careceríamos de continuidad. Los rabinos reunieron lo que durante más de mil años había existido de forma separada: las tradiciones profética y sacerdotal, una con su énfasis en el corazón, la otra con sus normas fijas; una centrada en el individuo y su relación con Dios, la otra esencialmente comunitaria.[12]

La *parashá* de *Tetzavé* en la que el nombre de Moisés está ausente y la atención se centra en Aarón, nos recuerda que nuestro legado se deriva de ambos. Moisés fue el hombre de fe solitario, que luchaba con Dios. Aarón estaba más cercano a la comunidad, ministraba a Dios en representación de la congregación. Si bien su papel fue menos dramático que el de Moisés, no fue menos importante. La dimensión sacerdotal del servicio –colectivo, estructurado, invariable– es el otro hemisferio de la mente judía, la voz de la eternidad en medio del tiempo.

ID

12. Ahora comprendemos por qué no hay repetición del oficiante en el servicio nocturno: no había sacrificios por la noche. Ahora también entendemos por qué la repetición del oficiante requiere de un quorum, pero la plegaria silenciosa no. Los sacrificios diarios eran comunales; las plegarias de los profetas eran individuales.

# *Hermanos: drama en cinco actos*

En los ensayos anteriores notamos la ausencia de Moisés en la parashá *Tetzavé*. Por una vez Moisés, el héroe, el líder, el libertador, el legislador, está fuera de escena.

En cambio, nuestra atención se centra en su hermano mayor, Aarón, quien en otras instancias está frecuentemente en un segundo plano. En efecto, la *parashá* en su conjunto está dedicada al rol que Moisés no ocupó salvo brevemente, el de sacerdote en general y Sumo Sacerdote en particular.

En los ensayos anteriores hablé de la importancia de centrar una *parashá* en el legado del papel sacerdotal para el judaísmo. Pero, ¿era necesario que este enfoque eliminara a Moisés completamente de la escena? ¿Existe algún mayor significado para su ausencia? Los comentaristas ofrecieron varias sugerencias.[1]

Una, presente en el Talmud, se refiere a un evento al comienzo del liderazgo de Moisés: su encuentro con Dios en la zarza ardiente. Moisés expresó repetidamente su renuencia a llevar a cabo la misión de sacar al pueblo de Egipto. Finalmente leemos:

1. Ver el ensayo "Sacerdotes y profetas", p. 239.

> Pero Moisés dijo, "Oh Eterno, por favor envía a otro para hacerlo".
>
> Entonces la ira del Eterno se encendió contra Moisés y Él dijo: "¿Qué hay de tu hermano, Aarón el levita? Yo sé que él puede hablar bien. Él está en camino para encontrarse contigo, y su corazón se alegrará cuando te vea. Le hablarás a él y pondrás palabras en su boca; Yo los asistiré a ambos para hablar y les enseñaré qué hacer" (Éxodo 4:13-15).

El Talmud registra un debate acerca de las consecuencias duraderas de aquel momento cuando Moisés, por así decirlo, se negó de más. Declinar el liderazgo una o dos veces es señal de humildad. Pero seguir haciéndolo cuando es Dios mismo quien lo ordena, corre el riesgo de provocar la ira divina, como ocurrió en este caso. El Talmud comenta:

> "Entonces la ira del Eterno se encendió contra Moisés" –Rabí Yehoshua ben Korjá dijo: cada caso de ira [divina] en la Torá deja un efecto que perdura, excepto en este caso. Rabí Shimon bar Yojai dijo: aquí también dejó un efecto duradero, porque continúa diciendo: "¿Qué hay de tu hermano, Aarón el levita?" Ciertamente, Aarón era un sacerdote [no solamente un levita]. Más bien, lo que Dios quiso decir fue: Yo originalmente tenía la intención de que tú [Moisés] fueras sacerdote y él [Aarón] fuera simplemente un levita. Pero ahora [dado tu rechazo], él eventualmente se convertirá en sacerdote y tú serás solo un levita. [2]

Según Rabí Shimon bar Yojai, la consecuencia duradera de la renuencia de Moisés a liderar, fue que una función de liderazgo –el sacerdocio– recaería eventualmente en Aarón en lugar del propio Moisés.

Basado en este pasaje, Rabí Jacob ben Asher (1270-1340) sugiere que el nombre de Moisés no aparece en *Tetzavé,* que trata sobre las vestimentas sacerdotales, para "evitarle la angustia" de ver que Aarón recibe las atribuciones del sacerdocio que podrían haber sido destinadas a él.[3]

2. *Zevajim* 102a.
3. R. Jacob ben Asher, comentario del Baal HaTurim a Éxodo 27:20.

Sin negar esta u otras explicaciones, existe también un mensaje más fundamental. Uno de los temas recurrentes en Génesis es la rivalidad y la hostilidad entre hermanos. Esta historia se cuenta, cada vez más extensamente, cuatro veces: entre Caín y Abel, Isaac e Ismael, Jacob y Esaú, y José y sus hermanos.

Hay un patrón identificable en esta serie de narrativas, que se nota mejor por la forma en que finaliza cada una. La historia de Caín y Abel termina con un asesinato –fratricidio. La de Isaac e Ismael, aunque crecen separados, se reúnen para el funeral de Abraham. Evidentemente hubo una reconciliación entre ellos, aunque esto solo puede leerse entre líneas (y expresado en un midrash), no directamente en el texto. Jacob y Esaú se encuentran, se abrazan y cada uno va por su lado. José y sus hermanos se reconcilian y viven juntos en paz, brindándoles José alimento, tierra y protección.

Génesis nos relata una historia de gran importancia. La fraternidad –una de las palabras clave de la Revolución francesa– no es simple ni directa. Está frecuentemente cargada de conflicto y contienda. Sin embargo, gradualmente, los hermanos pueden aprender que hay otra forma de relacionarse. Génesis termina con esta nota. Pero no es el final de la historia.

El drama tiene un quinto acto: la relación entre Moisés y Aarón. Aquí, por primera vez, no hay indicios de rivalidad entre hermanos.[4] Los hermanos trabajan juntos desde el comienzo de la misión para conducir a los israelitas a la libertad. Se dirigen al pueblo juntos. Se paran juntos cuando enfrentan a Faraón. Hacen señales y maravillas juntos. Comparten juntos el liderazgo del pueblo en el desierto. Por primera vez los hermanos funcionan como un equipo, con diferentes dones, distintos talentos, roles diversos, pero sin hostilidad, cada uno complementando al otro.

Su sociedad es una característica constante de la narrativa. Pero hay ciertos momentos donde se destaca. El primero ocurre en el pasaje ya mencionado. Dios le dice a Moisés que Aarón "está en camino para encontrarse contigo, y *su corazón se alegrará cuando te vea*". ¡Qué diferente es este de los encuentros tensos entre hermanos en Génesis!

4. Algunos se desarrollaron más tarde –ver Números, capítulo 12– pero fueron resueltos por la humildad de Moisés.

Podríamos pensar que Aarón tenía muchos motivos para no alegrarse por la vuelta de Moisés. Los hermanos no habían crecido juntos. Moisés había sido adoptado por la hija de Faraón y criado en el palacio egipcio, mientras Aarón permaneció con los israelitas. Tampoco estuvieron juntos durante el sufrimiento del pueblo. Moisés, temiendo por su vida luego del ataque al capataz egipcio, huyó a Midián.

Además, Moisés era el hermano menor de Aarón, y sin embargo era él quien estaba por convertirse en el líder del pueblo. En el pasado, siempre que el hermano menor había tomado algo que el mayor podía haber creído le pertenecía naturalmente a él, habían celos, animosidad. A pesar de esto, Dios le asegura a Moisés: "cuando Aarón te vea, se alegrará". Y así fue:

> Y el Eterno le dijo a Aarón: "Ve al desierto a encontrarte con Moisés". Y él fue, y lo encontró en el monte de Dios, y lo besó (Éxodo 4:27).

La segunda pista fascinante es la contenida en un extraño pasaje que traza el origen de Moisés y Aarón:

> Amram se casó con Yojeved, la hermana de su padre, que le dio a luz a Aarón y Moisés. Amram vivió 137 años… *Fueron estos mismos Aarón y Moisés* a los que el Eterno dijo: "Saquen a los israelitas de Egipto por sus divisiones". Ellos fueron los que hablaron con Faraón, rey de Egipto, para sacar a los israelitas de Egipto. *Fueron estos mismos Moisés y Aarón* (Éxodo 6:20, 26-27).

La frase repetida, "Fueron estos mismos", es enfática incluso en la traducción. Y lo es más aún cuando notamos dos peculiaridades del texto. La primera es que las frases, aunque en un principio suenan idénticas, en realidad colocan los nombres de los hermanos en un orden diferente: la primera dice "Aarón y Moisés", la segunda, "Moisés y Aarón".[5] Aún más llamativa es la rareza gramatical de la frase. En ambos casos se utiliza la tercera persona del singular. Literalmente se leen: "Él era Aarón y Moi-

5. "Esto enseña que eran iguales" (Tosefta, *Keritot*, final).

sés", "Él era Moisés y Aarón". El texto debería decir "Ellos", tanto más cuando el pronombre "ellos" se usa en medio del pasaje: "Ellos fueron los que hablaron con Faraón".

La implicación inequívoca es que eran como un solo individuo; ellos eran como uno. No había jerarquía entre ellos: a veces el nombre de Aarón aparece primero, otras veces el de Moisés.

Hay un midrash magnífico que confirma esta idea, basada en el verso en Salmos (85:11): "La misericordia y la verdad se encuentran; la justicia y la paz se besan".

> La misericordia se refiere a Aarón. La verdad, a Moisés. La justicia se refiere a Moisés. La paz, a Aarón. [6]

El midrash trae textos de prueba a cada una de estas identificaciones, pero las comprendemos de inmediato. Moisés y Aarón eran bastante diferentes, tanto en temperamento como en sus roles. Moisés era el hombre de la verdad, Aarón el de la paz. Sin verdad, no puede haber una visión que inspire a una nación. Pero sin paz interna, no hay nación a la cual inspirar. Aarón y Moisés eran ambos necesarios. Sus roles estaban en una tensión creativa. Sin embargo, trabajaban codo a codo, cada uno respetando el don distintivo del otro. Como continua diciendo el midrash:

> "Y lo besó" (los hermanos se besaron cuando se encontraron) – esto significa que cada uno se alegró por la grandeza del otro".[7]

Un midrash final completa la imagen refiriéndose a la *parashá* de esta semana y las vestimentas del Sumo Sacerdote, especialmente el pectoral con sus *Urim* y *Tumim*:

> "Su corazón se alegrará cuando te vea" –Que el corazón que se regocijó en la grandeza de su hermano sea adornado con el *Urim* y *Tumim*.[8]

6. *Shemot Rabá* 5:10.
7. Idem., ad loc.
8. Idem. 3:17.

Los *Urim* y *Tumim* eran una forma de oráculos, colocados en el pectoral del Sumo Sacerdote. Transmitían inspiración divina y guía, una especie de equivalente sacerdotal de la palabra divina que recibía el profeta.[9] Fue precisamente el hecho de que Aarón no envidiaba a su hermano menor, sino que se regocijaba en su grandeza, lo que lo hizo merecedor de ser el Sumo Sacerdote. Y así ocurrió –medida por medida– que tal como Aarón hizo lugar para que liderara su hermano menor, así la Torá le dejó lugar a Aarón para liderar. Es por eso que Aarón es el héroe de *Tetzavé*, por una vez no eclipsado por Moisés.

"¿Quién es honrado?" preguntó Ben Zoma. "El que honra a los demás".[10] Aarón honró a su hermano menor. Es por eso que a Moisés (no mencionado por su nombre, pero sí en forma implícita) se le dice en la *parashá* de esta semana: "Haz vestimentas sagradas para tu hermano Aarón, para otorgarle honor y esplendor" (Éxodo 28:2). Hasta el día de hoy el cohen es honrado al ser llamado primero a la Torá – la Torá que Moisés, el hermano menor de Aarón, brindó al pueblo judío.

La historia de Aarón y Moisés, el quinto acto del drama bíblico de la hermandad, es donde finalmente la fraternidad alcanza las alturas. Y con certeza ese es el significado del Salmo 133, con su referencia explícita a Aarón y sus vestimentas sagradas: "¡Cuán bueno y agradable es cuando los hermanos viven juntos en unidad! Es como el aceite precioso vertido sobre la cabeza, deslizándose por la barba, bajando por la barba de Aarón hasta el cuello de sus ropajes". Fue gracias a Aarón, y al honor que le mostró a Moisés, que por fin los hermanos aprendieron a vivir juntos en unidad.

CB

9. Según Rambán, consistían en letras que deletreaban el nombre o nombres divinos, algunos de los cuales se encendían en momentos clave, deletreando un mensaje que debía descifrar el Sumo Sacerdote.
10. *Avot* 4:1.

# *¿Acaso la ropa hace al hombre?*

*"Traerás a tu hermano Aarón, junto con sus hijos de entre los hijos de Israel, para que me sirvan como sacerdotes: Aarón, Nadav y Avihú, Eleazar e Itamar, los hijos de Aarón. Y harás vestiduras solo para tu hermano Aarón, para gloria y esplendor" (Éxodo 28:1-2).*

Con estas palabras hace su aparición un nuevo fenómeno en la vida judía. Previamente, nunca nos habíamos encontrado con una vestimenta de servicio, con insignias formales que identifican a quienes las portan como personas sagradas, encargadas de una función particular en la vida religiosa.

De hecho, toda esta sección de la narrativa bíblica nos resulta extraña, dado todo lo que sabemos de lo que ha sucedido antes. Abraham, Isaac y Jacob no usaron ropa especial. Moisés tampoco. Eran pastores. Se vestían con sencillez. En cualquier caso, lo que vestían es completamente irrelevante para el mensaje bíblico. Tal como lo señala Eric

Auerbach en su estudio clásico "La cicatriz de Ulises",[1] la gran diferencia entre Homero y la Torá es que el primero describe constantemente las apariencias, mientras que la Torá raramente lo hace.

Homero está fascinado por el juego de luces en las superficies. La Torá está profundamente desinteresada en las superficies: paisajes, retratos y descripciones físicas. Salvo en contadas excepciones –solo cuando resulta necesario comprender qué es lo que ocurre– la Torá no nos cuenta cómo se veían los héroes o las heroínas, ni qué vestían. Según una expresión de Auerbach, el texto bíblico se encuentra "tensamente cargado de trasfondo",[2] lo cual significa que el entorno físico de sus narraciones no está especificado en el texto, invitándonos a nosotros, los oyentes, a proporcionarlo a partir de nuestra propia imaginación. Si Homero es como la televisión, la Torá se asemeja a la radio. No se centra en la imagen sino en la voz.

Lo hace por un motivo profundamente serio. Hay un momento definitorio en el primer libro de Samuel en el cual Dios le ordena al profeta que unja a un nuevo rey. Saúl ha fallado. Es demasiado inseguro, temperamental y preocupado por la popularidad. Ha fracasado en cumplir el mandato divino. Cabe señalar que este es un caso típico en el cual la Biblia *enfatiza* las apariencias, precisamente para mostrar que estas son engañosas. Cuando encontramos por primera vez a Saúl, es descrito como "un joven en su mejor momento, nadie entre los israelitas era más hermoso que él; era una cabeza más alto que cualquiera del pueblo".[3] Poseía estatura física pero no moral. Este es el mensaje que el texto procura transmitir.

Se le dice a Samuel que vaya a la casa de Isaí (Ishai) porque uno de sus hijos es el varón escogido para fungir como rey:

Cuando llegó y vio a Eliav, pensó: "Ciertamente el ungido del Eterno está delante de Él".[4] Pero el Eterno le dijo a Samuel: "No prestes atención a su apariencia o a su estatura porque lo he desechado. Pues

1. Erich Auerbach, *Mimesis: The Representation of Reality in Western Literature* (Princeton University Press, 1953), cap. 1.
2. Ídem., 12.
3. I Samuel 9:2.
4. Ídem., 16:6.

el Eterno no ve como el hombre ve; el hombre solo percibe lo visible, pero el Eterno ve el interior del corazón".[5]

El judaísmo –la religión de la espiritualidad, no de las apariencias; de la ética, no del poder; del carácter, no de la vestidura formal del cargo– no es el sitio al cual solemos recurrir a la hora de encontrar las especificaciones de uniformes oficiales.

En al menos dos ocasiones muy conocidas encontramos héroes bíblicos vistiendo ropajes majestuosos. Está el caso de José en Egipto:

> Entonces Faraón dijo a José: "Por la presente te pongo a cargo de toda la tierra de Egipto". Entonces Faraón se quitó el anillo de sello de su dedo y lo colocó en el de José. Lo vistió con túnicas de lino fino y puso un collar de oro alrededor de su cuello. Lo hizo subirse a un carro como su segundo al mando y los hombres gritaron delante suyo: ¡Abran paso! Así, lo puso a cargo de toda la tierra de Egipto (Génesis 41:41-43).

Y está también el caso de Mordejai en Persia:

> [Amán] le respondió al rey: "Al hombre al cual el rey se complace en honrar, que le traigan un manto real que el rey haya usado y un caballo que el rey haya montado con un escudo real colocado sobre su cabeza. Entonces, que la túnica y el caballo sean confiados a uno de los príncipes más nobles del rey. Que vistan al hombre al cual el rey se complace en honrar y lo lleven a caballo por las calles de la ciudad proclamando delante de él: '¡Esto es lo que se debe hacer con el hombre al cual el rey se complace en honrar!'" "Vete de inmediato", le ordenó el rey a Amán. "Consigue la túnica y el caballo y haz tal como lo que has dicho con Mordejai el judío, que está sentado frente al portón real. No pases por alto nada de lo que has recomendado". Entonces Amán tomó la túnica y el caballo. Vistió a Mordejai y lo condujo a caballo por las calles de la ciudad, proclamando delante de él: "¡Esto es lo

5. Ídem., 16:17.

> que se debe hacer con el hombre al cual el rey se complace en honrar!" (Ester 6:7-11).

El carácter no judío y no israelita del escenario de estos pasajes resulta obvio. Así –el Tanaj parece dar a entender– es como otros hacen estas cosas; no nosotros. Túnicas, anillos, collares como parte del uniforme, carros, caballos: todas estas son señales externas de gloria, indignas de una nación que juzga a la autoridad por su humildad y a la majestad por su obediencia. Desde la perspectiva de la Torá, no es coincidencia que justamente el Egipto faraónico y la Persia de Jerjes (Asuero) hayan sido quienes celebraran los adornos visuales de la vestimenta oficial, y quienes a su vez emitieran los primeros decretos de genocidio contra el pueblo judío. Una cultura que rinde culto a los símbolos externos del poder, al final carecerá de la espiritualidad y humanidad necesarias para respetar la dignidad de quienes carecen de poder alguno.

Esto no es todo. Al menos cinco episodios en el libro de Génesis giran en torno al tema de la ropa.[6] Están los *bigdei jamudot* de Esaú, "los mejores ropajes" (27:15) que Jacob vistiera para recibir la bendición de Isaac. Existe a su vez el *kutonet pasim*, el "manto ricamente bordado" o "túnica de muchos colores" (37:3) que Jacob confeccionara para su hijo favorito, José. Está la ropa de prostituta [templaria] que Tamar viste cuando se quita "las vestimentas de su viudez" (*bigdei almenutá*) para atraer a Judá (38:14). Está el *begued*, manto o túnica que José deja en manos de la esposa de Potifar cuando huye de su intento de seducirlo (39:12). Y están, como se mencionó anteriormente, las túnicas especiales [*bigdei shesh*] y las insignias del uniforme que José usa como el segundo al mando de Faraón (41:42).

Un hecho que vincula a todos estos episodios. Las prendas se usan para engañar. Jacob viste la ropa de Esaú para engañar a su padre ciego Isaac, cuando extiende su mano para sentirlo. Los hermanos manchan el manto de José con sangre de cabra para convencer a su padre Jacob de que lo ha matado un animal salvaje. Tamar cambia su indumenta-

6. El escritor inglés del siglo XIX Thomas Carlyle escribió un libro titulado, *Sartor Resartus*, dedicado a "la filosofía de la ropa". En cierto sentido, el libro de Génesis es una anti filosofía de las vestimentas.

ria y se pone un velo para ocultar su identidad ante Judá. La mujer de Potifar usa la túnica que José abandonó para reforzar su afirmación de que había intentado violarla. Y José utiliza su nueva apariencia de alto dignatario egipcio para ocultar su identidad ante sus hermanos ("José reconoció a sus hermanos pero ellos no lo reconocieron a él" [42:8]).

Por lo tanto, cuando descubrimos que el vocablo hebreo para "vestimenta", *begued*, significa también "traición" (tal como recitamos en la confesión de Yom Kipur, *Ashamnu, bagadnu*) es tanto un shock como una confirmación. Esto es precisamente lo que las vestimentas representan en el libro de Génesis, instrumentos de engaño y traición. De hecho, ese es el mensaje transmitido en la primera referencia a las vestiduras que hace la Torá, cuando Adán y Eva, contrariando las instrucciones de Dios, comen del fruto del árbol que se encontraba en medio del jardín:

> Entonces se abrieron los ojos de ambos y se dieron cuenta que estaban desnudos, así que cosieron hojas de higuera y confeccionaron coberturas para sí mismos.
>
> Entonces el hombre y su mujer oyeron la voz del Eterno Dios mientras caminaba por el jardín en el fresco del día, y se escondieron del Eterno Dios entre los árboles del jardín. Pero el Eterno Dios llamó al hombre: "¿Dónde estás?"
>
> Él le respondió: "Te escuché en el jardín y tuve miedo porque estaba desnudo; así que me escondí".
>
> Y Él le dijo: "¿Quién te enseñó que estabas desnudo? ¿Has comido del árbol del que Yo te ordené que no comieras?" (Génesis 3:7-11).

La ropa fue la señal de la primera gran traición, de la primera ruptura de un mandamiento divino.

La ropa es lo que separa a la naturaleza de la cultura. Desmond Morris llamó una vez al hombre "el mono desnudo".[7] Por supuesto, eso es precisamente erróneo. El homo sapiens es el animal no desnudo, el único ser en la creación cuya apariencia externa es fabricada, hecha, es el único poseedor de una segunda piel removible. De ahí la brecha

7. Desmond Morris, *The Naked Ape* (Cape, 1967).

que existe en los asuntos humanos entre la apariencia y la realidad, la apariencia que creamos (entre otras cosas) por medio de la ropa que usamos y la realidad de lo que pensamos, planeamos y sentimos. Shakespeare hace que Hamlet le pronuncie a su madre, la reina, un notable discurso cuya idea central es que no solo está vestido como un doliente, sino que además, en realidad, sí está compungido.

> ¿Parece, señora? No, es así. En mí no hay "parecer".
> No es mi capa negra, buena madre,
> Ni mi constante luto de solemne negro,
> Ni los suspiros entrecortados de un aliento forzado,
> No, ni ríos que manan de los ojos,
> Ni la expresión decaída del semblante,
> Con todos los modos, aspectos y muestras de dolor,
> Aquello que puede retratarme; todo eso es "parecer",
> Pues son gestos que pueden ser simulados.
> Lo que yo llevo dentro no se manifiesta;
> Lo demás son los adornos y el ropaje de la aflicción.[8]

El punto de la Torá es también el de Hamlet: hay una diferencia entre "es" y "parece", entre lo que realmente sentimos y "los adornos y el ropaje" que usamos.

Si queremos entender el judaísmo, nunca debemos olvidar que representa un momento específico –así como una verdad eterna– en la historia de la humanidad. Ni Moisés y ni siquiera Abraham son figuras primigenias (como lo serían si la Torá fuese un mito). Son "recién llegados". El gran símbolo de la civilización antigua, la Torre de Babel, precede al llamado de Dios a Abraham. El judaísmo no representa el nacimiento de la civilización, representa una crítica a la civilización. Es precisamente cuando los seres humanos descubren la tecnología, construyen ciudades, elaboran avanzados métodos de guerra (el carro tirado por caballos egipcio es el ejemplo clave en la Biblia) y erigen monumentos egoístas, que el potencial humano para el mal se vuelve seriamente destructivo.

8. *Hamlet*, acto 1 escena 2.

Los imperios elevan a los gobernantes por medio de la degradación del grueso de la humanidad.

Uno de los símbolos más visibles del imperio es la vestimenta que acompaña al cargo. Esta exalta a los pocos a costa de los muchos. Representa una sociedad completamente jerárquica de un tipo al que el judaísmo esencialmente se opone. El idioma inglés carece de una palabra similar al vocablo hebreo *begued,* que vincule a las "vestimentas" con "traición". Pero tiene otra que cubre más o menos la misma área, es decir, la palabra "sophisticated" (sofisticado).[9] Por un lado tiene una connotación positiva: significa "refinado, culto". Por el otro, tiene una historia antigua de mala reputación derivada de los filósofos presocráticos (los sofistas) que solían enseñar por dinero y eran conocidos (y criticados por Platón) en virtud de sus argumentos que, a la vez, resultaban tanto persuasivos como erróneos. De este modo, en la lengua inglesa, "sofisticar" significa también "estropear, adulterar, corromper, pervertir o engañar".

La civilización siempre corre el riesgo de sustituir el "parece" por el "es". Los que se visten como reyes pueden tener corazón de esclavos, ser temerosos, resentidos y vengativos. Los que visten túnicas de personas santas pueden (como en el caso de los hijos de Samuel) ser corruptos. Es por eso que la sensibilidad judía es, en términos generales, escéptica respecto a los uniformes oficiales. Dios ve y nos enseña a ver el interior de la persona, lo que Hamlet llamó "lo que yo llevo dentro (y) no se manifiesta".[10]

¿Por qué entonces, dado este enfoque alejado de la ropa y de la apariencia superficial, Dios le ordenó a Moisés que pusiera en marcha la elaboración de vestiduras especiales para los sacerdotes, "para gloria y esplendor" (28:2)? La respuesta se encuentra en el análisis que hizo el sociólogo del siglo XIX Max Weber, quien estaba fascinado por la cuestión del liderazgo. ¿Qué es aquello que confiere autoridad a unos individuos sobre otros? Su percepción más conocida –que se ha convertido en parte del lenguaje cotidiano– es que ciertas figuras poco comunes poseen lo que él llamó carisma.[11] Los líderes carismáticos son capaces

9. Algo similar ocurre en la lengua española (N. de T.).
10. Hamlet, acto 1 escena 2.
11. Weber lo define como "una cierta cualidad de una personalidad individual por efecto de la cual uno es 'separado' de la gente común y tratado como poseedor de

de ejercer influencia sobre los demás por la fuerza de su personalidad. Hablan de sus miedos, de sus preocupaciones, esperanzas y sueños. Articulan una narrativa que los explica a sí mismos. Construyen (o en el caso de los profetas, reciben) una visión que motiva e impulsa. Son transformacionales. No dejan a un grupo o nación tal como estaba previamente. Ellos no mantienen simplemente "el espectáculo en funcionamiento" (tal como lo hacen algunos líderes) ni "evitan que el barco se hunda". Cambian a la gente con la cual entran en contacto. Son las parteras de algo nuevo.

Pero el carisma comienza a morir casi tan pronto como nace. La autoridad carismática es estrictamente personal. Es exclusiva del individuo que la maneja y nunca puede replicarse con el tiempo. De hecho, es esencial para la supervivencia del grupo que *no* se replique con el tiempo. Un líder carismático es un agente de cambio, pero un grupo para sobrevivir necesita de un tipo de liderazgo que sea resistente al cambio; que sea, en cambio, un vehículo de continuidad, tradición y estabilidad. Sin esto, el grupo no habrá de persistir en el futuro. Por ello, una vez que surge un líder carismático en su seno, el grupo debe atravesar por lo que Weber llamó 'la rutinización del carisma'.[12] Este es el proceso por medio del cual una determinada forma de autoridad se confiere no a un individuo en su carácter de tal, sino a una persona (o grupo) como portadores de un cargo. Es así como se transmite el carisma de generación en generación, de manera ordenada y predecible, por medio de leyes de sucesión, junto a normas que regulan la conducta de los titulares del cargo y su relación con el grupo en su conjunto.

El principal ejemplo de la rutinización del carisma lo encontramos en la *parashá* de *Tetzavé*, en el proceso por medio del cual Moisés inviste la autoridad sacerdotal en Aarón y en sus hijos. Los *bigdei kehuná*, las "vestiduras sacerdotales", son su símbolo visible. Los cohanim son

poderes sobrenaturales o cualidades sobrehumanas, o cuanto menos, como quien tiene poderes o capacidades específicamente excepcionales. Estas características como tales no son accesibles a las personas comunes, sino que son consideradas de origen divino o ejemplares, y sobre la base de estas el individuo en cuestión es tratado como un líder". Max Weber, *Theory of Social and Economic Organization*, trans. A.R. Anderson and Talcott Parsons (William Hodge, 1947), 358-59.

12. Ídem., cap.: "The Nature of Charismatic Authority and its Routinization".

quienes ejercen el oficio sagrado en virtud de su nacimiento y descendencia y no por efecto de sus cualidades personales. Su trabajo es santo. Su dominio es el Tabernáculo, la encarnación física del espacio sagrado. Ellos están encargados de mediar entre el pueblo y Dios. Sus vestimentas marcan su cargo y su función.

Por lo tanto, no es casualidad que *Tetzavé* sea la única *parashá* desde el inicio del libro de Éxodo y hasta el final de Deuteronomio en la que el nombre de Moisés no aparece. El hecho más importante sobre el carisma rutinario es que existe cuando el líder carismático (es decir, Moisés) ya no está presente. Ahora comprendemos precisamente la conexión entre la *parashá* de *Tetzavé* y el episodio del becerro de oro (el cual figura más adelante en el libro de Éxodo pero que según la mayoría de los comentaristas tuvo lugar antes). El becerro de oro fue la respuesta a la crisis generada por la ausencia de Moisés: "Este Moisés, el hombre que nos sacó de la tierra de Egipto, no sabemos qué ha sido de él" (Éxodo 32:1). Este pasaje nos ilustra la debilidad de la autoridad carismática: poderosa en su presencia, pero debilitante en su ausencia. Los israelitas tenían que convertirse en el pueblo que continuara sirviendo a Dios después de que Moisés los hubiera dejado. Esto es lo que representan el Tabernáculo, los sacrificios y el sacerdocio: continuidad, la capacidad de mantener por mucho tiempo en el futuro la experiencia del Sinaí y la presencia de Dios en medio del pueblo.

Un profeta no necesita vestimentas oficiales. Su autoridad es carismática, personal, espontánea, irrepetible. Pero un sacerdote necesita *bigdei kehuná*, "vestimentas sacerdotales", para mostrar que en su caso la función trasciende a la persona y continúa de generación en generación; representa la estabilidad y "la persistencia de la fe"[13] a través del tiempo. La grandeza del Israel bíblico es que nunca convirtió completamente el carisma en una rutina. Desde Moisés hasta Malaquías aparecieron profetas que desafiaron el abuso de poder y evitaron que el servicio a Dios se convirtiera en una mera rutina. Pero si solo hubiera habido profetas y no sacerdotes, Israel habría desaparecido hace mucho tiempo. Habría carecido de la capacidad esencial necesaria para mantener su misión a lo largo del tiempo.

13. Jonathan Sacks, *The Persistence of Faith* (Weidenfeld and Nicolson, 1991).

El Israel bíblico pudo corregir los peligros de la rutinización del carisma en parte gracias a los profetas. Tal como lo señalan los exégetas en sus comentarios sobre la expresión mamlejet cohanim, "un reino de sacerdotes", el vocablo 'cohen' significa tanto "príncipe" como "siervo". Los hijos de Aarón pueden haber sido aristócratas del espíritu, pero también eran servidores, tanto del pueblo como de Dios. Malaquías, el último de los profetas, hace una maravillosa descripción del rol del sacerdote:

> Instrucción verdadera se encontraba en su boca, y nada falso había en sus labios. Anduvo conmigo en paz y rectitud, y apartó a muchos del pecado. Porque los labios del sacerdote guardan el conocimiento, y de su boca los hombres deben buscar instrucción. Porque él es un mensajero del Eterno Todopoderoso (Malaquías 2:6-7).

En una frase famosa, el libro de los Salmos contiene la plegaria "Que vuestros sacerdotes se vistan de justicia". Está claro entonces que la expresión de *Tetzavé* "para gloria y esplendor" no significa "para la gloria y el esplendor del sacerdote", sino "para la gloria de Dios y el esplendor de Su presencia".[14] La tarea del cohen –y el mensaje de sus vestimentas– era ser una "señal de trascendencia",[15] para indicar *en* sí mismo algo que está *más allá* de su ser, para ser un símbolo vivo de la Presencia Divina en el seno de la nación.

Sin embargo, el último capítulo en esta historia de la clase sacerdotal es el más destacable. Ocurrió tras la destrucción del Segundo Templo y el final del funcionamiento efectivo del sacerdocio. Fue entonces cuando la *kehuná* fue esencialmente universalizada y democratizada. En el rezo, cada uno se volvió un sacerdote. Cada sinagoga alrededor del mundo era un Templo en miniatura. Por medio de la *teshuvá* (arrepentimiento) en Yom Kipur, cada judío era como un Sumo Sacerdote que expiaba los pecados. "Desde el día en que el Templo fue destruido" dijeron los sabios en uno de sus aforismos más inquietantes, "el Santo

14. Sforno, comentario a Éxodo 28:2.
15. La frase proviene del libro de Peter Berger, *A Rumor of Angels* (Doubleday, 1969).

Bendito Sea no tiene nada en este mundo aparte de los cuatro codos de halajá".[16]

Siempre hubo halajá. Pero tras la destrucción del Templo, esta se volvió el vehículo por medio del cual la labor sacerdotal se difundió entre el pueblo. La halajá invistió e inviste cada detalle de la vida diaria con el carisma de la santidad. Ya nadie necesitaba un uniforme especial que lo distinguiera como sacerdote o persona santa, porque el pueblo judío como un todo se había vuelto, individual y colectivamente, "un reino de sacerdotes y una nación sagrada" (Éxodo 19:6). Si el cohen representaba la rutinización del carisma, el judaísmo –mediante su santificación halájica de la vida diaria– se convirtió eventualmente en la carismatización de la rutina.

ID

16. *Berajot* 8a.

# Ki Tisá

# כי תשא

*Ki Tisá* comienza con los detalles finales relativos al Santuario, incluida una recaudación de dinero de la gente que habría de servir como censo. Luego, la *parashá* pasa a un gran dramatismo con una de las narrativas más apasionantes de la historia judía. Presa del pánico ante la ausencia de Moisés (que está en lo alto de la montaña recibiendo las tablas de Dios), el pueblo elabora un becerro de oro y baila ante él. Dios le dice a Moisés que descienda. Moisés baja, y en su ira quiebra las tablas. Reprocha al pueblo y regresa a la montaña para suplicarle a Dios que los perdone. Eventualmente Dios lo hace, y Moisés vuelve con un segundo juego de tablas, sin saber que ahora su rostro está radiante.

El primero de los siguientes ensayos analiza la plegaria de Moisés a Dios para que perdone al pueblo, "porque es de dura cerviz". ¿Tiene algún aspecto positivo la obstinación judía? El segundo ensayo, inspirado en un becerro de oro contemporáneo, analiza la orden que Moisés da inmediatamente antes y después del pecado del pueblo: Shabat. ¿Por qué es este mandamiento el antídoto contra la falsa adoración? El tercero trata sobre la extraña forma en que se contaba a las personas. ¿Acaso esto nos dice algo significativo sobre la demografía judía? El cuarto ensayo plantea la siguiente pregunta: ¿Por qué las segundas tablas, en las que Moisés participó, pudieron sobrevivir, mientras que las primeras –que fueron únicamente obra de Dios– no lo lograron?

# *Un pueblo de dura cerviz*

Es un momento del más alto dramatismo. Los israelitas, tan solo cuarenta días después de la mayor revelación en la historia, habían hecho un ídolo: un becerro de oro. Dios amenaza con destruirlos. Moisés, ejemplificando en su máxima expresión el carácter de Israel como quien "lucha con Dios y con el hombre", confronta a ambos a la vez. A Dios le pide compasión para el pueblo. Al descender de la montaña y frente al pueblo de Israel, quiebra las tablas, el símbolo del pacto. Muele el becerro hasta pulverizarlo, lo mezcla con agua y hace que los israelitas lo beban. Ordena a los levitas que castiguen a los malhechores. Luego vuelve a subir la montaña en un intento prolongado por restablecer el vínculo destrozado entre Dios y el pueblo.

Dios se deja suplicar. En una extraordinaria epifanía, hace que Su "gloria" pase junto a Moisés diciendo: "Verás Mi espalda, pero Mi rostro no será contemplado" (Éxodo 33:23). Le ordena a Moisés que talle dos nuevas tablas de piedra, y proclama Sus atributos de misericordia. Sin embargo, en este punto, Moisés hace una extraña petición:

> Y Moisés se apresuró, se arrodilló a tierra, se inclinó y dijo: "Si he hallado gracia ante Tus ojos, Señor mío, que mi Señor vaya

> entre nosotros, porque [*ki*] es un pueblo de dura cerviz, y perdona nuestra maldad y nuestro pecado y tómanos como Tu herencia" (34:8-9).

La dificultad del versículo resulta evidente. Moisés cita como motivo para que Dios permanezca con los israelitas el mismo atributo que Dios les había dado anteriormente por querer abandonarlos:

> "He visto a este pueblo" dijo el Eterno a Moisés, "y son una nación de dura cerviz. Ahora, déjame solo para que Mi ira pueda arder contra ellos y los pueda destruir. Luego, haré de ti una gran nación" (32:9).

Y nuevamente:

> "Suban a la tierra que mana leche y miel. Pero Yo no he de ir contigo, ya que eres un pueblo de dura cerviz y podría destruirte en el camino". Cuando el pueblo escuchó estas perturbadoras palabras, prorrumpieron en llanto y nadie se puso ornamento alguno. Porque el Eterno había dicho a Moisés: "Di a los israelitas: 'Son un pueblo de dura cerviz. Si fuera con ustedes, al menos por un momento, podría destruirlos. Ahora, quítense los ornamentos y decidiré qué hacer con ustedes'". Entonces, los israelitas se despojaron de sus ornamentos en el Monte Horeb (33:3-6).

¿Cómo puede Moisés invocar la obstinación del pueblo como el motivo mismo para que Dios mantenga Su presencia en medio de ellos? ¿Cuál es el significado del "porque" que arguye Moisés –"que mi Señor vaya entre nosotros, *porque* es un pueblo de dura cerviz"?

Los comentaristas ofrecen una variedad de interpretaciones. Rashi lee la palabra "*ki*" como un "si" condicional –"si son testarudos, entonces perdónalos".[1] Por su parte, Ibn Ezra[2] y Jizkuni[3] lo leen como "aunque" o "a pesar de que" (*af al pi*). Alternativamente, Ibn Ezra sugiere que el versículo podría leerse de la siguiente manera: "[Admito que] es un pueblo de dura cerviz –perdona entonces nuestra maldad y nuestro pecado y tómanos como Tu herencia".[4] Estas son lecturas sencillas, si bien le adjudican al vocablo "*ki*" una acepción que normalmente no posee.

Najmánides adopta un enfoque diferente:

> Esto debe comprenderse en su sentido literal. Dios debe ir en medio de ellos porque son un pueblo de dura cerviz, ya que ahora que el Santo Bendito Sea se ha reconciliado con ellos, Su presencia en medio de quienes son obstinados sería mejor que la del ángel. Puesto que Él deseará incrementar aún más sus bendiciones, ya que son Su pueblo y Su herencia... En un momento de buena voluntad es mejor para ellos que la gloria divina los acompañe, porque son un pueblo de dura cerviz, y Él mostraría más fácilmente gracia y compasión hacia Sus siervos.[5]

Para Najmánides es precisamente la rebeldía de Israel lo que requiere la atención cercana de un Dios que perdona –tal como en el caso de un niño rebelde para el cual la cura más bondadosa es la atenta preocupación de un padre amoroso. Su comentario anticipa la famosa y audaz plegaria del maestro jasídico Rabí Levi Ytzjak de Berditchev: "Señor del universo, quiero proponerte un trato. Tenemos muchos pecados. Tú tienes mucho perdón. Intercambiemos nuestros pecados por Tu perdón. Y si dijeras que no se trata de un intercambio justo, entonces mi respuesta es: Si no tuviéramos pecados, ¿qué harías Tú con Tu perdón?"[6]

Sin embargo, hay otra línea interpretativa mucho más sorprendente que puede ser rastreada a lo largo de los siglos. En el siglo XX, el

1. Rashi en su comentario a Éxodo 34:9.
2. En su "breve" comentario a Éxodo 34:9. En su comentario extenso cita esta idea en nombre de Rabí Yoná ibn Yanah (R. Marinus, 990-1050).
3. Hezekiah ben Manoah, rabino y exegeta francés que vivió durante el siglo XIII.
4. Ibn Ezra, comentario "extenso" ad loc.
5. Rambán, comentario a Éxodo 34:9.
6. Ver Elie Wiesel, *Souls on Fire* (London: Weidenfeld and Nicolson, 1972), 108.

rabino Ytzjak Nissenbaum le dio expresión. El argumento que le atribuyó a Moisés es el siguiente:

> Dios Todopoderoso, contempla con favor a este pueblo, porque lo que es ahora su mayor vicio algún día será su más heroica virtud. De hecho, son un pueblo obstinado. Cuando lo tienen todo para agradecerte, se quejan. Apenas unas semanas después de escuchar Tu voz hacen un becerro de oro. Pero así como ahora son obstinados en su desobediencia, algún día lo serán en su lealtad. Las naciones les pedirán que se asimilen, mas ellos se negarán. Religiones más poderosas los instarán a convertirse, pero ellos resistirán. Sufrirán humillaciones, persecuciones, incluso la tortura y la muerte por el nombre que llevan y la fe que profesan, pero se mantendrán fieles al pacto que sus antepasados establecieron contigo. Irán a la muerte diciendo *Ani maamín*, "Yo creo". Este es un pueblo asombroso en su terquedad, y aunque de momento este sea el motivo de su fracaso, en un futuro habrá momentos en los cuales será su más noble fortaleza.[7]

El hecho de que el rabino Nissenbaum viviera y muriera en el gueto de Varsovia, le añade a sus palabras un carácter conmovedor.[8]

Muchos siglos antes, un midrash planteaba esencialmente el mismo punto:

> Hay tres que no se dejan intimidar: el perro entre las bestias, el gallo entre las aves, e Israel entre las naciones. Rabí Isaac ben Redifa dijo en nombre de Rabí Ami: Podría pensarse que se trata de un atributo negativo, pero en realidad es digno de elogio, porque significa: "Sé judío o prepárate para ser ahorcado".[9]

7. Esta es mi paráfrasis al comentario citado en el nombre de Rabí Ytzjak Nissenbaum en el libro de Aarón Yaakov Greenberg, ed., *Iturei Torá*, Shemot (Tel Aviv 1976), 269-70.
8. Para leer el destacable discurso del rabino Nissenbaum en el gueto de Varsovia, ver Emil Fackenheim, *To Mend the World* (New York: Schocken, 1982), 223.
9. *Beitzá* 25b; *Shemot Rabá* 42:9.

Los judíos eran testarudos, dice Rabí Ami, en el sentido de que estaban dispuestos a morir por su fe. Tal como lo explicara Gersónides (Ralbag) en el siglo XIV, un pueblo obstinado puede tardar en adoptar una fe, pero una vez que lo ha logrado, nunca más la abandona.[10]

Esta extraordinaria obstinación se vislumbra en un episodio narrado por Josefo. Se trata de uno de los primeros incidentes registrados de desobediencia civil masiva no violenta. Tuvo lugar durante el reinado del emperador romano Calígula (37-41 e. c.). El monarca había propuesto colocar una estatua de sí mismo en el recinto del Templo de Jerusalén, y había enviado al comandante militar Petronio para llevar a cabo la tarea, de ser necesario por la fuerza. Así es como describe Josefo el encuentro entre Petronio y la población judía en Ptolemais (Acre):

> Pero unos diez mil judíos vinieron ante Petronio en Ptolemais a presentarle sus peticiones para que no los obligaría a violar la ley de sus ancestros. "Pero si tú", le dijeron, "estás totalmente resuelto a traer la estatua e instalarla, entonces primero deberás matarnos, y luego ejecutar lo que has resuelto hacer. Mientras estemos vivos, no podemos permitir cosas semejantes ya que están prohibidas por nuestra ley..."
>
> Sin embargo, Petronius se enojó con ellos y les dijo: "... César me ha enviado. Estoy obligado a cumplir sus decretos..." Entonces los judíos respondieron: "Ya que así has dispuesto, oh Petronio, que no has de desobedecer las órdenes de César, tampoco nosotros hemos de transgredir los mandamientos de nuestra ley..."
>
> Cuando Petronio entendió por sus palabras que su determinación era difícil de doblegar, y que... él no podría obedecer la orden de Calígula de emplazar la estatua, y que ocurriría un gran derramamiento de sangre, tomó a sus amigos y sirvientes y se apresuró a ir a Tiberíades para ver cómo se sentían ahí los judíos respecto de esta cuestión; pero muchas decenas de miles de judíos volvieron a encontrarlo cuando llegó a Tiberíades...
>
> Entonces Petronio se acercó a ellos (en Tiberíades):

10. Ralbag, comentario a Éxodo 34:9.

> "¿Desean luchar contra César a pesar de sus enormes capacidades para la guerra y vuestra propia debilidad?" Entonces le respondieron: "De ninguna manera hemos de luchar contra César, pero moriremos antes de ver nuestras leyes transgredidas". Entonces se arrojaron de bruces y estiraron sus cuellos y dijeron que estaban listos para ser asesinados. Esto es lo que hicieron durante cuarenta días, sin prestar atención a la labranza de sus parcelas, a pesar de que era la temporada de la siembra. Así es como se mantuvieron firmes en su resolución y se ofrecieron a morir voluntariamente antes que ver la estatua emplazada".[11]

Enfrentado a un desafío tan heroico y a tan gran escala, Petronio cedió y escribió a Calígula instándolo, en palabras de Josefo, a "no llevar a la locura a tantas decenas de miles de estos hombres; que si los mataba, sería maldecido públicamente por todas las generaciones futuras". Este tampoco fue un episodio único. Tanto la literatura rabínica como las crónicas de la Edad Media están colmadas de relatos de martirio, de judíos que estuvieron dispuestos a morir antes que convertirse. De hecho, el concepto mismo de *kidush Hashem,* la santificación del Nombre Divino, llegó a ser asociado en la literatura halájica con la disposición a "morir en lugar de transgredir". El cónclave rabínico de Lod (Lydda) en el siglo II e. c., el cual estableció las leyes del martirio (incluidos los tres pecados respecto de los cuales se decía que "hay que morir antes que transgredir")[12] puede haber sido un intento de *limitar* este fenómeno, en lugar de fomentarlo. De estos numerosos episodios, hay uno que destaca por

11. Josefo, *Antiquities of the Jews,* libro 18, cap. 8. Citado por Milton Konvitz en "Conscience and Civil Disobedience in the Jewish Tradition", en *Contemporary Jewish Ethics,* ed. Menachem Kellner (New York: Sanhedrin Press, 1978), 242-43.
12. *Sanedrín* 74a. Los tres pecados fueron el asesinato, la idolatría y el incesto. El martirio fue un problema complejo en varios momentos de la historia judía. Los judíos se encontraron a sí mismos divididos entre dos ideales en conflicto. Por una parte, el autosacrificio era la forma más elevada de *kidush Hashem,* la santificación del Nombre de Dios. Por la otra, el judaísmo posee una marcada preferencia por la vida y su preservación. La literatura rabínica no menciona a los mártires de Masada que se suicidaron para no ser llevados cautivos por los romanos. Las autoridades halájicas medievales fueron ambivalentes respecto de los suicidios colectivos de grupos de judíos en el Norte de Europa durante las Cruzadas.

su audacia teológica. Fue registrado por el historiador judío Shlomo ibn Verga (siglos XV al XVI) y se refiere a la expulsión de España:

> Oí decir a algunos de los ancianos que vinieron de España que uno de los barcos estaba infectado con la peste, y el capitán del navío hizo desembarcar a los pasajeros en algún sitio deshabitado. Y ahí la mayoría murió de hambre, mientras que algunos reunieron todas sus fuerzas para salir a pie en busca de algún lugar habitado.
>
> Entre ellos, había un judío con su esposa e hijos que luchaban por mantenerse en pie. La esposa se desmayó y murió porque no estaba acostumbrada a un caminar tan difícil. El marido llevó consigo a sus hijos hasta que tanto él como ellos se desmayaron de hambre. Cuando recuperó el conocimiento, descubrió que sus dos hijos habían muerto.
>
> Con gran dolor se incorporó y dijo: "Oh, Señor de todo el universo, estás haciendo mucho para que incluso abandone mi fe. Pero Tú sabes ciertamente que –incluso contra la voluntad del cielo– judío soy y judío seguiré siendo. Y nada de lo que has traído sobre mí o de lo que pudieras traer sobre mí será de utilidad alguna".
>
> Entonces, recogió un poco de tierra y un poco de hierba, cubrió a los niños y salió en busca de un sitio poblado.[13] Uno queda atónito ante semejante fe, una fe tan obstinada.

Es casi seguro que esta es la idea que se esconde detrás de un famoso pasaje talmúdico que versa sobre la entrega de la Torá en el Monte Sinaí:

> Y se pararon debajo de la montaña: Dijo R. Avdimi bar Jama bar Jasa: Esto nos enseña que el Santo Bendito Sea, colocó la montaña encima de ellos cual barril y les dijo: "Si aceptan la Torá, estará

13. En el libro de Nahum Glatzer, *A Jewish Reader* (New York: Schocken, 1975), 204-5. Este fue el pasaje que inspiró a la famosa ficción del Holocausto de Zvi Kolitz sobre el desafío de un hombre a Dios en el nombre de Dios, *Yossl Rakover Talks to God* (New York: Vintage, 2000).

> bien. Si no, este será el sitio de su sepultura". R. Aja bar Yaakov observó: Esto constituye una fuerte protesta contra la Torá. Dijo Raba: Aun así, la volvieron a aceptar en los días de Asuero, porque está escrito: "Los judíos confirmaron y aceptaron", es decir, "confirmaron lo que previamente habían aceptado".[14]

El significado de este extraño texto parece ser el siguiente: en el Sinaí (tal como afirma R. Avdimi) el pueblo judío no tuvo más remedio que aceptar el pacto. Acababan de ser rescatados de Egipto. Dios había abierto el mar para ellos. Les había enviado maná del cielo y proveído agua de la roca. La aceptación de un pacto bajo tales circunstancias no puede ser llamada 'libre'.

La verdadera prueba de fe se produjo cuando Dios estaba escondido. La cita de Raba del libro de Ester es directa y precisa. El libro en cuestión es uno de los dos únicos en todo el Tanaj que no contiene el nombre de Dios. Los rabinos sugirieron que el nombre Ester es una alusión a la frase *haster astir et panai*, "ciertamente esconderé Mi rostro". El libro narra la primera orden de genocidio contra el pueblo judío. Que los judíos siguieran siendo judíos en semejantes circunstancias fue una prueba positiva de que efectivamente reafirmaban la validez del pacto. Obstinados en su incredulidad durante gran parte de la era del relato bíblico, se volvieron obstinados en su fe para la posteridad. Enfrentados a la presencia de Dios, lo desobedecieron. Ante Su ausencia, se mantuvieron fieles a Él. Esta es la paradoja del pueblo de la dura cerviz.

No es por casualidad que la narrativa principal del libro de Ester comienza con las palabras: "Y Mordejai no se inclinaba" (Ester 3:2). Su negativa a rendirle pleitesía a Amán pone a la historia en movimiento. También Mordejai es obstinado, ya que hay una sola cosa que resulta difícil de hacer cuando tienes dura cerviz, esto es, inclinarse. A veces a los judíos les resultaba difícil inclinarse ante Dios, pero ciertamente jamás estuvieron dispuestos a inclinarse ante nada menos. Es por eso que, de entre todos los pueblos que han ingresado en la arena de la historia, el judío –incluso en el exilio, dispersos y en todas partes una minoría– no se asimiló a la cultura dominante ni se convirtió a la fe mayoritaria.

14. *Shabat 88a*. Ver el ensayo "El Monte Sinaí y el nacimiento de la libertad", p. 167.

Moisés dijo: "Perdónalos *porque* son un pueblo de dura cerviz", porque llegará el tiempo en el cual semejante obstinación no será una falla trágica sino una lealtad noble y desafiante. Y así llegó a ser.

ID

# *Shabat y el becerro de oro: reflexiones sobre la gran crisis del 2008*

En la introducción a *Pacto y conversación*, en el tomo de *Génesis*, cité una frase del sexto Rebe de Lubavitch que dice: "Debemos vivir con los tiempos –esto significa que debemos vivir con *parashat hashavúa*, la porción semanal de lectura de la Torá".[1] Es esa interfaz entre lo atemporal y lo oportuno la que genera nuevas comprensiones, tanto de la Torá como de los tiempos en los que vivimos. A veces la conexión es tan sorprendente que se convierte en una especie de epifanía, cuando sentimos la palabra de Dios saltando a través de los milenios para dirigirse a nosotros en el presente existencial, con todo su prístino poder. Así fue durante el colapso financiero que seguramente será conocido como la Gran Crisis del 2008.

Menos de una semana antes del colapso a principios de agosto del 2008, el artista británico Damien Hirst puso a la venta una escultura en Sotheby's. Esta se vendió por 10.5 millones de libras esterlinas, uno

1. Jonathan Sacks, Pacto y conversación: Una lectura semanal de la Biblia judía, *Génesis: El libro de los comienzos* (Jerusalén: Maggid Books, 2021), 1.

de los precios más altos jamás pagados por la obra de un artista vivo. A la luz de todo lo que ocurrió después, fue como si del cielo hubiesen enviado una señal de qué es lo que estaba mal en el Occidente contemporáneo. El carácter simbólico del evento radicaba en el nombre de la escultura. Hirst la llamó "El becerro de oro".[2]

La conexión con el precedente bíblico fue profunda. Al igual que el becerro de oro de los días de Moisés (Éxodo 32:1-6), la escultura de Hirst era un símbolo de lo que puede suceder cuando la gente transforma el oro, un medio de intercambio, en un objeto de adoración. En ambas ocasiones, el resultado fue la locura colectiva, exuberancia irracional; lo que Charles Mackay –uno de los primeros en analizar el fenómeno, en 1841– llamó "la locura de las multitudes".[3]

Nuestros sabios dijeron que *Adam bahul al mamono,*[4] es decir, la búsqueda de riqueza puede llevarnos a hacer cosas autodestructivas. Sucedió en la locura del tulipán (tulipomanía o crisis de los tulipanes) en Holanda al final del siglo XVI, en la burbuja del Mar del Sur de 1720 y en el auge inmobiliario de la Florida en la década de 1920 que condujo a la Gran Depresión de 1929. La expectativa exagerada conduce a olas de inversión que se ven reforzadas por el aumento de los precios, hasta que el auge ya no puede ser sostenido. Tal como la calabaza de Jonás, que floreció de la noche a la mañana y pereció al día siguiente.[5] A menudo, los perdedores son justamente los que menos pueden permitirse los efectos de la debacle.

El oro, al igual que el dinero, es un medio, no un objetivo. Cuando se convierte en un fin en sí mismo, estamos ante el preludio de un desastre. En el caso del boom de principios del siglo XXI, las personas estaban obsesionadas con el dinero: salarios, bonificaciones, préstamos, gastos y costosos lujos sin los cuales se podía vivir. *Cuando el dinero manda, recordamos el precio de las cosas y olvidamos el valor de las mismas.* En el año 2008, esto se aplicó principalmente a los precios de las viviendas.

2. *The Guardian,* 29 de Julio 2008: http://www.guardian.co.uk/artanddesign/2008/jul/29/art
3. Charles Mackay, *Extraordinary Popular Delusions and the Madness of Crowds* (Wordsworth Reference, 1995: publicado originalmente en 1841).
4. *Shabat* 117b.
5. Jonás 4:6-9.

El valor de una casa está en el hecho de que es un hogar. El idioma hebreo combina ambas ideas en una sola palabra, *bait*, que significa tanto casa como hogar. Un hogar es un refugio en un mundo sin corazón.[6] Es el sitio al cual pertenecemos y donde, si tenemos suerte, formamos una familia. El hogar es donde aprendemos la poesía de la vida cotidiana, la coreografía del *jesed*, los innumerables actos diarios de reciprocidad y bondad que constituyen el lenguaje del amor.

Sin embargo, en cierto momento, algunos comenzaron a pensar en una casa menos como un hogar y más como una inversión de capital. El valor comenzó a ocupar un segundo plano respecto del precio. El mercado respondió acorde a ello. Los precios de las viviendas comenzaron a subir. Incluso las personas que no pensaban en la plusvalía se vieron obligadas a sumarse a la carrera. Buscaron pedir más dinero prestado, y tanto los bancos como las compañías constructoras se vieron obligadas a idear formas –la más notoria de ellas las hipotecas de alto riesgo– de apalancar los préstamos aún más.

Los préstamos perdieron toda proporción con los ingresos medios y los precios subieron aún más. Fue insostenible. Los banqueros de inversiones más perspicaces –Warren Buffett, George Soros– ya lo habían dicho años antes, pero nadie los escuchó. Las personas, viendo lo que podrían obtener poniendo su casa a la venta, pensaron que se estaban volviendo más ricas, pero en términos reales no era así. Los precios subieron, pero el valor de una casa se mantuvo inalterable. Esto no pudo sino terminar en lágrimas.

Lo que resulta fascinante es el remedio que propone la Torá para el síndrome del becerro de oro. Inmediatamente antes y después de este episodio (Éxodo 31:12-17; 35:1-3), Moisés ordena a los israelitas el *mismo* precepto, es decir Shabat. ¿Por qué justamente este mandato?

Shabat es el antídoto contra el becerro de oro porque es el día en que dejamos de pensar en el *precio* de las cosas y nos centramos en su *valor*. En Shabat no podemos vender ni comprar. No podemos trabajar ni pagar a otros para que trabajen para nosotros. Es el día dedicado a la celebración de las cosas que tienen valor, pero no precio. Los maridos

6. La frase fue extraída del libro de Christopher Lasch, Haven *in a Heartless World* (New York: Basic Books, 1977).

entonan un cántico de alabanza a sus esposas. Los padres bendicen a sus hijos. Nos tomamos el tiempo para comer junto a familiares y amigos. Renovamos nuestro sentido de comunidad en la sinagoga. Las personas comparten sus alegrías –un nuevo hijo, un bar o bat mitzvá, un compromiso, un próximo matrimonio– con los demás. Quienes recitan kadish encuentran consuelo para su dolor. Escuchamos juntos la lectura de la Torá, recordándonos a nosotros mismos la historia de la que somos parte. Rezamos juntos, agradeciéndole a Dios por nuestras bendiciones.

Shabat es nuestro refugio protector de aquello en lo que se han convertido las economías capitalistas tardías, una cultura de consumo. El consumismo se ha transformado en una nueva religión. Sus catedrales son los centros comerciales, su pecado más atroz es *no tener el modelo del año*, y nos promete "terapia de compras", la salvación a través de las adquisiciones y la remisión de nuestros pecados mediante el uso de la tarjeta de crédito. Shabat es precisamente todo lo opuesto: es ese día de cada siete en el cual vivimos la verdad del aforismo de Ben Zoma: "¿Quién es rico? Aquel que se regocija con lo que tiene".[7]

Las sociedades de consumo se basan en la estimulación de la demanda para generar gastos que produzcan crecimiento económico. La publicidad nos ofrece mil halagos para enfocar nuestras mentes en aquello que aún no tenemos. Compre esto, use aquello, adquiera aquí, disfrute allí de sus vacaciones, y hallará la felicidad, hasta el próximo mes cuando descubra todas las demás cosas que aún no tiene. El colapso financiero ocurrió porque la gente pidió prestado dinero que no tenía, para comprar cosas que no necesitaba y alcanzar una felicidad que no duraría.

Por medio de la constante creación de insatisfacción, la sociedad de consumo es de hecho un mecanismo altamente sofisticado para la producción y distribución de la infelicidad. Es por eso que una época de opulencia sin precedentes, también se ha convertido en una era de abuso cada vez mayor de drogas y alcohol, trastornos de alimentación, los síndromes relacionados con el estrés y las enfermedades depresivas.[8] Ninguna esclavitud fue jamás más amable y seductora que el

7. Mishná, *Avot* 4:1.
8. Ver por ejemplo, Oliver James, *Britain on the Couch: Why We´re Unhappier Compared*

consumismo, pero aun así sigue siendo esclavitud; ya que a pesar de la automatización, la informatización y el sinnúmero de dispositivos que tenemos a nuestra disposición que nos ahorran tiempo y esfuerzo, la gente trabaja hoy más duro que hace cincuenta años con un pequeño o nulo aumento en el reporte de su felicidad personal. Esta es la versión contemporánea del síndrome del becerro de oro.

Esta situación es insostenible desde un punto de vista económico, ambiental y psicológico. La contribución más importante del Shabat a las sociedades capitalistas tardías del siglo XXI es que reintroduce en el pensamiento y en la vida la idea de los límites. Hay límites para nuestro esfuerzo, nuestro trabajo, nuestro consumo de los recursos finitos de la tierra, y lo que Thomas Hobbes llamó "el deseo perpetuo e incesante de poder y más poder al que solo la muerte pone fin".[9] Cualquier cultura que pierde su sentido de los límites acaba por autodestruirse. El occidente democrático liberal no será una excepción.

No hace falta decir que no es de esto de lo que trataba originalmente el episodio del becerro de oro, o el mandamiento de Shabat. Sin embargo, hay un punto muy serio en juego. La Torá continúa siendo relevante e incisiva en nuestro tiempo –y esto es parte de lo que significa en realidad el concepto de Torá *min hashamaim*, "Torá del cielo".[10] Si tal como creemos, la Torá es la palabra de Dios, entonces no podemos interpretarla como lo haríamos con un documento humano. Así como Dios es eterno, de igual manera lo es Su palabra. De ahí la primacía que tiene en el judaísmo el *midrash* (el sentido aplicado del texto) por sobre el *pshat* (su sentido "simple").[11] Yo definiría la diferencia existente entre ellos de la siguiente manera: *pshat* es lo que significaba el texto enton-

*with 1950 Despite Being Richer* (London: Century, 1997).

9. Thomas Hobbes, *Leviatán*, parte 1, cap. 11, "De la diferencia de modales".
10. La frase proviene de la Mishná, *Sanedrín* 10:1.
11. Véase a este respecto la importante nota metodológica de Rashbam en su comentario a Génesis 37:2. Los sabios, dice, estaban preocupados por el midrash; él le dedica su comentario al "profundo, simple y claro sentido de las Escrituras" (*omek pshutó shel mikrá*). Hay una amplia literatura sobre el tema, pero véase especialmente Raphael Loewe, *"The 'Plain' Meaning of Scripture in Early Jewish Exegesis"*, *Papers of the Institute of Jewish Studies*, vol. 1 (London: 1964); David Weiss Halivni, *Peshat and Derash: Plain and Applied Meaning in Rabbinic Exegesis* (New York: Oxford University Press, 1991).

ces, *midrash* es lo que significa ahora. La susceptibilidad de la Torá a nuevas interpretaciones en cada generación se deriva de nuestra creencia de que, por medio de sus palabras, Dios se está comunicando con nosotros aquí y ahora.

Shabat ha significado muchas cosas a lo largo del tiempo. Durante la era bíblica fue una protesta constante contra la esclavitud. Ya que uno de cada siete días incluso un esclavo era libre. En épocas posteriores fue una defensa contra la pobreza y la opresión, un momento en el que un pueblo muy afligido hallaba serenidad y respiraba un aire más espacioso. Yehudá Halevi dijo que en Shabat incluso el más pobre de los judíos era más libre que el más poderoso de los reyes.[12] En los tiempos modernos se ha convertido en un contrapeso al estrés y a la cada vez más invasiva presencia de los correos electrónicos, los teléfonos móviles y las presiones del trabajo. En un futuro previsible se convertirá en una importante fuerza contra la sobreexplotación del medio ambiente.

Hay un punto más importante en juego. En su notable libro sobre economía del año 1977, *The Reigning Error (El error imperante)*, William Rees-Mogg (en aquel entonces editor del periódico londinense *The Times*), comenzó con una alabanza a la ley judía. Su argumento era que la inflación –al igual que el ciclo de auge-caída– es una "enfermedad de desorden", o sea, una falta de moderación y control. "Cada generación, cada movimiento que ha intentado rechazar las limitaciones de la humanidad, se ha visto envuelto en el mismo engaño y ha sufrido situaciones similares con consecuencias igualmente inevitables".[13]

Los judíos adquirieron un sistema inmunológico contra esta afección porque fueron educados en el sufrimiento. "La sabiduría del sufrimiento es la sapiencia de la humildad. Es la prosperidad la que tienta a las personas a olvidar los límites de la naturaleza humana y los límites del poder del hombre. El sufrimiento educa a los hombres a aceptar sus propias naturalezas limitadas de la misma manera que la disciplina de

12. Ver *El cuzarí*, libro III, 10.
13. William Rees-Mogg, *The Reigning Error: The Crisis of World Inflation* (London: Hamilton, 1974), 9-11.

un padre, por muy afable que sea, educa al niño a aceptar el orden y la moderación".[14]

La ley judía convirtió esto en una disciplina continua de autocontrol, un "límite para la energía de la naturaleza humana". Rees-Mogg lo compara con el revestimiento necesario para poder contener la energía nuclear. "De la misma manera, la energía del pueblo judío ha sido encerrada en un tipo diferente de contenedor, la ley. Eso ha actuado como una botella en cuyo interior esta energía espiritual e intelectual pudo ser contenida; y solo porque se pudo mantener ha sido posible hacer uso de ella. Esta no se ha limitado a explotar o dispersarse, sino que ha podido ser aprovechada como un poder continuo".[15] La halajá, la ley judía, establece límites y demarca fronteras. Es por eso que las energías judías sobrevivieron intactas a través del tiempo. Si bien Rees-Mogg no se refiere a él específicamente, el Shabat es un ejemplo de ello, quizás el supremo.

Shabat, uno de los primeros mandamientos que Moisés le dio al pueblo judío, sigue siendo tan relevante ahora como lo era entonces. Nos dice que la felicidad no reside en lo que compramos sino en lo que somos; que la verdadera satisfacción no se encuentra buscando lo que nos falta sino dando gracias por lo que tenemos; y que nunca debemos permitirnos estar tan ocupados en ganarnos la vida que tengamos muy poco tiempo para vivirla. Por sobre todas las cosas, nunca debemos dejarnos guiar por la multitud cuando esta sale en estampida en busca de ganancias, porque es así como el oro se convierte en un becerro de oro.

ID

14. Ídem., 10.
15. Ídem., 12.

# *Contando judíos*

La *parashá* de esta semana comienza con la orden de Dios a Moisés de censar al pueblo; sin embargo, está redactada de un modo muy curioso. A Moisés se le dice que no cuente al pueblo de manera directa sino indirectamente. Cada israelita debía entregar medio siclo de plata, y solo así se podía calcular su número. Este es el versículo en el que se da la orden:

> Cuando efectúes un censo [literalmente, "cuando levantes la cabeza"] de los israelitas para determinar su número, cada uno dará al Eterno una ofrenda de expiación por su vida cuando sean contados, para que no sean atacados por la peste al ser censados (Éxodo 30:12).

Evidentemente, resulta peligroso contar judíos. Esto se ve confirmado por un episodio posterior en la historia judía, relatado en el segundo libro de Samuel capítulo 24. En una ocasión, el rey David decidió censar al pueblo. Su jefe de gabinete, Joab, lo desaconsejó firmemente:

> Pero Joab respondió al rey: "Que el Eterno tu Dios multiplique las tropas cien veces, y que los ojos de mi señor el rey lo vean.

> Pero ¿por qué mi señor el rey quiere hacer semejante cosa?" (II Samuel 24:3).

Sin embargo, David desechó su consejo. Una vez realizado el censo comenzó a darse cuenta de que había hecho un gran mal; su conciencia lo atormentó tras haber contado a sus guerreros y le dijo al Eterno: "He pecado en gran manera con lo que he hecho. Ahora, oh Eterno, te ruego que quites la culpa de Tu siervo. He cometido una gran tontería" (24:10). A pesar del arrepentimiento de David, el resultado fue una tragedia. Una plaga azotó al pueblo cobrándose muchas vidas.

Hay aquí un misterio tentador. ¿Por qué resulta peligroso contar judíos? Los comentaristas en *Ki Tisá* ofrecen numerosas sugerencias. Rashi dice que contar conlleva el peligro del "mal de ojo".[1] Rabenu Bejaié sugiere que cuando se cuenta a las personas se las numera de a una y no a todas juntas. Por un momento son individuos, separados de la comunidad. Por lo tanto existe el peligro de que el mérito particular de una persona no sea lo suficientemente grande como para salvarla de un juicio adverso.[2] Sforno dice que un censo nos recuerda el cambio; llama la atención tanto sobre quienes han fallecido como sobre quienes aún están con vida. Esto también resulta peligroso ya que plantea la pregunta: ¿con qué derecho estoy yo aquí y otros ya no?[3] Para evitar esto debemos entregar, a modo de rescate, un obsequio para el Templo y su servicio divino.

Aunque solo sea a modo de midrash, y sin sugerir que este sea el sentido literal del versículo, ofrezco otra interpretación. ¿Por qué normalmente las naciones censan a sus poblaciones? Para establecer su poderío: militar (el número de personas que pueden ser reclutadas al ejército), económico (el número de personas a quienes se les pueden recaudar impuestos) o simplemente demográfico (el ascenso o el declive numérico de la nación). El supuesto detrás de cada censo es: hay fuerza en los números. Cuanto más numeroso es un pueblo, más fuerte es.

Es por eso que resulta peligroso contar a los judíos. Somos un

1. Rashi, comentario a Éxodo 30:12.
2. Rabenu Bejaié, comentario a Éxodo 30:12.
3. Sforno, comentario a Éxodo 30:12.

pueblo diminuto. El difunto Milton Himmelfarb escribió una vez que la población total de judíos en todo el mundo es menor que un pequeño error estadístico en el censo chino.[4] Somos un 0.2 % de la población mundial; demasiado pequeños como para resultar significativos según cualquier estándar. Esto tampoco es cierto solo ahora. Lo fue entonces. En uno de sus discursos finales en Deuteronomio, Moisés dijo:

> "El Eterno no ha puesto en ustedes Su cariño ni los ha escogido por eran más numerosos que otras naciones, ya que son el más pequeño de todos los pueblos" (Deuteronomio 7:7).

El peligro al contar judíos es que si ellos creyeran, aunque sea solo por un momento, que la fuerza está en los números, hace tiempo que el pueblo judío habría cedido a la desesperación.

Entonces, ¿cómo se estima la fuerza del pueblo judío? Sugiero que a esta interrogante la Torá otorga una respuesta de incomparable belleza. Pide a *los judíos que den, y después cuenta sus contribuciones.* Numéricamente somos pequeños, pero en términos de nuestras contribuciones a la civilización y a la humanidad, somos enormes.

Pensemos solo en los forjadores del pensamiento moderno: en física, Einstein; en filosofía, Wittgenstein; en sociología, Durkheim; en antropología, Levi-Strauss; en psiquiatría, Freud; en economía, toda una serie de grandes pensadores que va desde David Ricardo hasta Milton Friedman, Alan Greenspan y Joe Stiglitz (incluido el cuarenta por ciento de los galardonados con el Premio Nobel de Economía). En literatura hubo escritores desde Proust hasta Kafka, Agnon y Isaac Bashevis Singer; en música, compositores clásicos como Mahler y Schönberg, y populares como Irving Berlin y George Gershwin, así como también algunos de los más grandes solistas y directores de orquesta del mundo.

Los judíos han obtenido cuarenta y ocho premios Nobel de Medicina. Han realizado destacadas contribuciones al derecho (en Gran Bretaña, donde son medio punto porcentual de la población, han contribuido con al menos dos de los tres últimos Lord Chief Justices, Presidentes del Tribunal Supremo de Justicia, el cargo judicial más

4. Milton Himmelfarb, *Jews and Gentiles* (New York: Encounter Books, 2007), 141-42.

encumbrado del país: los lores Peter Taylor y Harry Woolf). Y todo ello sin mencionar los aportes judíos a la industria, las finanzas, la vida académica, los medios de comunicación y la política (durante el gobierno del Primer Ministro británico John Major, en un momento dado tanto el Ministro del Interior como el Ministro de Asuntos Exteriores eran judíos: Michael Howard y Malcolm Rifkind). Al momento de escribir el presente artículo –inicios del año 2010– los portavoces de ambas cámaras, la de los Lores y la de los Comunes, son judíos (John Bercow y la baronesa Hayman).

También en los Estados Unidos encontramos judíos entre los juristas más distinguidos: Louis Brandeis, Benjamin Cardozo, Felix Frankfurter y Ruth Bader Ginsburg. La psicoterapia –una invención judía– sigue estando dominada por practicantes judíos; entre ellos Aaron T. Beck, el creador de la terapia cognitiva y Martin Seligman, pionero de la psicología positiva. Hollywood prácticamente fue una creación judía, y los judíos estadounidenses han realizado contribuciones desproporcionadas a las artes, la música, la medicina y la vida académica.[5]

Pero por supuesto, es la contribución judía a la vida del espíritu la que no solo resulta singular, sino que además ha dado forma a todo el curso de la civilización occidental.[6] De alguna manera, este pequeño pueblo produjo un flujo incesante de patriarcas, sacerdotes, poetas y profetas, maestros de halajá y agadá, codificadores y comentaristas, filósofos y místicos, sabios y santos, de un modo que casi desafía la comprensión. No fue solamente una vez que la imaginación judía produjo chispas de genialidad, sino que lo hizo siglo tras siglo, a veces bajo la peor persecución conocida por cualquier nación sobre la faz de la tierra. Una y otra vez, tras la tragedia, el pueblo judío se renovó en un estallido de creatividad. La destrucción del Primer Templo dio lugar a un estudio sistemático de la Torá en Babilonia. La destrucción del Segundo Templo precipitó la aparición de la gran literatura de la tradición Oral: el Midrash, la Mishná y el Talmud. Los encuentros con los caraítas y

5. Para dos estudios interesantes, ver Andrew R. Heinze, *Jews and the American Soul* (Princeton University Press, 2004) y Yuri Slezkine, *The Jewish Century* (Princeton University Press, 2004).
6. Ver Thomas Cahill, *The Gifts of the Jews* (New York: Nan Talese, 1998).

posteriormente con los cristianos, produjeron los grandes comentarios a la Torá. El desafío del neoplatonismo y el neoaristotelismo islámicos generó una de las grandes épocas de la filosofía judía en España entre los siglos XII y XIV.

Si deseas conocer la fuerza del pueblo judío, primero pídeles que den y luego numera sus contribuciones. Esta es la majestuosa idea al comienzo de la *parashá* de esta semana.

No se trata de una mera conjetura. Al menos un episodio bíblico parece insinuar esta verdad. Ocurre en los capítulos sexto y séptimo del libro de los Jueces. Los israelitas han sufrido una devastadora serie de ataques de parte de los midianitas. Dios llamó a un guerrero, Gedeón, y le dijo que fuera a la guerra contra ellos. Gedeón reunió debidamente a un ejército de treinta y dos mil hombres. Dios respondió con la que seguramente debe ser una de las frases más extrañas de la historia: "Tienes demasiados hombres para que Yo entregue a Midián en sus manos" (Jueces 7:2). Dios le dice a Gedeón que anuncie que cualquiera que desease volver a casa debe hacerlo. Así lo hicieron veintidós mil hombres; solo quedaron diez mil. Dios dijo: "Todavía hay demasiados hombres".

Le dijo a Gedeón que llevara a los hombres a un lugar con agua y observara cómo bebían. Nueve mil setecientos se arrodillaron ante el agua para beberla directamente. Solo trescientos tomaron el agua en sus manos y la bebieron mientras se mantuvieron de pie. Dios le dijo a Gedeón que despidiera a la gran mayoría de las tropas dejando solamente a trescientos, un número absurdamente bajo para cualquier acción militar, y mucho menos para una guerra contra un poderoso enemigo. Solo entonces Dios le dijo a Gedeón: "Con los trescientos hombres que lamieron el agua que habían llevado a su boca te salvaré y entregaré a los midianitas en tus manos" (7:7). Montando una ofensiva sorpresa por la noche y empleando tácticas ingeniosas para sugerir la presencia de un gran ejército, Gedeón atacó y ganó.

Está claro que esta no es solo una historia sobre la guerra. El Tanaj es un texto religioso, no militar. Lo que Dios le estaba diciendo a Gedeón –y es lo que ha estado diciéndonos tácitamente tanto a nosotros como a nuestros ancestros desde hace cuarenta siglos– es que para ganar la batalla judía, la batalla del espíritu, para alcanzar la victoria del corazón, de la mente y del alma, no necesitas números. Necesitas dedicación, compromiso, estudio, rezo, visión, coraje, ideales y esperanza. Necesitas un pueblo que esté instintivamente inclinado a dar, a contribuir. Dar y luego contar las contribuciones: la mejor manera jamás ideada de medir la fortaleza de un pueblo.

ID

# *Despertar desde arriba, despertar desde abajo*

Hay dos objetos que enmarcan los épicos eventos de la *parashá* de esta semana -los dos juegos de tablas de la ley, el primero entregado antes del pecado del becerro de oro, y el segundo después de este episodio. Del primero leemos:

> Las tablas eran obra de Dios; la escritura era la escritura de Dios, grabada sobre las tablas (Éxodo 32:16).

Estos fueron quizás los objetos más sagrados de la historia: obra de Dios de principio a fin. Sin embargo, a las pocas horas de recibidos yacían destrozados por Moisés cuando vio el becerro y a los israelitas bailando a su alrededor.

Las segundas tablas, bajadas por Moisés el décimo día del mes de Tishrei, fueron el resultado de su prolongada súplica ante Dios para que perdonara al pueblo. Este es el evento histórico que subyace a Yom Kipur, el Día de la Expiación, marcado para la posteridad como un tiempo de buena disposición, perdón y reconciliación entre Dios y el pueblo judío. Las segundas tablas eran diferentes en un aspecto. No fueron enteramente obra de Dios:

> Talla dos tablas de piedra como las primeras, y escribiré sobre ellas las palabras que se encontraban en las primeras tablas que tú quebraste (Éxodo 34:1).

De ahí la paradoja: las primeras tablas, hechas por Dios, no permanecieron intactas. Las segundas tablas, que fueran obra conjunta de Dios y Moisés, sí lo hicieron. Seguramente lo contrario debería haber sido cierto: cuanto mayor es la santidad, más eternas han de ser. ¿Por qué el objeto más sagrado fue quebrado mientras que el menos santo permaneció íntegro? Esta no es, como podría parecer, una cuestión específica vinculada a las tablas. De hecho, se trata de un poderoso ejemplo de un principio fundamental en la espiritualidad judía.

Los místicos judíos distinguieron entre dos tipos de encuentro entre lo divino y lo humano. Los llamaron *itaruta deleeila* e *itaruta deletata,* respectivamente "un despertar desde arriba" y "un despertar desde abajo".[1] El primero es iniciado por Dios, el segundo por la humanidad. Un "despertar desde arriba" es espectacular, sobrenatural, un evento que irrumpe a través de las cadenas de la causalidad que en otras ocasiones atan el mundo natural. Un "despertar desde abajo" carece de semejante grandeza. Es un gesto humano, demasiado humano.

Sin embargo existe otra diferencia entre ellos, en una dirección contraria. Un "despertar desde arriba" puede modificar la naturaleza en general, pero no cambia, en sí mismo, la naturaleza humana. En él no se ha ampliado ningún esfuerzo humano. Aquellos a quienes les sucede son pasivos. Mientras se manifiesta resulta abrumador; pero solo mientras dura. Después de eso las personas vuelven a lo que eran. Por el contrario, "un despertar desde abajo" deja una huella permanente.[2]

Debido a que los seres humanos han tomado la iniciativa, algo en ellos cambia. Sus horizontes de posibilidades se ven ampliados. Ahora saben que son capaces de realizar grandes cosas, y dado que lo hicieron una vez, son conscientes de que pueden volver a hacerlo. Un despertar desde arriba transforma temporalmente el mundo exterior; un despertar

1. Estos conceptos están presentes en el libro del Zohar. Ver Byron Sherwin, *Kabbalah: An Introduction to Jewish Mysticism* (Lanham, Rowman and Littlefield, 2006), 165.
2. Ver el ensayo "Un hogar portátil", p. 209.

desde abajo transforma permanentemente nuestro mundo interior. El primero modifica el universo, el segundo nos cambia a nosotros.

Hay dos ejemplos dentro del libro de Éxodo que ilustran maravillosamente este concepto.

El primero se refiere a los israelitas en sus encuentros con sus enemigos. Debieron enfrentarlos tanto antes como después de la división del Mar de los Juncos: antes, a los egipcios; después a los amalecitas. La diferencia entre estos encuentros es radical.

En el enfrentamiento previo al cruce del Mar de los Juncos, a los israelitas se les ordenó no hacer nada: "Permanezcan quietos y verán la liberación que Dios les traerá hoy... Dios luchará por ustedes, solo necesitan mantenerse quietos" (14:13-14). Sin embargo, frente a los amalecitas, los propios israelitas tuvieron que luchar: "Moisés le dijo a Josué: 'Escoge hombres, sal y lucha contra los amalecitas...'" (17:9). El primer encuentro resultó en un "despertar desde arriba"; el segundo, en un "despertar desde abajo".

La diferencia era palpable. En el primer conflicto los israelitas se quejaron amargamente: "¿Acaso fue porque no había tumbas en Egipto que nos trajiste a morir al desierto? ¿Qué nos has hecho sacándonos de Egipto? ¿Acaso no te dijimos en Egipto: 'Déjanos en paz, deja que sirvamos a los egipcios'? ¡Hubiera sido mejor para nosotros servir a los egipcios que morir en el desierto!" (14:11-12). Sin embargo durante la guerra contra los amalecitas no hubo quejas. Los israelitas simplemente lucharon bajo el liderazgo de Josué, inspirándose en los brazos extendidos de Moisés (17:11). Era como si se hubieran convertido en un pueblo diferente. Las batallas que son libradas por nosotros no nos cambian; aquellas que nosotros mismos libramos, sí lo hacen.

El segundo ejemplo es el Monte Sinaí y el Tabernáculo. La Torá habla de estas dos revelaciones de la "gloria de Dios" en términos casi idénticos.

> El Monte Sinaí: "La gloria de Dios se posó sobre el Monte Sinaí. Durante seis días la nube cubrió la montaña, y al séptimo día Dios llamó a Moisés desde dentro de la nube" (Éxodo 24:16).

> El Tabernáculo: "Entonces la nube cubrió la Tienda de la Reunión y la gloria de Dios llenó el Tabernáculo" (Éxodo 40:34).

La diferencia entre ellas fue que la santidad del Monte Sinaí resultó ser momentánea, mientras que la del Tabernáculo fue permanente (al menos hasta que siglos después se construyera el Templo). La revelación en el Sinaí fue un "despertar desde arriba". Fue iniciado por Dios. Resultó tan abrumador que el pueblo le dijo a Moisés: "No dejes que Dios nos siga hablando, pues si lo hace, moriremos" (20:16). Por el contrario, el Tabernáculo implicó labor humana. Los israelitas lo hicieron, prepararon el espacio estructurado que la Divina Presencia eventualmente llenaría. Cuarenta días después de la revelación en el Sinaí, los israelitas elaboraron el becerro de oro. Pero tras construir el Santuario ya no hicieron más ídolos –al menos hasta que entraron a la tierra de Israel cuarenta años más tarde– pero esa generación no los hizo en absoluto. Esa es la diferencia entre las cosas que se hacen por nosotros y las cosas de cuya realización formamos parte. Lo primero nos cambia por un momento, lo segundo para toda la vida.

Hubo otra diferencia entre las primeras y las segundas tablas. Según la tradición, cuando Moisés recibió las primeras tablas se le entregó únicamente la Torá *shebijtav*, la "Torá Escrita". Al recibir las segundas tablas se le entregó también la Torá *shebealpé*, la Torá Oral:

> Dijo Rabí Yojanán: Dios estableció un pacto con Israel solo en aras de la Ley Oral, tal como dice [en el contexto de las segundas tablas]: "Porque por la boca [al pí] de estas palabras he establecido un pacto contigo y con Israel" (Éxodo 34:27).[3]

La diferencia entre la Torá Escrita y la Oral es profunda. La primera es la palabra de Dios sin contribución humana. La segunda es una sociedad, la palabra de Dios es interpretada por la mente del hombre. Lo siguientes son dos de varios pasajes notables que expresan esta idea:

> Rabí Yehudá dijo en nombre de Shmuel: Tres mil leyes tradicionales [halajot, reglas pertenecientes a la Ley Oral] fueron olvidadas durante el período de duelo por Moisés. Ellos [los israelitas] le dijeron a Josué: "Pregunta" [por medio del *ruaj hakodesh*,

3. *Guitín* 60a.

> el espíritu de santidad]. Josué respondió: "No está en el cielo". Le dijeron a Samuel: "Pregunta". Él respondió: "Estos son los mandamientos –implicando que ningún profeta tiene derecho a introducir nada nuevo".[4] "Si mil profetas de la estatura de Elías o Eliseo dieran una interpretación de un versículo, y mil y un sabios ofrecieran una explicación diferente, seguimos a la mayoría: la ley es de acuerdo con la opinión de mil y un sabios y no según la de mil profetas".[5]

Cualquier intento de reducir la Torá Oral a la Escrita –basándose en la profecía o la comunicación divina– confunde su naturaleza esencial como asociación colaborativa entre Dios y el hombre, donde la revelación se encuentra con la interpretación. De este modo, la diferencia entre ambas refleja exactamente la que existe entre las primeras y las segundas tablas. Las primeras eran divinas, las segundas eran el resultado de la colaboración entre Dios y los seres humanos. Esto nos ayuda a comprender una ambigüedad gloriosa. La Torá dice que en el Sinaí los israelitas escucharon una "gran voz *veló yasaf*" (Deuteronomio 5:19). Se dan dos interpretaciones contradictorias a esta expresión. Una la lee como "una gran voz que nunca se volvió a escuchar",[6] la otra como "una gran voz que no cesó",[7] una voz que siempre fue vuelta a escuchar. El motivo de esta ambigüedad es que ambas interpretaciones son verdaderas. La primera se refiere a la Torá Escrita, que fue entregada una vez y nunca fue repetida. La segunda aplica a la Torá Oral, cuyo estudio jamás ha cesado.

Esto también nos ayuda a entender por qué fue que solamente después de las segundas tablas y no de las primeras que "Cuando Moisés descendió del Monte Sinaí con las dos tablas del Testimonio en sus manos, no se dio cuenta que su rostro estaba radiante porque había hablado con Dios" (34:29). Al recibir las primeras tablas Moisés había jugado un rol pasivo. Por lo tanto nada en él cambió. Al recibir las segundas, él había participado en su elaboración. Había jugado un rol activo.

4. *Temurá* 16a.
5. Rambam, comentario a la Mishná, introducción.
6. Saadia Gaon, Rashbam e Ibn Ezra a Deuteronomio 5:19.
7. Rashi, comentario a Deuteronomio 5:19, sobre la base del Targum Onkelos.

Talló las piedras en las que se grabarían las palabras. Esto lo convirtió en una persona diferente. Su rostro brilló.

En el judaísmo, lo natural es más importante que lo sobrenatural en el sentido de que "un despertar desde abajo" es más poderoso para transformarnos, y sus efectos son más duraderos que "un despertar desde arriba". Por eso las segundas tablas sobrevivieron intactas mientras que las primeras no. La intervención divina cambia la naturaleza, pero es la iniciativa humana –nuestro acercamiento a Dios– la que nos cambia a nosotros.

ID

# Vayakel
# ויקהל

Inmediatamente después de su regreso de la cima de la montaña, habiendo obtenido el perdón para el pueblo tras el pecado del becerro de oro, Moisés reúne a los israelitas y les imparte órdenes: en primer lugar acerca del Shabat, y luego sobre la construcción del Tabernáculo. La *parashá* repite mucho de lo que fue dicho anteriormente en la porción de *Terumá,* con esta diferencia: allí leemos las instrucciones, aquí leemos su ejecución. El pueblo aporta de buena gana, y tanto Betzalel como Aholiab, los artesanos designados, modelan las distintas estructuras.

El primero de los siguientes ensayos analiza las diferentes ubicaciones del mandamiento de Shabat, en este relato y en el anterior. Aquí precede a los mandamientos relativos al Tabernáculo, allá los sigue. ¿Por qué tal diferencia? El segundo ensayo se centra en la palabra que da su nombre a la *parashá, Vayakel,* vocablo proveniente de la misma raíz que *kehilá,* comunidad. En el judaísmo hay tres formas de comunidad. ¿Cuáles son sus diferencias? El tercero pregunta por qué el largo relato sobre la construcción del Tabernáculo aparece en el libro de Éxodo, un libro sobre la construcción de una nación. La respuesta a esta interrogante tiene una sorprendente relevancia para los problemas de las sociedades multiculturales de la actualidad. El cuarto, siguiendo el ejemplo del arte de Betzalel, explora el lugar de la estética en el judaísmo.

# *Shabat: ¿el primer día o el último?*

En el inmensamente largo y detallado relato de la realización del Tabernáculo, la Torá cuenta la historia dos veces: la primera como instrucción divina (Éxodo 25:1-31:17), y luego como implementación humana (capítulos 35-40). En ambos casos, la construcción del edificio se yuxtapone al mandamiento de guardar el Shabat (31:12-17; 35:1-2).

Esto tiene implicaciones tanto halájicas como teológicas. En primer lugar, según la tradición judía, la yuxtaposición tenía como objetivo establecer la norma de que el Shabat tiene preeminencia por sobre la construcción del Tabernáculo.[1]

El séptimo día no solo es el momento en el cual termina el trabajo secular. También trae descanso de la más sagrada de las labores: erigir una casa para Dios. De hecho, la tradición oral definió *melajá,* "trabajo creativo, artesanía" –cuya realización está prohibida en Shabat–, en términos de las treinta y nueve actividades involucradas en la construcción del Santuario.

En un nivel más metafísico, el Santuario refleja –es la contraparte

1. *Shabat* 49b; ver Rashi, comentario a Éxodo 3:13, 35:2.

humana de– la creación divina del universo.[2] Tal como la creación divina culmina en el Shabat, lo mismo ocurre con la creación humana. La santidad del lugar pasa a un segundo plano frente a la santidad del tiempo.[3]

Sin embargo, hay una marcada diferencia entre el relato de la instrucción de Dios a Moisés para construir el Santuario, y la instrucción dada por Moisés al pueblo. En el primer caso, en la *parashá* de *Ki Tisá,* el mandamiento del Shabat aparece al final, después de los detalles de la construcción. En el segundo, en la porción de *Vayakel,* aparece al principio, antes de los detalles. ¿Por qué?

El Talmud plantea la siguiente pregunta: ¿Qué pasa si estás lejos de cualquier sitio habitado y se te olvida qué día es? ¿Cómo haces para observar el Shabat? Se ofrecen dos respuestas:

> Dijo Rav Huna: "Si uno viaja por un camino o por un desierto y no sabe cuándo es Shabat, debe contar seis días [desde el día en que se da cuenta que se ha olvidado] y observar uno". Rabí Jiya bar Rav dijo: "Debe observar un día y luego contar seis (hábiles)". ¿En qué difieren? Un maestro sostiene que la situación se asemeja a la creación del mundo. El otro sostiene que es similar a [el caso de] Adán.[4]

Desde el punto de vista de Dios, el Shabat era el séptimo día. Desde la perspectiva de los primeros seres humanos –que fueron creados en el sexto día– el Shabat era el primero. El debate gira en torno a qué perspectiva se debería adoptar. Así, en el nivel más simple, entendemos por qué el Shabat llega en último lugar cuando Dios habla sobre el Tabernáculo, y por qué figura en el primero cuando lo hace Moisés, un ser humano. Para Dios, el Shabat fue el último día de la creación; para los seres humanos fue el primero.

Sin embargo, hay algo más fundamental en juego. Cuando se trata de la creación divina, no hay brecha entre intención y ejecución. Dios

2. Ver el ensayo "El hogar que hacemos para Dios", p. 219.
3. Para más sobre esta cuestión, ver el libro de A. J. Heschel *The Sabbath* (Farrar, Straus and Giroux, 1983).
4. *Shabat* 69b.

habló y el mundo surgió.[5] En relación a Dios, Isaías dice: "Hago saber el final desde el principio, desde la antigüedad hasta lo que aún está por venir. Yo digo: Mi propósito perdurará y haré todo lo que desee" (Isaías 46:10). Dios sabe de antemano cómo resultarán las cosas.

Con los seres humanos es diferente. Muchas veces no podemos ver el final desde el principio, el resultado desde el inicio. Un gran novelista puede no saber cómo habrá de resultar la historia hasta que la haya escrito, ni un compositor una sinfonía, ni un artista una pintura. La creatividad está plagada de riesgos. Cuánto más en el caso de la historia humana. La "ley de las consecuencias no deseadas" nos dice que rara vez las revoluciones resultan tal como fueron planeadas. Políticas diseñadas para ayudar a los pobres pueden surtir el efecto contrario.[6] Hayek acuñó la expresión "la presunción fatal" para lo que él veía como el casi inevitable fracaso de la ingeniería social: la idea de que se puede planificar el comportamiento humano por adelantado.[7] No se puede. Por lo tanto, la ingeniería social a gran escala está condenada al fracaso.[8]

Una alternativa es simplemente dejar que las cosas sucedan como lo harán. Sin embargo, este tipo de resignación está completamente en desacuerdo con la visión judía de la historia. Los sabios dijeron: "Dondequiera que encuentres la palabra vayehi ['y aconteció'] siempre se trata del preludio de una tragedia".[9] Cuando las cosas simplemente ocurren, rara vez tienen un final feliz.

La otra solución –por lo que yo sé, exclusiva del judaísmo– implica revelar el final desde el principio. Ese es el significado del Shabat. Shabat no es solamente un día de descanso. Es una anticipación del "final de la historia", la era mesiánica. En él, recuperamos las armonías

5. Esta expresión proviene de la plegaria *Baruj Sheamar* que se recita durante el rezo matutino.
6. Un ejemplo clásico es el fracaso de las políticas de bienestar social impulsadas en los años 60 en los Estados Unidos y Gran Bretaña con la intención de reducir la pobreza. Para 1980 era más alta que antes. Ver Charles Murray, *Losing Ground* (Basic Books, 1984).
7. Friedrich Hayek, *The Fatal Conceit* (London: Routledge, 1988).
8. Esa fue también la opinión de Karl Popper, *The Poverty of Historicism* (Routledge and Kegan Paul, 1961).
9. *Meguilá* 10b; *Vaikrá Rabá* 11:7.

perdidas del Jardín del Edén. No nos esforzamos por hacer; estamos contentos de ser. No se nos permite manipular el mundo; en vez de ello, lo celebramos como la suprema obra de arte de Dios. No se nos permite ejercer poder o dominio sobre otros seres humanos, ni aún sobre animales domésticos. El rico y el pobre viven en el Shabat por igual, con la misma dignidad y libertad.

Ninguna utopía se ha visto jamás realizada (el mismo vocablo "utopía" significa "ningún lugar") –con una excepción: "El Mundo Venidero". El motivo es que lo ensayamos todas las semanas, un día de cada siete. El Shabat es un ensayo general para una sociedad ideal que todavía no ha sucedido, pero que lo hará, porque sabemos a qué aspiramos, porque la experimentamos desde el principio.

Ahora comenzamos a sentir todo el drama simbólico de la realización del Tabernáculo. En el desierto, mucho antes de que cruzaran el Jordán e ingresaran a la tierra prometida, Dios les dijo a los israelitas que construyeran un universo en miniatura. Este sería un sitio de un orden cuidadosamente calibrado tal como lo es el universo. Hoy en día, los científicos denominan a esto el "principio antrópico", el hallazgo de que las leyes de la física y la química están finamente sintonizadas para permitir que emerja la vida.[10] Del mismo modo, el Tabernáculo debía ser exacto en su construcción y en sus dimensiones.

La construcción del Tabernáculo fue un prototipo simbólico de la construcción de una sociedad. Tal como era un hogar terrenal para la Presencia Divina, así también la sociedad lo sería si los israelitas honraban las leyes de Dios. El fin último de tal sociedad es alcanzar la armonía de la existencia, que aún no hemos experimentado, viviendo como lo hacemos, en un mundo de trabajo y esfuerzo, conflicto y competencia.

Sin embargo, Dios quería que supiéramos a qué aspirábamos para que no perdiéramos nuestro camino en el desierto del tiempo. Por eso, en lo que respecta a la ejecución humana de la edificación, el Shabat vino primero; aunque en términos globales, la era mesiánica, "el Shabat de la historia", llegará al final. Dios "hizo saber el final desde el principio"

10. Ver John Barrow, *The Anthropic Cosmological Principle* (Oxford University Press, 1988); Paul Davies, *The Goldilocks Enigma* (Allen Lane, 2006); Martin Rees, *Just Six Numbers: The Deep Forces That Shape the Universe* (Phoenix, 2000).

(Isaías 46:10) –el descanso pleno que sigue a la labor creativa; la paz que algún día reemplazará a la lucha– para que podamos vislumbrar el destino antes de iniciar el viaje.

Allí llegarán solo aquellos que sepan hacia dónde viajan, por más rápido o lento que vayan.

ID

# *Tres tipos de comunidad*

Se había producido un largo drama. Moisés había guiado al pueblo de la esclavitud hacia el inicio del camino a la libertad. El pueblo mismo había contemplado a Dios en el Monte Sinaí, la única vez en toda la historia en que un pueblo entero se había convertido en receptor de la revelación. Luego vino la desaparición de Moisés durante su prolongada permanencia en la cima de la montaña, ausencia que condujo al mayor pecado colectivo de los israelitas: la elaboración del becerro de oro. Moisés regresó a la montaña para pedir perdón, y este le fue otorgado.

Su símbolo fue el segundo par de tablas. Ahora la vida debía volver a comenzar. Un pueblo destrozado debe ser reconstruido. ¿Cómo procede Moisés? El versículo con el que comienza la *parashá* contiene la clave:

> Moisés reunió (*vayakel*) a toda la comunidad israelita y les dijo: "Estas son las cosas que Dios les ha ordenado hacer" (Éxodo 35:1).

El verbo *vayakel* que da su nombre a la *parashá,* es esencial para comprender la tarea en la que Moisés está comprometido. Porque el uso de esta palabra nos recuerda una ocasión anterior en la que apareció:[1]

> Cuando el pueblo vio que Moisés tardaba en descender de la montaña, se reunieron (*vaykahel*) alrededor de Aarón y dijeron: "Ven, haznos dioses para que vayan delante nuestro" (32:1).

El acto de Moisés es lo que los cabalistas llaman un *tikún*: una restauración, una reparación, la redención de un delito menor del pasado. Así como en su momento el pecado fue cometido por el pueblo actuando como una comunidad, un *kahal* o una *kehilá*, ahora, la expiación se alcanzaría actuando nuevamente como *kehilá*, esta vez erigiendo un hogar [*Mishkán*] para la Presencia Divina, tal como anteriormente habían intentado elaborar un sustituto para esta. Moisés organiza y coordina al pueblo para bien, tal como ellos se habían reunido antes para mal.

Sin embargo, para comprender el profundo significado del versículo inicial en la *parashá* necesitamos reflexionar más profundamente sobre la naturaleza de la comunidad en el judaísmo.

En el hebreo clásico hay tres palabras diferentes para designar a la comunidad: *edá, tzibur* y *kehilá*, las cuales significan tres tipos diferentes de asociación.

*Edá* proviene de la palabra *ed*, que significa "testigo". El verbo *ya'ad*, del cual proviene el vocablo *ed*, lleva el significado de "nombrar, fijar, asignar, destinar, apartar, designar o determinar". El sustantivo hebreo moderno *teudá* significa "certificado, documento, atestación, fin, objeto, propósito o misión". Las personas que constituyen una *edá* tienen un fuerte sentido de identidad colectiva. Han presenciado las mismas cosas. Están empeñadas en un mismo propósito. El pueblo judío se transformó en una *edá* –una comunidad de fe compartida– solamente al recibir el primer mandato:

1. Este tipo de alusión verbal de un texto a otro era una regla habitual de interpretación rabínica conocida bajo el nombre de *gzerá shavá*. Franz Rosenzweig y Martin Buber desarrollaron el concepto literario más amplio de *palabra-motivo*, al tiempo que en los años 60 Julia Kristeva acuñó el término "intertextualidad" para describir la manera aún más amplia en la que dos o más textos pueden fungir como comentarios entre sí. El ejemplo actual es un caso clave de intertextualidad.

> "Dile a toda la comunidad de Israel [*adat Israel*] que el día diez de este mes cada hombre tomará un cordero para su familia, uno para cada hogar" (Éxodo 12:3).

Una *edá* puede ser una reunión tanto para bien como para mal. Al oír el informe de los espías, los israelitas se desanimaron y dijeron que querían regresar a Egipto. En todo momento el relato se refiere a ellos como *edá*, como en "¿Hasta cuándo esta perversa comunidad (*laedá haraá*) se quejará contra Mí?" (Números 14:27). El pueblo, agitado por Koraj en su rebelión contra la autoridad de Moisés y Aarón, también es llamado *edá*: "Si un hombre peca, ¿Te enojarás con toda la comunidad (*kol haedá*)?" (Números 16:22). Hoy en día la palabra se usa generalmente para referirse a una etnia o subgrupo religioso. Una *edá* es una comunidad de personas con ideas afines. La palabra enfatiza una fuerte identidad. Es un grupo cuyos miembros tienen mucho en común.

Por el contrario la palabra *tzibur*, proveniente del hebreo mishnaico más que del bíblico, tiene su origen en la raíz *tz-b-r* que significa "amontonar" o "apilar". Para comprender el concepto de *tzibur*, cabe pensar en un grupo de personas orando en el Kotel, el Muro Occidental en Jerusalén. Pueden no conocerse entre sí. Pueden no volver a verse. Pero de momento son diez o más individuos que están en el mismo lugar al mismo tiempo, y constituyen un *quorum* apropiado para rezar. Un *tzibur* es una comunidad en el sentido minimalista, un mero agregado, formado por números más que por cualquier sentido de identidad. Un *tzibur* es un grupo cuyos miembros pueden no tener nada en común, salvo que en determinado momento se encuentran juntos y conforman así un "público" para rezar o cumplir cualquier otro precepto que requiera de un *minián* (un *quorum*).

Una *kehilá* difiere de los otros dos tipos de comunidad. Sus miembros son diferentes entre sí; en ese sentido es como un *tzibur*. Pero están organizados y coordinados para llevar a cabo una empresa colectiva, una que está involucrada en hacer una contribución singular. El peligro de una *kehilá* es que puede convertirse en una masa, una turba, una multitud.[2] Eso es lo que le ocurrió a la *kehilá* que elaboró

2. El estudio clásico de la conducta de masas es el de Elías Canetti, *Crowds and Power*

el becerro de oro. Moisés, al descender de la montaña, ve a la gente bailando alrededor de la estatua:

> Moisés vio que el pueblo estaba *desenfrenado*, porque Aarón los había dejado *sueltos* para escarnio de sus enemigos (32:25).

Sin embargo, la belleza de una *kehilá* es que cuando está impulsada por un propósito constructivo, reúne las diferentes y singulares contribuciones separadas de muchos individuos, de modo tal que cada uno de ellos puede decir: "Yo ayudé a hacer esto". Por eso en esta ocasión, al reunir al pueblo, Moisés pone énfasis en que cada uno tiene algo diferente que aportar: "Tomen de lo que tienen una ofrenda para Dios. Todo aquel que esté dispuesto a traer a Dios una ofrenda de oro, plata y bronce... Todos aquellos de entre ustedes que sean hábiles, deben venir y hacer todo lo que el Eterno ha ordenado..." (Éxodo 35:4-10).

Moisés pudo convertir a la *kehilá*, con toda su diversidad, en una *edá* con su unicidad de propósito, y al mismo tiempo preservar la diversidad de las ofrendas que las personas le trajeron a Dios:

> Entonces toda la comunidad israelita se retiró de la presencia de Moisés, y todos los que estaban dispuestos y sus corazones les impulsaban a hacerlo, trajeron una ofrenda para Dios para la obra de la Tienda de Reunión, para todo su servicio y para confeccionar las vestiduras sagradas. Todos los que estaban dispuestos –hombres y mujeres– se acercaron y trajeron joyas de oro de todo tipo: broches, pendientes, anillos y adornos... Todos los que tenían hilo azul, morado o carmesí... Los que presentaban una ofrenda de plata o bronce... Toda mujer experta en hilar con sus manos trajo lo que había hilado... Los líderes trajeron piedras ónix y otras piedras preciosas... Todos los hombres y mujeres israelitas que estaban dispuestos, trajeron a Dios ofrendas voluntarias para toda la labor que Dios, por medio de Moisés, les había ordenado hacer (35:20-29).

(New York: Continuum, 1981).

La grandeza del Tabernáculo radicó en que se trataba de un logro colectivo –uno en el que no todos hicieron lo mismo. Cada uno aportó algo diferente. Cada contribución fue valorada, y por lo tanto cada participante se sintió apreciado. *Vayakel* –la capacidad de Moisés para extraer de la disolución del pueblo una nueva y genuina *kehilá*– fue uno de sus mayores logros.

Según Maimónides, este es el supremo desafío del liderazgo.[3] El Homo sapiens es, argumentó, único en su diversidad. "Tal variedad entre los individuos de una clase no existe en ningún otro tipo de seres vivos. Pues la variedad de cualquier otra especie es limitada. Sólo el ser humano constituye una excepción. Dos personas pueden ser tan diferentes entre sí en todos los aspectos al grado de parecer como si pertenecieran a dos clases diferentes". Por eso los humanos *necesitamos* de la sociedad, porque ninguno de nosotros tiene todas las virtudes necesarias para sobrevivir. Pero este también es el motivo por el cual nos resulta tan difícil crear una sociedad, porque todos somos muy diferentes.

Es por eso que las sociedades necesitan líderes, y por qué estos requieren cualidades tan especiales. "El bienestar de la sociedad demanda que haya un líder capaz de regular las acciones de las personas. Este debe completar cada defecto o carencia, eliminar todo exceso y prescribir la conducta de todos, de modo tal que la variedad natural sea contrarrestada por la uniformidad de la legislación, y así, el orden de la sociedad resulte bien establecido".[4] Los líderes son constructores de la sociedad.

Hacerlo bien es difícil. Demasiado control central aplasta a la individualidad. Demasiado poco –como ocurrió con Aarón durante el episodio del becerro de oro– implica el riesgo de la anarquía. Schopenhauer lo describió brillantemente como el problema de los puercoespines en invierno. Si se acercan demasiado, se lastiman unos a otros con sus espinas. Si permanecen demasiado separados, se congelan.[5] El equilibrio lo es todo.

Según los sabios, varios años después, Moisés regresó al tema. Sabiendo que su carrera como líder estaba llegando a su fin, rezó a Dios

3. *Guía de los perplejos*, 2:40.
4. Ídem.
5. Schopenhauer, *Parerga and Paralipomena* (Oxford: Clarendon Press, 1974), II, 652.

para que nombrara a un sucesor: "Que Dios, el Señor de los espíritus de toda carne, designe a un hombre sobre la comunidad" (Números 27:16). En la misma línea que los sabios, Rashi explica la inusual expresión "Señor de los espíritus de toda carne" de la siguiente manera:

> Le dijo: Soberano del universo, el carácter de cada persona Te es revelado y conocido, y Tú sabes que cada uno es diferente. Por lo tanto, designa para ellos [los israelitas] un líder capaz de soportar a cada persona según lo requiera su temperamento.

Preservar la diversidad de un *tzibur* junto a la unidad de propósito de una *edá* –ese es el desafío de la formación de una *kehilá,* la construcción de comunidades, que es en sí misma la mayor tarea de un gran líder.

ID

# *La construcción de una nación: una respuesta antigua a un problema contemporáneo*

A veces, las circunstancias en las cuales se llega a una nueva comprensión de la Torá son tan interesantes como la comprensión misma. Esta es la historia de uno de esos momentos. A través de él llegué a aprender algo sobre la estructura del libro de Éxodo en su conjunto, y del sitio que ocupa dentro de él la larga narrativa vinculada a la construcción del Santuario. También descubrí algo no menos importante: la Torá tiene aún mucho que enseñarnos –no solo a los judíos sino también a otros– a la hora de esforzarnos por crear una sociedad mejor y más inclusiva.

Conocí a Tony Blair varios años antes de que se convirtiera en primer ministro de Gran Bretaña. Era y es un hombre profundamente religioso poseedor de un constante amor por la Biblia. En esa época, me dijo, la leía todas las noches. De hecho, nuestra primera conversación prolongada giró en torno al estudio de la Biblia. Estábamos volando de regreso del funeral en Jerusalén del difunto primer ministro Isaac Rabin, junto al Príncipe Carlos, el 6 de noviembre de 1995.

Durante el vuelo estuve estudiando la *parashá* semanal empleando un tomo estándar de *Mikraot Guedolot,* la edición clásica del texto bíblico impreso junto con los principales comentarios: Rashi, Rashbam, Ibn Ezra, Najmánides y otros. Tony Blair estaba intrigado por el diseño del libro: un texto central rodeado de comentarios. No existe un libro en inglés dispuesto de esta manera. Me preguntó qué era el libro y por qué estaba estructurado de ese modo. Le expliqué cuál era cada uno de los textos, de qué comentaristas se trataba, sus antecedentes históricos y sus diferentes enfoques característicos. Agregué que para nosotros el texto bíblico siempre debía entenderse en un contexto de comentarios que representen el modo en cómo la Torá ha sido comprendida en las diferentes épocas de la vida judía.

Quedó cautivado y me pidió que le enseñara el texto específico que estaba estudiando. El Príncipe Carlos escuchaba atentamente desde el otro lado del pasillo. Durante la hora siguiente di un *shiur,* una sesión de estudio, al futuro rey de Gran Bretaña y a su futuro primer ministro. Al final de esta sesión recordé el versículo del Salmo 119:46 que dice: "Hablaré de Tus estatutos ante reyes y no me avergonzaré", y le agradecí a Dios por la oportunidad que me concedió de poder cumplirlo. De ahí en adelante, Tony Blair y yo nos volvimos amigos, y cuando se convirtió en primer ministro continuamos esta nueva tradición. Durante nuestros encuentros, una vez completada nuestra agenda, siempre terminábamos con una breve sesión de estudio sobre algún pasaje bíblico.

Nunca supe de antemano cuál sería el tema: siempre se trataba del pasaje que él había leído la noche anterior. De ese modo llegamos a analizar el libro de Job, el profeta Jeremías y varios otros textos. En nuestra última sesión, cuando él ya había anunciado su renuncia, estudiamos el gran capítulo sexto del libro de Miqueas con su desafiante resumen de la esencia de la vida religiosa: "Él te ha mostrado, oh hombre, lo que es bueno. ¿Y qué es lo que el Eterno requiere de ti? Actuar con justicia, amar la compasión y caminar humildemente con tu Dios" (6:8). Yo le recordé que un presidente norteamericano, Jimmy Carter, había citado este versículo en su discurso inaugural.[1]

Un día me dijo: "Acabo de llegar a la parte aburrida". "¿Cuál parte

1. Disponible en http://www.bartleby.com/124/pres60.html.

aburrida?" le pregunté. "Ya sabes", me dijo, "el pasaje que se encuentra al final del libro de Éxodo que habla sobre el Tabernáculo. Esta sección es larga, ¿no es así?"

Estuve de acuerdo, utilizando la analogía de la forma en que los políticos juzgan la importancia de un artículo de prensa, refiriéndose a las "pulgadas de columna" –la extensión de la nota del periódico. Le expliqué los paralelos lingüísticos existentes entre el relato bíblico de la construcción del Santuario y la creación de Dios del universo, y luego cuantifiqué la diferencia. La narración de la creación ocupa apenas treinta y cuatro versículos, mientras que el relato de la construcción del Tabernáculo lleva unos quinientos.

Luego le ofrecí una explicación que figura en el ensayo anterior, "El hogar que hacemos para Dios" (p. 219). Le dije que para un Dios omnisciente y omnipotente no resulta difícil crear un hogar para la humanidad. Lo difícil es que seres humanos finitos y falibles, creen un hogar para Dios. Esto nos dice que la Biblia no es el libro del ser humano que habla sobre Dios, sino el libro de Dios que habla sobre la humanidad. Lo que a Dios le interesa es cómo *nosotros* creamos, no cómo Él lo hace. Lo que nos dice el último tercio del libro de Éxodo es que nuestra tarea principal consiste en construir un hogar para la Presencia Divina. Entonces, lo bendije como Moisés lo hizo con los constructores del Tabernáculo, diciendo: "Sea la voluntad de Dios que Su presencia repose en la obra de tus manos".

Ese podría haber sido el final de la historia a no ser por un detalle: yo no estaba completamente satisfecho con esta respuesta. Recordé un episodio, descrito en un famoso midrash, en el cual Rabán Yojanán ben Zakai da una explicación sobre el ritual de la vaca roja a un romano, interpretándolo como una forma de exorcismo. Cuando el romano partió, satisfecho con lo que había escuchado, los alumnos se dirigieron a Rabán Yojanán y le dijeron: "Maestro, le has dado una respuesta superficial que lo satisfizo, pero ¿qué nos vas a responder a nosotros?"[2]

La respuesta pudo haber sido satisfactoria hasta donde llegó. Pero una obvia interrogante quedó sin contestar: ¿Por qué se incluyó esta larga narrativa en el libro de Éxodo cuyo tema central es *la forma-*

2. *Bemidbar Rabá* 19:8.

*ción de una nación*? Este contenido pertenece de un modo más natural al libro de Levítico, que trata sobre el servicio del Tabernáculo mismo. ¿Qué hace este pasaje aquí, en el libro que está dedicado a la liberación de los israelitas de la esclavitud y a su nacimiento como nación bajo la soberanía de Dios? La pregunta permaneció en mi mente, sin ser resuelta durante varios años.

Mientras tanto, una importante cuestión social y política surgió en Gran Bretaña y otros países europeos, especialmente en Holanda. Habiendo abrazado el multiculturalismo –la idea de que no debería haber ninguna cultura dominante en una Europa contemporánea étnicamente diversa– estos países descubrieron que esta nueva doctrina, lejos de mitigar el conflicto social, lo exacerbaba. Lejos de promover la integración social, estaba conduciendo a la segregación. No hizo que las sociedades fueran más tolerantes, sino menos. Los holandeses lo expresaron bien. La tolerancia, dijeron, ignora las diferencias; el multiculturalismo las convierte en un problema en todo momento.[3]

La gente comenzó a preguntarse si había alguna manera de ir más allá del multiculturalismo sin sacrificar la idea de una sociedad inclusiva. Fue entonces cuando mi mente regresó a la pregunta no respondida sobre la ubicación del relato de la construcción del Tabernáculo en el libro de Éxodo. Si el tema de Éxodo es la construcción de una nación, entonces este es el libro al que deberíamos recurrir si buscamos una visión bíblica apropiada a la fragmentación de la sociedad contemporánea.

El desafío de Moisés fue precisamente este: cómo convertir a un grupo de esclavos fugitivos en una nación cohesionada. En el capítulo primero de Éxodo hallamos la primera descripción de los israelitas como nación. Faraón los llama un *am*, un pueblo. Pero tal como lo señala el rabino Soloveitchik, un *am* es una comunidad de destino, pero no es aún una comunidad de fe. Para esto último la Torá emplea el vocablo *edá*.[4] Un *am* comparte un pasado; una *edá* comparte un futuro, un conjunto

3. Para este pasaje y el resto del presente ensayo, ver Jonathan Sacks, *The Home We Build Together* (Continuum, 2007).
4. Ver "Kol Dodi Dofek", en J. Soloveitchik, *Divrei Hagut Veha'arakhah* (Jerusalem, 1982), particularmente 41-43.

de ideales y aspiraciones. La senda hacia la conformación nacional en el libro de Éxodo debe ser descrita como la travesía que va de *am* a *edá*.

Hay dos cosas sorprendentes sobre el pueblo que Moisés lidera. En primer lugar, ellos están divididos en doce tribus o clanes. La Torá lo enfatiza en cada punto. Todavía no están unidos en un sentido general de identidad. En segundo término, incluyen una "multitud mixta" no especificada (Éxodo 12:38), un grupo heterogéneo que no es étnicamente israelita. En otras palabras, Moisés se enfrentaba a un problema no muy diferente al de las comunidades multiétnicas y los estados multiculturales.

Lo que resulta igualmente sorprendente, a medida que se desarrolla la narrativa, es que los israelitas carecen de la madurez moral necesaria para convertirse en una nación libre. En cada etapa se quejan. Lo hacen después de que la intervención inicial de Moisés les produce peores condiciones de trabajo (5:21). Lo vuelven a hacer cuando llegan al Mar de los Juncos (14:11-12). Después de cruzar el mar se quejaron en dos oportunidades ante la falta de agua (15:23-24; 17:2) y otra vez por la falta de alimentos (16:2-3). El retrato que esboza la Torá es el de un pueblo con mentalidad de esclavo. Este no es todavía un pueblo de fe, de confianza en Dios, de responsabilidad y mesura. No son capaces de ver más allá del presente. Y esta, recordemos, es la gente que acababa de presenciar las diez plagas y la división del Mar de los Juncos, los mayores milagros de la historia.

Lo que sucede después es la revelación en el Monte Sinaí, un evento sin precedentes cuando Dios apareció a todo un pueblo. La Torá nos dice que "Cuando el pueblo vio el estruendo y los relámpagos, oyó la trompeta y contempló la montaña humeante, temblaron de miedo" (20:18). No obstante, apenas cuarenta y un días después, cuando Moisés "demoró en descender de la montaña" (32:1) hicieron un becerro de oro. La Torá dice que después de elaborar el becerro: "Moisés vio que el pueblo estaba desenfrenado, porque Aarón los había dejado *sueltos* para escarnio de sus enemigos" (32:25). Se habían convertido en una turba. ¿Qué más debe ocurrirle a un pueblo así antes de que se transforme en un grupo cohesivo poseedor de un sentido de identidad y misión? No puede haber mayores milagros que la división del mar y la revelación en el Sinaí. Si ellos no son suficientes, ¿qué lo será?

Es en este punto, al comienzo de Vayakel, que Moisés ordena al pueblo que construya el Tabernáculo, y este es un golpe de genialidad.

Es como si Dios le hubiera dicho a Moisés: Si deseas formar un grupo con un sentido de identidad colectiva, haz que construyan algo juntos. *No es lo que nos sucede, sino aquello que hacemos, lo que nos confiere identidad y responsabilidad.* Lo que transformó a los israelitas no fue lo que Dios hizo por ellos sino lo que ellos hicieron por Dios.

Hasta la construcción del Tabernáculo, la historia de los israelitas es una secuencia de eventos en los cuales Dios actuó en aras del pueblo. Él los liberó, Él dividió el mar para ellos, Él les dio agua de una roca y alimento del cielo. Durante todo ese tiempo se peleaban y se quejaban. Sin embargo, durante la construcción del Tabernáculo, no hubo riñas ni protestas. La gente aportó de su riqueza, tiempo y habilidades. Donaron tanto que Moisés tuvo que dar la orden de que se detuvieran (36:5-7). Este es un comportamiento que no habíamos visto antes. Los israelitas fueron realmente transformados; no por efecto de un milagro sino a raíz de sus propios esfuerzos. Es lo que nosotros hacemos, no lo que se hace por nosotros, lo que nos cambia.

Ahora me quedó claro precisamente por qué la historia del Tabernáculo pertenece al libro de Éxodo y no al de Levítico: porque se trata de una historia sobre la construcción de una nación. El modo más efectivo de transformar a individuos en un grupo es estableciéndoles una tarea que solamente pueden lograr como equipo. Esto atraviesa todas las demás divisiones, tribales, sociales y culturales. Una nación no depende de una etnicidad común. Puede surgir simplemente del sentido de responsabilidad colectiva que emerge del desempeño de una tarea compartida.

En otras palabras, la Torá nos ofrece una sorprendente salida a los dilemas del multiculturalismo. Sugiere que los ciudadanos de una nación se vean a sí mismos como cocreadores de una sociedad percibida como *el hogar que construimos juntos.* Posteriormente, esta idea se convirtió en el libro que publiqué bajo ese título en el año 2007.[5] Se trata de una alternativa radical a la mayoría de las demás filosofías políticas contemporáneas, aquellas basadas, por ejemplo, en la etnicidad o en la ciudadanía entendida como un conjunto de derechos, o en la sociedad como la materialización de un consenso moral. Otorga un valor positivo a las diferencias étnicas y religiosas, dando el mismo peso a la cohesión social. Nos invita a traer

5. Ver arriba nota 3 al pie de página.

nuestros diferentes legados como aportes al bien común. Dice en efecto: *siendo lo que singularmente soy, doy lo que solo yo puedo dar*. Establece una fuerte conexión entre construcción y pertenencia. A esto lo llamo *diversidad integrada* y su fuente es la narración bíblica del Tabernáculo, cuya extensión y detalle tanto desconcertaron a Tony Blair.

Cuento esta historia no solamente para mostrar cómo un pasaje bíblico puede ayudar a resolver un problema político y social contemporáneo, sino también para argumentar una idea fundamental para el estudio de la Torá. La Torá no solo es estudiada. Clama por ser vivida. Tampoco es un código privado de conducta. Se trata del modo en que construimos una sociedad. Al establecer un diálogo entre la Torá y la sociedad contemporánea, nos encontraremos iluminados por nuevas facetas de su visión sobre la condición humana.

Concluyo con un corolario adicional del argumento aquí desarrollado. El rabino Norman Lamm, ex presidente de *Yeshiva University*, una vez comentó que conocía solo un chiste en la Mishná: la afirmación de que "los discípulos de los sabios incrementan la paz en el mundo".[6] Seguramente, dijo, esto no pudo haber sido dicho en serio, porque los rabinos son conocidos por el gran número de discusiones que generan.

Le respondí que la afirmación no es una broma, pero que para entenderla hay que leer hasta el final del pasaje. Allí se cita un versículo de Isaías (54:13): "Todos vuestros hijos serán enseñados por el Eterno, y grande será la paz de vuestros hijos", y continúa: "No leas *banaij*, tus hijos, sino *bonaij*, tus constructores". Cuando los líderes se convierten en constructores, generan paz; de lo contrario, simplemente crean el disenso. La prueba de ello es el Tabernáculo. Mientras los israelitas fueron constructores, hubo paz entre ellos. Tal como John Ruskin escribió: "La mayor recompensa por el trabajo de un hombre no es lo que obtiene de él sino lo que llega a ser gracias a él". Más simple aún fue el eslogan de los primeros colonos sionistas, quienes dijeron que habían venido a la tierra de Israel a *livnot ulehibanot*, a "construir y construirse".[7] Estamos hechos por lo que hacemos.

ID

6. *Berajot* 64a.
7. Ver Eric Zakim, *To Build and be Built: Landscape, Literature, and the Construction of Zionist Identity* (University of Pennsylvania Press, 2006).

# *La belleza de la santidad o la santidad de la belleza*

*Entonces Moisés dijo a los israelitas: "Vean, el Eterno ha elegido a Betzalel, hijo de Uri, el hijo de Jur, de la tribu de Judá, y Él lo ha llenado con el espíritu de Dios, con sabiduría, comprensión y conocimiento en todo tipo de manualidades – para hacer diseños artísticos para trabajar en oro, plata y bronce, para cortar y engastar piedras preciosas, para trabajar la madera y realizar todo tipo de trabajos artísticos" (Éxodo 35:30-33).*

En *Ki Tisá* y en *Vayakel* nos encontramos con la figura de Betzalel, un personaje inusual en la Biblia hebrea –el artista, el artesano, el modelador de la belleza al servicio de Dios, el hombre que, junto con Aholiab, dio forma a los artículos vinculados con el Tabernáculo. El judaísmo –en agudo contraste con la Grecia antigua– no veneraba las artes visuales. La razón es clara. La prohibición bíblica de las imágenes talladas las asocia con la idolatría. Históricamente, las imágenes, fetiches, iconos y estatuas estaban vinculados en el mundo antiguo con prácticas religiosas paganas. La idea de que uno pudiera adorar "el producto de manos humanas" era un anatema para la fe bíblica.

En términos generales, el judaísmo es una cultura del oído, no de la vista.[1] Como religión del Dios invisible, le atribuye santidad a las palabras escuchadas, en lugar de a los objetos vistos. De ahí que exista una actitud generalmente negativa dentro del judaísmo hacia el arte representacional.

Hay algunos manuscritos ilustrados famosos (como la *Hagadá de cabeza de pájaro*, Bavaria, alrededor del año 1300) en los que a figuras humanas se les dan cabezas de pájaros, para no representar la forma humana completa. El arte en sí no está prohibido; hay una diferencia entre la representación tridimensional y bidimensional.

Como el rabino Meir de Rothenburg (c. 1215-1293) aclaró en su responsa: "No hay trasgresión (en los libros ilustrados) de la prohibición bíblica… (las ilustraciones) son meras manchas planas de color que carecen de materialidad suficiente (para constituir una imagen grabada)".[2] De hecho, varias sinagogas antiguas en Israel tenían mosaicos bastante elaborados. Sin embargo, en general, el arte tuvo menos énfasis en el judaísmo que en las culturas cristianas, cuya influencia helenística es fuerte.

Las referencias positivas al arte en la literatura rabínica son raras. Una excepción es Maimónides, que dice lo siguiente:

> Si uno está afligido por la melancolía, debe curarla escuchando canciones y diversos tipos de melodías, paseando por jardines y bellos edificios, contemplando diseños hermosos, y otras cosas como estas que alegran el alma y hacen desaparecer de ella la perturbación de la melancolía. El objetivo de todo esto es que

1. Para una visión con más matices, ver Kalman Bland, *The Artless Jew: Medieval and Modern Affirmations and Denials of the Visual* (Princeton University Press, 2001).
2. Ver Tosafot, comentario a *Yoma* 54a–b, s.v. *Keruvim; Responsa Rabbi Meir Mi'Rothenberg* (Venecia: 1515), 14-16.

> su cuerpo esté sano y el objetivo de la salud de su cuerpo es el poder adquirir conocimiento.[3]

Sin embargo, los mismos términos en los que Maimónides describe la experiencia estética dejan claro que ve al arte en términos estrictamente instrumentales, como una forma de aliviar la depresión. No hay ninguna sugerencia de que el arte por sí mismo tenga valor. La declaración positiva más fuerte sobre el arte que conozco, fue hecha por el rabino Abraham ha-Cohen Kuk, el primer Gran Rabino Ashkenazí del (pre) Estado de Israel, describiendo su estadía en Londres durante la Primera Guerra Mundial:

> Cuando viví en Londres, solía visitar la Galería Nacional, y las obras que más me gustaban eran las de Rembrandt. En mi opinión, Rembrandt era un santo. La primera vez que vi sus obras, me hicieron recordar la afirmación rabínica sobre la creación de la luz. Cuando Dios creó la luz (en el primer día), era tan intensa y luminosa que se podía ver de un extremo al otro del mundo. Y Dios temió que los malvados se aprovecharan de ella. ¿Qué hizo entonces? La ocultó para los justos del mundo venidero. Pero cada tanto aparecen grandes hombres a los cuales Dios bendice con una visión de esa luz oculta. Creo que Rembrandt fue uno de ellos, y la luz en sus pinturas es la luz que Dios creó el día del Génesis.[4]

Se sabe que Rembrandt tenía un afecto especial por los judíos.[5] Los visitó en Ámsterdam, su ciudad natal, los retrató y pintó numerosas escenas de la Biblia hebrea. Sin embargo, sospecho que lo que el rabino Kuk vio en sus pinturas, fue la capacidad de Rembrandt para transmitir la belleza de la gente común. No hace ningún intento (especialmente

3. Rambam, introducción al comentario de la Mishná *Avot, Eight Chapters on Ethics,* cap. 5.
4. *Jewish Chronicle*, 9 de septiembre de 1935.
5. Ver Michael Zell,*Reframing Rembrandt: Jews and the Christian Image in Seventeenth Century Amsterdam*" (University of California Press, 2002), y Steven Nadler, *Rembrandt's Jews* (University of Chicago Press, 2003).

en sus autorretratos) de embellecer o idealizar a sus sujetos. La luz que emana de ellos es, simplemente, su humanidad.

Fue Samson Raphael Hirsch quien diferenció a la antigua Grecia del Israel antiguo en términos del contraste entre estética y ética.

En su comentario sobre el versículo "Que Dios engrandezca a Jafet y le permita habitar en las tiendas de Shem (Sem)" (Génesis 9:27), observa:

> El vástago de Jafet alcanzó su máximo florecimiento entre los griegos; el de Shem en los hebreos, Israel, quien llevó y lleva el nombre (Shem) de Dios a través de las naciones del mundo… Jafet ha ennoblecido al mundo estéticamente. Shem lo ha iluminado espiritual y moralmente.[6]

Sin embargo, como vemos en el caso de Betzalel, el judaísmo no es indiferente a la estética. El concepto de *hidur mitzvá*, "embelleciendo el mandamiento", significó para los sabios, que debemos esforzarnos por cumplir los preceptos de la forma más bella posible. Las vestimentas sacerdotales estaban destinadas a ser "para honor y esplendor" (Éxodo 28:2). Los mismos términos aplicados a Betzalel –sabiduría, comprensión y conocimiento– son aplicados a Dios mismo como creador del universo en el libro de Proverbios:

> La ley y el Eterno fundaron la tierra con sabiduría;
> Él estableció los cielos con comprensión;
> Con Su conocimiento las profundidades estallaron,
> Y los cielos destilaron rocío (Proverbios 3:19-20).

La clave de Betzalel está en su nombre. Significa "A la sombra de Dios". Su don residía en su capacidad de comunicar, a través de sus obras, que el arte es la sombra proyectada por Dios. El arte religioso nunca es "arte por el bien del arte".[7] A diferencia del arte secular, apunta a algo más allá

6. El Pentateuco, traducido con comentarios de Samson Raphael Hirsch (Gateshead: Judaica Press, 1982), 1:191.
7. Esta frase es atribuida usualmente a Benjamin Constant (1804).

de sí mismo. El Tabernáculo en sí era una especie de microcosmos del universo, con una particularidad primordial: que dentro de él se sentía la presencia de algo más allá –a lo que la Torá llama "la gloria de Dios" que "llenaba el Tabernáculo" (Éxodo 40:35).

Los griegos, y muchos en el mundo occidental que heredaron su tradición, creían en la santidad de la belleza (Keats dijo: "La belleza es verdad y la verdad belleza, eso es todo lo que se sabe en esta tierra y todo lo que necesitáis saber").[8] Los judíos creían justamente lo opuesto: *hadrat kodesh,* la belleza de la santidad:

"Darle a Dios la gloria debida a Su nombre; adorar al Eterno en la belleza de la santidad" (Salmos 29:2).

En el judaísmo, el arte siempre tiene una intención espiritual: hacernos conscientes del universo como una obra de arte, testimonio del Artista supremo, Dios mismo.

CB

8. Las últimas palabras del famoso poema de Keats, *Ode on a Grecian Urn (Oda a una urna griega).*

# Pekudei

# פקודי

Con *Pekudei*, el libro de Éxodo llega a su fin, si no a su cierre. Moisés ordena que se realice una contabilización de todos los donativos que se efectuaron destinados a la construcción del Tabernáculo y cómo fueron utilizados. Se confeccionan las vestiduras sacerdotales. Finalmente, Moisés erige el Tabernáculo y este se colma de la gloria del Eterno.

En los ensayos que siguen a continuación, el primero analiza el principio de la rendición de cuentas de los fondos públicos, ejemplificado en la figura de Moisés. El segundo considera al Tabernáculo como un símbolo del orden sagrado que se encuentra en la base de un orden social. El tercero analiza una dificultad textual en las últimas dos palabras del libro de Éxodo. Según lo interpretado por Rashi, estas nos ofrecen una percepción especial de la historia y de la identidad judía en su conjunto. El cuarto analiza la estructura narrativa del libro de Éxodo, el patrón debajo de la superficie, mostrando cómo junto con Génesis, conforman una estrecha unidad literaria de enorme coherencia y vigor.

# *Por encima de toda sospecha: integridad en la vida pública*

*Pekudei* deriva su nombre de la cuenta detallada o cómputo de los aportes realizados para la construcción del Tabernáculo:

> Estas son las cantidades de los materiales utilizados para el Tabernáculo, el Tabernáculo del Testimonio, que fueron registrados por los levitas, bajo la dirección de Itamar el hijo de Aarón el sacerdote, por orden de Moisés (Éxodo 38:21).

El pasaje continúa enumerando las cantidades exactas de oro, plata y bronce recolectadas, y los fines para los cuales fueron destinadas.

¿Por qué Moisés hizo esto? ¿Y por qué está registrado en la Torá, señalando que contiene un mensaje para futuras generaciones? Hay un midrash que sugiere una respuesta:

> "Miraron a Moisés" (Éxodo 33:8) –La gente criticaba a Moisés. Solían decirse unos a otros: "Mira ese cuello, mira esas piernas. Moisés está comiendo y bebiendo de lo que nos pertenece. Todo

> lo que él posee nos pertenece". El otro respondería: "¿Qué puedes esperar de un hombre que está encargado de las obras del Santuario, que no se vuelva rico?" Ni bien escuchó esto, Moisés respondió: "¡Por vuestra vida! Tan pronto como el Santuario esté completo haré un conteo detallado junto a vosotros".[1]

Moisés publicó una lista pormenorizada para evitar caer bajo la sospecha de que se había apropiado personalmente de parte del dinero donado. Cabe destacar que la contabilidad no fue realizada por el propio Moisés, sino "por los levitas bajo la dirección de Itamar"; en otras palabras, por auditores independientes.

En el texto bíblico no hay indicio alguno de estas acusaciones y puede ser que el midrash se base en otros episodios, uno ocurrido a Moisés y el otro vinculado al profeta Samuel. Durante la rebelión de Koraj, Moisés dice: "No aceptes su ofrenda. Yo no he tomado de ellos ni un solo asno, ni le he hecho daño a ninguno de ellos" (Números 16:15). Samuel, tras haber nombrado a Saúl como rey, dice al pueblo: "Testifica contra mí en presencia del Eterno y de Su ungido. ¿De quién he tomado un buey? ¿De quién he tomado un asno? ¿A quién he engañado? ¿A quién he oprimido? ¿De qué mano acepté un soborno para cerrar mis ojos? Si he hecho alguna de esas cosas, lo corregiré" (I Samuel 12:3).

De estos pasajes parecería surgir que las acusaciones de corrupción y enriquecimiento personal eran algo habitual en los días de Moisés y Samuel. "El poder tiende a corromper", dijo Lord Acton, y gran parte del Tanaj está dedicado a ese tema. Podríamos haber pensado que dado que Dios ve todo lo que hacemos, esto es suficiente para protegernos de incurrir en malas acciones. Sin embargo, el judaísmo nunca dice esto. El Talmud registra una escena en el lecho de muerte de Rabán Yojanán ben Zakai, mientras el maestro yace rodeado de sus discípulos:

> Le dijeron: "Maestro, bendícenos". Él les dijo: "Sea la voluntad de Dios que el temor al cielo esté sobre ustedes tanto como el miedo a los seres de carne y hueso". Sus discípulos preguntaron: "¿Eso es todo?" Él les respondió: "¡Ojalá obtengan nada menos

1. Solomon Buber, comp., *Tanjuma*, Pekudei, 4.

> que ese temor! Ustedes mismos pueden comprobar la veracidad de lo que digo: cuando una persona está a punto de cometer una transgresión, se dice para sí, espero que nadie me vea".[2]

Nadie está a salvo de la tentación, y nadie está libre de sospecha.

Sin embargo, curiosamente hay un pasaje posterior en el Tanaj que parece indicar que el relato de Moisés no era estrictamente necesario. El libro de Reyes relata un episodio en el cual durante el reinado de Joás se recaudó dinero para restaurar el Templo. "Ellos no exigieron cuentas a aquellos a quienes les dieron el dinero para pagar a los trabajadores, porque procedieron con total honestidad" (II Reyes 12:16). Por lo tanto, es posible que Moisés haya actuado "más allá de los estrictos requerimientos de la ley".[3]

Es precisamente esto –el hecho de que Moisés no necesitaba hacer lo que hizo, y que en el texto no hay ningún desafío explícito a su integridad– lo que le confiere fuerza a este pasaje. La Torá nos está diciendo que cuando se trata de fondos públicos debe haber transparencia y rendición de cuentas. Quienes los administran deben estar libres de toda sospecha. En general los líderes deben ser, y deben ser vistos como personas poseedoras de una intachable integridad moral. Esto ya lo había dicho Itró, el suegro de Moisés, cuando le aconsejó que nombrara subordinados que le ayudaran en la tarea de dirigir al pueblo. Dijo que debían ser "Varones temerosos de Dios, hombres fieles que aborrezcan las ganancias deshonestas" (Éxodo 18:21). Sin una reputación de rectitud e incorruptibilidad, los jueces no pueden garantizar que se vea que se está haciendo justicia.

El principio general de que debemos actuar de modo tal que estemos por encima de toda sospecha fue derivado por los sabios de una declaración posterior de Moisés. Tuvo lugar en el marco de la petición de los miembros de las tribus de Rubén y Gad de asentarse al otro lado del Jordán, donde la tierra les proporcionaba un buen terreno para el pastoreo de su ganado (Números 32:1-33). Moisés les dijo enojado que

2. *Berajot* 28b.
3. Concepto clave en el derecho judío (ver *Berajot* 7a, 45b; *Baba Kama* 99b), que significa supererogación, hacer más de lo que la ley demanda en un sentido positivo.

de hacerlo desmoralizarían al resto de la nación: darían la impresión de que no estaban dispuestos a cruzar el Jordán y luchar las batallas necesarias para conquistar la tierra de Israel junto a sus hermanos.

Los rubenitas y los gaditas dejaron en claro que estaban dispuestos a luchar, de hecho, a estar en las primeras filas de las tropas, y que no regresarían al otro lado del Jordán hasta que la tierra hubiese sido completamente conquistada. Moisés aceptó la propuesta y dijo que si cumplían su palabra serían "límpidos [*veheitem nekiím*] ante el Eterno y ante Israel" (Números 32:22). Esta frase ingresó a la ley y a la ética judía como el principio de que uno debe "rendir cuentas ante sus semejantes, así como también ante Dios".[4] No basta con hacer lo correcto. Debemos ser *vistos* haciendo lo correcto, especialmente cuando hay lugar para rumores y margen para sospecha.

En la literatura rabínica temprana hay varios ejemplos de la aplicación de esta regla. Como por ejemplo, cuando la gente venía a buscar monedas para los sacrificios a la 'Cámara del Shekel' en el Templo, donde se guardaba el dinero:

> No entraban a la cámara ni con una prenda que poseyera un dobladillo, ni con zapatos, sandalias, tefilín o amuleto alguno, no fuera que si posteriormente esta persona se empobrecía los demás dijeran que ello le ocurrió a causa de una iniquidad cometida en la cámara, o si se volvía rica, que lo hizo por medio de una apropiación indebida en la cámara. Ya que es deber de la persona estar libre de culpa tanto ante los hombres como ante Dios, tal como se dice: "y sea límpido ante el Eterno y ante Israel" (Números 32:22), y también dice: "Así hallarás favor y buen entendimiento delante de Dios y de los hombres" (Proverbios 3:4).[5]

A quienes entraban a la cámara se les prohibía vestir cualquier indumentaria dentro de la cual pudieran esconder y robar monedas. De igual manera, cuando a los supervisores de la caridad les sobraban fondos, no se les permitía cambiar el cobre restante por monedas de plata de su

4. Mishná, *Shekalim* 3:2.
5. Ídem.

propio dinero, debían efectuar el intercambio por medio de un tercero. A los supervisores que estaban a cargo de un comedor de beneficencia no se les permitía adquirir los excedentes de alimentos cuando no había personas pobres a quienes distribuirlos. Las sobras debían venderse a otros para no despertar sospechas de que los supervisores de la caridad se estuviesen beneficiando de los fondos públicos.[6]

Por esta misma razón, a los hijos de la familia de Garmu, que preparaban los panes de la ofrenda de la proposición para el Templo, nunca se les vio con un pan de buena calidad. Las novias de la familia de Avtimas, los fabricantes de inciensos del Templo, jamás usaron perfume.[7] En ambos casos, esto era para evitar la sospecha de que hubiesen hecho uso personal de la propiedad del Templo.

El *Shulján Aruj* establece que la colecta de la caridad destinada a la beneficencia, debe ser realizada siempre por un mínimo de dos personas para que cada una de ellas pueda ver lo que está haciendo la otra.[8] Existe una diferencia de opinión entre Rabí Yosef Caro y Rabí Moshé Isserles sobre la necesidad de proporcionar cuentas detalladas. Rabí Yosef Caro sentencia de acuerdo con el pasaje del libro segundo de Reyes que dice: "no exigieron cuentas a aquellos a quienes les dieron el dinero para pagar a los trabajadores, porque procedieron con total honestidad" (12:16) –no se exige ninguna contabilidad formal a personas de honestidad intachable. Sin embargo, Rabí Moshé Isserles dice que es correcto hacerlo debido al principio de "Ser límpidos ante el Eterno y ante Israel".[9]

¿Existen límites de hasta dónde uno está obligado a llegar al tener en cuenta la percepción pública? ¿Qué pasa si el público en general es tan cínico y escéptico con quienes ocupan puestos de liderazgo que presenta acusaciones infundadas? Un midrash habla de una generación en la que "la gente juzgaba a sus jueces".[10] Los sabios dijeron que los con-

6. *Pesajim* 13a.
7. *Yomá* 38a.
8. *Shulján Aruj*, Yoré Dea 257:1.
9. Ídem., 257:2.
10. *Bereshit Rabá* 41; la referencia es al comienzo del libro de Rut. El midrash lee "Y fue en los días que juzgaban los jueces" como "cuando los propios jueces eran juzgados", i.e., cuando los jueces ya no gozaban del respeto público.

temporáneos de Moisés eran capaces de imputarle casi cualquier cosa: cuando salía temprano de su casa afirmaban que su matrimonio estaba fracasando; cuando salía tarde decían que estaba tramando algo contra el pueblo.[11] De ahí el comentario exasperado de Moisés: "¿Cómo puedo sobrellevar yo solo vuestros problemas, vuestras cargas y vuestras disputas?" (Deuteronomio 1:12).

Rabí Shlomo Alkabetz escribe que: "Aunque sostenemos que debemos ser irreprochables no solo ante los ojos de Dios sino también a ojos de los hombres, esto debe comprenderse como una referencia a personas a quienes Dios les ha otorgado conocimiento y discernimiento. Uno no es responsable [de las percepciones] de todos; no es necesario ser irreprochable a ojos de las personas equivocadas o necias".[12] Por lo tanto hay un límite. Un líder no es responsable de las críticas salvajes o maliciosas. Pero en todos los casos en los que exista una duda razonable –donde hay tanto tentación como oportunidad– debe haber transparencia y rendición de cuentas, y ello comienza con la decisión de Moisés de dar un informe público detallado del dinero recaudado para la construcción del Santuario.

En el año 2009, un ex primer ministro y un ex presidente de Israel fueron juzgados por acusaciones de mala conducta. Otros dos ex ministros fueron declarados culpables, uno por malversación de fondos y el otro por soborno. En junio del 2008 una encuesta de opinión pública realizada por el Instituto de la Democracia de Israel, mostró que el noventa por ciento de los israelíes creen que el liderazgo público en Israel está plagado de corrupción.[13] Mientras tanto, en Gran Bretaña en el año 2009, los parlamentarios sufrieron un golpe a su reputación tras un prolongado escándalo por reclamaciones de gastos injustificados.

La confianza es esencial en la vida pública. Una nación que no puede confiar en sus líderes no puede funcionar eficazmente como una sociedad libre, justa y abierta. Es una característica de una sociedad libre que el liderazgo público sea percibido como una forma de servi-

11. Rashi, comentario a Deuteronomio 1:12.
12. Citado en *Melejet Shlomo*, comentario a *Shekalim* 3:2.
13. "El noventa por ciento dice que Israel está contaminado por la corrupción", *Jerusalem Post*, 10 de junio del 2008.

cio más que como un medio para alcanzar el poder, del cual se abusa con suma facilidad. El Tanaj ocupa un respetable sitial en la historia de la moralidad de la vida pública. Los profetas fueron los primeros críticos sociales del mundo, fue a ellos a quienes Dios les encomendó decir la verdad al poder y desafiar a los líderes corruptos. El desafío de Elías al rey Acab y las protestas de Amós, Oseas, Isaías y Jeremías contra las prácticas poco éticas de su época son textos clásicos de esta tradición, los cuales establecen los ideales de equidad, justicia, honestidad e integridad como valores en la vida pública para todos los tiempos. Sin ellos, una sociedad se desmoraliza rápidamente.

El ejemplo personal de Moisés, al rendir cuenta de los fondos que habían sido recogidos para el primer proyecto colectivo del pueblo judío, ciertamente contiene un mensaje para todos los tiempos.

ID

# *Dios en el centro*

La *parashá* de *Pekudei*, y con ella el libro de Éxodo en su conjunto, llega a su conclusión con una extraordinaria letanía de obediencia. En el capítulo 39, en la descripción de cómo los israelitas construyeron el Tabernáculo, escuchamos siete veces la expresión "tal como el Eterno le ordenó a Moisés".[1] En el capítulo 40, al narrar cómo Moisés erigió el Tabernáculo, escuchamos siete veces la expresión "tal como el Eterno le ordenó".[2] ¿Dónde hemos escuchados estas expresiones anteriormente?

La respuesta nos retrotrae a otro proyecto de construcción, el primero que aparece en la Torá: el arca de Noé (Noaj). Allí, escuchamos tres veces prácticamente la misma expresión:

> Noaj hizo todo tal *como Dios le ordenó* (Génesis 6:22).

> Y Noaj hizo *todo lo que el Eterno le ordenó* (7:5). Los animales que entraban eran macho y hembra de cada ser viviente, tal *como Dios le ordenó a Noaj* (7:16).

1. Éxodo 39:1, 5, 7, 21, 26, 29, 31.
2. Éxodo 40:16, 19, 21, 23, 25, 27, 29.

¿Existe alguna conexión entre estos dos pasajes? ¿Acaso ellos, en su conjunto, nos dicen algo más grande sobre la visión bíblica? En caso de ser así, ¿qué es? En el presente ensayo quiero dar un gran salto especulativo que habrá de conducir a conclusiones sólidas sobre el lugar del Tabernáculo –y más tarde del Templo– dentro de la sociedad israelita, así como la conexión entre la Divina Presencia y la búsqueda de la justicia, y la relación más general entre lo sagrado y lo bueno.

Comencemos trazando algunos de los paralelismos entre el libro de Éxodo en su conjunto y la narrativa anterior de la humanidad desde Adán hasta Abraham, contenida en los primeros once capítulos del libro de Génesis.

Ambos textos nos cuentan la historia de las transgresiones contra el orden moral. En el libro de Génesis esto aparece en diferentes variaciones. Está el pecado de Adán y Eva en el Edén (Génesis 3), el asesinato de Abel a manos de su hermano Caín (4) y el estado final de las cosas previo al Diluvio: "Y la tierra se corrompió ante los ojos de Dios y estaba llena de violencia" (6:11). En el libro de Éxodo toma la forma de una nación, los egipcios, esclavizando a otro pueblo, los israelitas; junto con el lento genocidio implícito en la orden dada por Faraón de matar a todos los niños varones hebreos al nacer (Éxodo 1:22).

En ambos casos, un delito contra el orden moral conduce a lo que uno podría llamar una retribución por parte del orden natural. La naturaleza se vuelve contra la humanidad. Lo hace en el caso de Adán: "A Adán [Dios] le dijo: 'Porque escuchaste a tu esposa y comiste del árbol del cual te ordené que no debías comer, la tierra será maldita por tu culpa'" (3:17). Lo hace de una manera más espectacular en la forma del Diluvio que arrasa con toda la vida. La naturaleza se venga de los egipcios en forma de plagas.

En ambos casos, el agua es un agente de retribución: en Génesis con el Diluvio; en Éxodo con el ahogamiento del ejército egipcio en el Mar de los Juncos (14:26-30). En ambos casos hay un nuevo comienzo que adopta la forma de un pacto: en Génesis 9 con Noaj, en Éxodo 20 con los israelitas en el Monte Sinaí.

En ambos casos, el pacto por sí solo no es suficiente para asegurar la obediencia. Después de Noaj, la humanidad se propone construir la Torre de Babel (11:1-9). Después del Sinaí, los israelitas elaboran el becerro de oro (32:1-6). Ambos casos son episodios de seres humanos que rinden culto a la obra de sus manos.

En ambos casos, a los seres humanos se les ordena crear una estructura física. Noaj hace el arca. Los israelitas construyen el Tabernáculo. En ambos casos la Torá entra en detalles respecto a las dimensiones precisas de la estructura. En ambos casos, tal como hemos visto, hay un marcado énfasis en la obediencia absoluta, "tal como el Eterno lo ordenó".

Por supuesto que la principal diferencia radica en que el arca de Noaj fue temporal. Solamente fue necesaria mientras las aguas prevalecieron. El Tabernáculo era permanente, al menos hasta que el Templo fue construido en Jerusalén casi cinco siglos más tarde.

Hay aquí un profundo simbolismo, si es que podemos descifrarlo. Parece ser este. Dios crea orden. Los seres humanos crean caos. Solamente cuando los seres humanos crean su propio orden simbólico –el arca, el Tabernáculo– mediante una obediencia precisa y exigente al mandato divino, existe una posibilidad de que la humanidad sobreviva.

Esta forma de ver las cosas es diametralmente opuesta a la del mito. En el mito, el caos está integrado en la estructura del universo. Los dioses luchan. Los elementos naturales chocan. Las tragedias ocurren y toda la virtud del mundo no podrá salvarnos de ellas. En el mejor de los casos, podemos intentar aplacar o persuadir a los dioses. El conflicto y el caos están "ahí afuera", en el capricho de la naturaleza y en su fundamental indiferencia hacia la humanidad.

En el judaísmo, el problema del caos no está ahí afuera sino "aquí adentro", en el corazón humano. Como dice Génesis: "El Eterno vio cuán grande se había vuelto la maldad del hombre sobre la tierra y que cada inclinación de los pensamientos de su corazón era de continuo solamente el mal" (6:5). O tal como lo expresa Jeremías (17:9): "Engañoso es el corazón más que todas las cosas, y más allá de cualquier cura. ¿Quién puede entenderlo?" Dios no puede curar el corazón humano. Esa es la instrucción autolimitante por medio de la cual Dios nos da libertad. Tal como lo hemos señalado, incluso en el caso de Faraón,[3] la dureza de su corazón fue el fruto de su propia elección, a pesar de que en las fases posteriores se la describe como obra de Dios. Dios no puede

3. Ver el ensayo "El corazón endurecido", p. 57.

hacernos morales. Solo podemos serlo cuando obedecemos libremente la voluntad de Dios.

Con esto llegamos quizás a la tesis más profunda y controvertida que está implícita en el libro de Éxodo, y resulta central en el Tanaj en su conjunto. *Sin Dios, los seres humanos no lograrán establecer una sociedad justa.* Sin la Presencia Divina simbolizada en el Tabernáculo que se encuentra en el centro del campamento, los seres humanos harán lo que siempre han hecho: oprimirse unos a otros, pelearse unos con otros y explotarse unos a otros. No puede haber una sociedad justa sin alguna forma de *irat shamaim*, "reverencia por el cielo". Tal como le dice Abraham a Abimelej, rey de Guerar: "Dije para mí: allí seguramente no hay temor alguno a Dios y me matarán por causa de mi esposa" (Génesis 20:11).

Este es el motivo por el cual el libro de Éxodo culmina con la construcción y emplazamiento del Tabernáculo en el centro del campamento. Sin la presencia visible de Dios, no hay justicia. Sin justicia, no hay igualdad ni dignidad humana. Sin reverencia por el cielo, la sociedad se transforma en el gobierno de los fuertes sobre los débiles. Tal como dijo Tucídides: "El derecho, tal como va el mundo, no existe más que entre iguales del poder: los fuertes hacen lo que pueden y los débiles sufren lo que deben".[4]

Esta es una gran afirmación. ¿Es cierta? Seamos claros sobre qué pregunta estamos formulando. No es la simple: ¿necesitamos de Dios o del sentido religioso para ser morales? Los individuos pueden ser morales sin ser convencionalmente religiosos. No necesitas creer en Dios para rescatar a un niño que se está ahogando, alimentar a una persona hambrienta o dar refugio a alguien carente de vivienda. Tal como lo sostuviera Adam Smith y lo confirmara la ciencia más recientemente, poseemos un sentido moral.[5] Tenemos sentimientos naturales de empatía y simpatía. Sin estos, la humanidad no habría podido conformar grupos

4. Tucídides, *Historia de la guerra del Peloponeso* 5:89.
5. Adam Smith, *The Theory of Moral Sentiments* [1790] (Oxford: Clarendon Press, 1976). Ver también James Q. Wilson, *The Moral Sense* (New York: Free Press, 1993). Sobre ciencia reciente ver Frans de Waal, *The Age of Empathy* (New York: Harmony Books, 2009); Dacher Keltner, *Born to Be Good* (New York: W.W. Norton, 2009); Michael Tomasello, *Why We Cooperate* (Boston: MIT Press, 2009).

o incluso sobrevivir. Por ejemplo, la Torá describe la valentía de la hija de Faraón sin implicar que ella hubiese recibido algún tipo de revelación divina. Parecería que la Torá utiliza la expresión "temor de Dios" aproximadamente de la misma manera que nosotros hablamos sobre el sentido moral.[6] Rav Nissim Gaón (990-1062) en su introducción al Talmud[7], dice que los seres humanos han estado sujetos a los mandatos de la moralidad desde que el hombre caminara por vez primera sobre la tierra. Individualmente podemos y debemos ser morales, independientemente de nuestros compromisos religiosos específicos.

Pero el ser humano es un animal social. Formamos sociedades. Y las sociedades laten a un pulso diferente al de los individuos. Reinhold Niebuhr hizo famosa esta distinción en el título de su libro 'El hombre *moral y la sociedad inmoral'*.[8] En *masa,* no actuamos del mismo modo en que lo hacemos cuando estamos solos. Es por eso que las sociedades conformadas por personas que individualmente no son malvadas pueden realizar acciones colectivas de una gran maldad. El Holocausto es el ejemplo supremo de ello.[9]

Si esto es así, entonces el emplazamiento del *Mishkán* en el corazón del campamento sugiere que las sociedades precisan un constante recordatorio de la presencia de Dios en el dominio público. Después de todo, este es el motivo por el cual el *Mishkán* aparece en Éxodo y no en Génesis. Génesis trata de personas individuales, Éxodo habla de sociedades.

Importantes pensadores creyeron lo mismo. John Locke, el pionero de la tolerancia, pensaba esto. Consideró que los ateos no eran elegibles para recibir la ciudadanía inglesa, ya que la membresía se obtenía por medio de un juramento de lealtad y un voto a Dios, el cual

6. Ver, por ejemplo, Éxodo 1:17.
7. Impreso al comienzo de las ediciones estándar del Talmud en el Tratado de *Berajot*. Escribe: "Todos los mandatos accesibles a la razón y comprensibles para el corazón humano han sido obligatorios para todos desde el día en que Dios creó al hombre sobre la tierra".
8. Reinhold Niebuhr, *Moral Man and Immoral Society* (New York: Scribner, 1932).
9. Ver Jonah Goldhagen, *Hitler´s Willing Executioners* (New York: Knopf, 1996).

no podía ser efectuado por un ateísta.[10] En su discurso de despedida, George Washington dijo:

> De todas las disposiciones y hábitos que conducen a la prosperidad política, la religión y la moralidad son apoyos indispensables... aceptemos cautelosamente la suposición de que la moralidad puede mantenerse sin religión. Cualquier cosa que pueda concederse a la influencia de una educación refinada en mentes de estructura peculiar, tanto la razón como la experiencia nos impiden esperar que la moralidad nacional pueda prevalecer en ausencia del fundamento religioso.[11]

¿Por qué esto debería ser así? Una respuesta fascinante es la que sugiere Philip Rieff (1922-2006), sociólogo y crítico cultural estadounidense. En el final de su vida publicó un libro titulado *My Life among the Deathworks* – 'Mi vida entre las obras de la muerte'.[12]

Se trata de un libro extraño, peculiar, idiosincrático y no siempre sencillo de seguir (dicho sea de paso, es una obra explícitamente judía). En esta obra, propuso una historia fascinante y esquemática de la cultura humana.

Rieff identificó tres etapas en la historia humana. En la primera –la era pagana– la gente veía al mundo en término de poderes primordiales indiferentes y hostiles a la humanidad. Sus élites son magos que buscan controlar estos poderes, pero en última instancia la humanidad está indefensa ante su fuerza abrumadora. La palabra clave de tales culturas es *destino*: aquel que buscamos evitar, pero no podemos.

La segunda era –iniciada por el judaísmo y seguida por el cristianismo y el islam– ve el mundo como gobernado por un único poder trascendental que manifiesta su voluntad a la humanidad bajo la forma de revelación. La acción humana no consiste en controlar las fuerzas de la naturaleza, sino en guardar o quebrantar el mandato divino. Esta es la era de la *fe*.

10. John Locke, *A Letter Concerning Toleration* [1689] (Indianapolis: Hackett, 1983), 51.
11. Disponible en: http://avalon.law.yale.edu/18th_century/washing.asp
12. Philip Rieff, *My Life among the Deathworks*, (University of Virginia Press, 2006).

La tercera era, la nuestra, ha perdido la creencia tanto en el destino como en la fe. No hay un significado global para la vida. No existe una verdad definitiva; sino solamente historias que nos contamos a nosotros mismos y estas no tienen más autoridad que el mero hecho de que las hayamos escogido. De hecho, no hay autoridad moral más allá del yo. Nada está prohibido en sí mismo. Lo único que importa es lo que nosotros decidimos. El artista creativo reemplaza al profeta; el psicoterapeuta al sacerdote. Todo lo que queda como significado son las historias que fantaseamos para nosotros mismos. Rieff llamó a esta la era de la *ficción*. Por lo tanto, la historia de la humanidad es el paso del destino a la fe y luego a la ficción.

Rieff creía que la tercera era es insostenible. La llamó una anticultura. El motivo es que ni el significado ni la moralidad tienen sentido sin lo que él llama un *orden sagrado*. Para él, esa es la esencia misma de una cultura. Dice que las culturas solo pueden existir cuando se percibe que el orden social refleja de alguna manera el orden sagrado. Sin ello no hay moralidad porque no existe una verdad dominante. Todo lo que queda son "valores", y estos son siempre intercambiables con otros valores. No hay más autoridad que el poder. No hay verdad, salvo nuestras propias imaginaciones:

> La cultura y el orden sagrado son inseparables… Ninguna cultura se ha preservado jamás si no es un registro del orden sagrado… La tercera noción cultural de una cultura que persiste independientemente de cualquier orden sagrado no tiene precedentes en la historia humana.[13]

Al final no habrá democracia, ya que "La democracia depende del perpetuo redescubrimiento de que el mundo no somos nosotros mismos, que existe un no-yo que es dueño de los límites tanto en la imaginación como en la acción social".[14]

Si Rieff estaba en lo cierto, proporcionó una sorprendente explicación del *Mishkán*. Porque lo que representa, como lo he argumentado

13. Ídem., 13.
14. Ídem., 175.

a lo largo de estos ensayos, es *el orden sagrado*, la creación humana que refleja la creación divina del universo en su totalidad. De ahí la precisión y el detalle; de ahí la insistencia en que los israelitas lo hicieran exactamente como Dios se los había ordenado. De ahí también su rol en el corazón del campamento israelita. Era un símbolo potente y vivo del hecho de que *el orden social debe reflejar el orden sagrado si la sociedad* ha de *existir sobre la base de la justicia y no bajo el imperio del poder*.

Esta fue la explicación de Rashi al hecho de que las leyes civiles de *Mishpatim* (Éxodo 21-23) vienen inmediatamente después de las leyes del altar (20:24-26): "¿Por qué las leyes civiles se yuxtaponen a las normas concernientes al altar? Para decirte que coloques al Sanedrín [la Corte Suprema] junto al Templo".[15] El orden social, plasmado en el derecho civil, jamás debe perder su conexión con el orden sagrado que está representado por el Santuario.

Hace más de un siglo, Lord Acton llegó a una conclusión sorprendentemente similar respecto de Atenas, la cuna de la democracia. Los atenienses fueron "el único pueblo de la antigüedad que se tornó grande gracias a las instituciones democráticas". Pero no duraron mucho. "La posesión de un poder ilimitado que corroe la conciencia, endurece el corazón y confunde el entendimiento de los monarcas, ejerció su influencia desmoralizadora en la ilustre democracia de Atenas". Como los atenienses no reconocieron un orden sagrado, no podían concebir una ley superior a la del Estado.

> De ello se deduce que el pueblo soberano tenía el derecho a hacer cualquier cosa que estuviera en su poder, y no estaba sujeto a regla alguna que estableciera el bien o el mal sino únicamente su propio juicio de conveniencia… De esta manera el pueblo emancipado de Atenas se volvió tirano; y su gobierno, el pionero de la libertad europea, está condenado por una terrible unanimidad por todos los mayores sabios de la antigüedad.[16]

15. Rashi, comentario a Éxodo 21:1.
16. Lord Acton, *Essays in the History of Liberty* [1877] (Indianapolis: Liberty Press, 1985), 13-14.

En un reciente trabajo magistral sobre la justicia, el profesor de Yale, Nicholas Wolterstorff, ha sostenido la misma proposición sobre bases filosóficas.[17] Todo nuestro concepto occidental de justicia, fundado en la idea de los derechos humanos, está construido sobre pilares religiosos y no puede sobrevivir sin ellos. Si nos transformamos en una sociedad secular, no hay futuro a largo plazo ni para los derechos ni para la justicia. Esta es su conclusión:

> Nuestro legado judeocristiano no niega ni pasa por alto los defectos de la humanidad; algunas de sus vertientes parecen incluso deleitarse con ellos. Pero frente a toda la evidencia empírica, no obstante, este legado declara que todos tenemos un gran e igual valor; producto de haber sido creados a la imagen y semejanza de Dios y ser redentoramente amados por Él. A ello hay que agregarle que Dios nos hace responsables por cómo nos tratamos unos a otros, y por cómo tratamos a Dios. Es este marco de convicciones el que dio origen a nuestra subcultura moral de los derechos. Si este marco se erosiona, pienso que cabe esperar que nuestra subcultura moral de los derechos también se erosione eventualmente y que volvamos a caer en nuestros tribalismos.[18]

Volvamos ahora al punto de partida. Los primeros once capítulos del libro de Génesis y el libro de Éxodo en su conjunto, cuentan una historia de fracaso humano: el fracaso en observar el orden moral por el cual la vida, la libertad y la dignidad humana resultan sagradas. En ambos casos el resultado fue catastrófico: en el primero el mundo fue arruinado por el Diluvio; en el segundo, Egipto fue devastado por las plagas. Ambas historias involucran una construcción física, un arca y un Tabernáculo, y en las dos, el énfasis de la Torá está en las dimensiones precisas ordenadas por Dios y que fueron efectuadas fielmente por seres humanos.

Estos eran símbolos de orden en un mundo desordenado. Sin duda, hay una gran diferencia entre ellos. Noaj solo necesitó del arca hasta que las aguas del diluvio bajaron de nivel. Los israelitas necesita-

17. Nicholas Wolterstorff, *Justice: Rights and Wrongs* (Princeton University Press, 2008).
18. Ídem., 393.

ron del Tabernáculo, o algún equivalente de él (el Templo y más tarde la sinagoga), para siempre. Era el foco simbólico de su vida colectiva. Les dijo que eran una nación en cuyo centro estaba la Presencia Divina. Dio testimonio de la soberanía del derecho sobre el poder, del imperio de la justicia sobre el dominio de la fuerza. Si Lord Acton, Philip Rieff y Nicholas Wolterstorff están en lo cierto, no hay alternativa. Lo bueno y lo sagrado van juntos. Sin orden sagrado no hay orden social. Sin un Tabernáculo por medio del cual los israelitas rendían culto a Dios, no podían esperar crear un nuevo tipo de sociedad que se presentase como la alternativa perenne a Egipto, donde los gobernantes convirtieron a los seres humanos en esclavos.

William Safire, al final de un libro sobre la Biblia y la política contemporánea, escribió una frase que expresa elocuentemente la idea desarrollada en este ensayo:

> El Dios del hombre se inclina hacia el orden, el hombre de Dios se inclina hacia el caos, y la tensión en este eterno tire y afloje genera la energía de la libertad.[19]

ID

19. William Safire, *The First Dissident: The Book of Job in Today's Politics* (New York: Random House, 1992), 226.

# *Campamentos y travesías*

Al final del libro de Éxodo, aparece una dificultad textual tan leve y sutíl que es fácil pasarla por alto, y que sin embargo –como la interpreta Rashi– contiene una de las grandes claves sobre la naturaleza de la identidad judía: un testimonio conmovedor del desafío único de ser judío.

El escenario es este: el Tabernáculo finalmente se completó. El relato de su construcción ha requerido de muchos capítulos. Ningún otro evento de los años en el desierto fue tan minuciosamente detallado. Ahora, en el primer día del mes de Nisan, exactamente un año después de que Moisés le dijera al pueblo que comenzara a prepararse para el éxodo, él ensambla las vigas y cortinas del Tabernáculo, y pone el mobiliario y las vasijas en su lugar. Apenas lo ha hecho y hay una epifanía, una revelación majestuosa de la Presencia divina:

> Y entonces la nube cubrió la Tienda de Reunión, y la gloria del Eterno llenó el Tabernáculo (Éxodo 40: 34).

Hay una "sensación de conclusión".[1] La historia ha llegado a su fin. Luego de un relato enredado y lleno de contratiempos, los israelitas han construido un hogar para Dios y Su presencia está ahora en medio de ellos. Pero para la Torá, nada es tan simple como parece a primera vista. El texto se añade al siguiente breve párrafo:

> Cuando la nube se elevó por sobre el Tabernáculo, los israelitas avanzaron *en todas sus travesías,* pero si la nube no se elevaba, no salían hasta que ello ocurriera. Porque la nube del Eterno estaba sobre el Tabernáculo de día, y había fuego en la nube de noche, a la vista de toda la casa de Israel *en todas sus travesías* (Éxodo 40: 36-38).

El significado está claro. El Tabernáculo fue construido de tal forma que fuera portátil. Podía ser rápidamente desmantelado y sus componentes transportados mientras los israelitas pasaban de una etapa de su camino a la siguiente. En el momento de continuar, la nube se trasladaba de su lugar de descanso sobre la Tienda de Reunión a una posición fuera del campamento, señalando la dirección que debían tomar.

Sin embargo, hay una pequeña pero significativa diferencia entre las dos instancias de la frase bejol mas'ehem "en todas sus travesías". En la primera las palabras deben tomarse literalmente. Cuando la nube se elevaba y avanzaba, los israelitas sabían que estaban por partir. Pero la segunda instancia no puede tomarse literalmente. La nube no estaba "sobre el Tabernáculo" en todos los viajes. Al contrario: estaba ahí solo cuando dejaban de viajar y armaban las carpas. Durante las travesías la nube iba adelante.

Notando esto, Rashi hace el siguiente comentario:

> Al lugar donde acamparon también se le llama *masá*, "travesía"... Porque del lugar del campamento siempre se parte hacia una nueva travesía, y por eso llaman a todo "travesías".[2]

El punto es lingüístico, pero el mensaje es trascendental. Rashi resumió

1. La frase corresponde a Frank Kermode, *The Sense of an Ending* (Oxford University Press, 1973).
2. Rashi, comentario a Éxodo 40:38.

en unas breves palabras la verdad existencial en el corazón del judaísmo. En la historia judía, hasta un campamento es llamado una travesía. Mientras no hayamos llegado a nuestro destino, hasta un lugar de descanso es meramente temporal. Todavía hay un camino por recorrer. En las famosas palabras del poeta Robert Frost:

> Los bosques son hermosos, oscuros y profundos, Pero yo tengo promesas que cumplir, Y millas por recorrer antes de dormir.[3]

Ser judío es viajar y saber que aquí donde estamos es un mero lugar de descanso, aún no un hogar. Está definido no por el hecho de estar aquí, sino por el conocimiento de que eventualmente –después de un día, una semana, un mes, un año, un siglo, a veces incluso un milenio– tendremos que seguir adelante. Por eso el Tabernáculo portátil, aún más que el Templo de Jerusalén, se convirtió en el símbolo de la vida judía.

¿Por qué? Porque los dioses de la antigüedad eran dioses de un determinado lugar: Sumeria, Menfis, Moab, Edom. Tenían un dominio específico. La teología estaba ligada a la geografía. Aquí, en este lugar sagrado, magnificado por el zigurat o templo, los dioses de la tribu o del estado gobernaban y ejercían poder sobre la ciudad o el imperio. Cuando Faraón le dice a Moisés: "¿Quién es el Eterno para que yo le obedezca y deje ir a Israel? Yo no conozco al Eterno y no voy dejar ir a Israel" (Éxodo 5:2), él quiere decir: aquí yo soy el poder soberano. Egipto tiene sus propios dioses. Dentro de sus límites, solo ellos gobiernan y delegaron en mí ese poder, su representante en la tierra. Puede que haya un Dios de Israel, pero su poder y autoridad no se extienden a Egipto. La soberanía divina es como la soberanía política. Tiene límites. Tiene ubicación espacial. Está delimitado por un lugar en el mapa.

Con Israel, una nueva-vieja idea (de acuerdo a la Torá, se remonta a Adán, Caín, Abraham y Jacob, todos los que sufrieron el exilio) renace: que Dios, estando en todas partes, puede ser encontrado en cualquier lugar. Él es lo que Morris Berman llama el "Dios errante".[4] Los rabinos

3. "Stopping by Woods on a Snowy Evening", en *The Poetry of Robert Frost* (London, Vintage, 2001), 224-25.
4. Morris Berman, *Wandering God: A Study in Nomadic Spirituality* (State University

dijeron: Así como en el desierto Su nube de gloria acompañó a los israelitas en su largo y sinuoso viaje, así, "cuando Israel fue al exilio, la Presencia Divina fue con ellos".[5] Dios no puede ser confinado a un lugar específico. Incluso en Israel, Su presencia entre el pueblo dependía de la obediencia de este a Su palabra. Por lo tanto, no existe tal cosa como la seguridad física, el conocimiento certero de aquí estoy y aquí me quedo. Como David dijo en el salmo 30:

> Cuando me sentí seguro, yo dije:
> "Nunca seré sacudido..." pero cuando Tú escondiste Tu rostro, estuve aterrorizado.

La sensación de seguridad no pertenece a un lugar sino a la persona, no a un espacio físico en la superficie de la tierra, sino a un espacio espiritual en el corazón humano.

Si algo es responsable de la inigualada fortaleza de la identidad judía durante los largos siglos en que los judíos estuvieron dispersos por todo el mundo, siendo una minoría en todas partes, es esto –el concepto al que los judíos y el judaísmo dieron el nombre de *galut*, exilio. Único entre las naciones de los tiempos antiguos o modernos, salvo raras excepciones, no se convirtieron a la fe dominante ni se asimilaron a la cultura predominante. La única razón fue que nunca confundieron un lugar en particular con el hogar, una ubicación temporal con su destino final. "Ahora estamos aquí" decían al comienzo del servicio del *seder*, "pero el año que viene, en la tierra de Israel".

En la ley judía, cuando alguien alquila una casa fuera de Israel, está obligado a colocar una *mezuzá* solo después de 30 días.[6] Hasta entonces no está considerado como una morada. Solo después de 30 días está considerado de hecho un hogar. Sin embargo, en Israel, quien alquila una casa está inmediatamente obligado, *mishum yishuv eretz Israel*, "a causa de la orden de establecerse en Israel". Fuera de Israel la vida judía

of New York Press, 2000).

5. *Meguilá* 29a; *Sifrei*, Números, 161.
6. *Yoré Deá* 286:22.

es un pasaje, un camino, una ruta. Incluso un campamento, un lugar de descanso, todavía es llamado una travesía.

En este contexto, un detalle se destaca dentro de la larga lista de instrucciones acerca del Tabernáculo. Se trata del arca, en donde se guardaban las tablas de piedra que Moisés bajó de la montaña, que son el recordatorio permanente del pacto de Dios con Israel. Al costado del arca había anillos de oro, dos de cada lado, dentro de los cuales se colocaban postes o varas para poder transportar el arca cuando llegaba el momento de que los israelitas avanzaran (Éxodo 25:12-14). La Torá agrega la siguiente cláusula:

> Las varas permanecerán en los anillos de esta arca; no deben ser removidas (25:15).

¿Por qué? El rabino Samson Raphael Hirsch explicó que el arca tenía que estar siempre lista para cuando surgiera la necesidad de que los israelitas viajaran. ¿Por qué no era lo mismo con los otros artículos del Tabernáculo, como el altar y la menorá? Hirsch dijo: Para mostrar supremamente que la Torá no se limitaba a ningún lugar en particular.[7]

Y así fue. La Torá se convirtió, según la famosa frase de Heinrich Heine, en "la patria portátil del judío". A través de la historia los judíos se encontraron dispersados y diseminados entre las naciones, sin saber cuándo se verían obligados a partir y encontrar un nuevo hogar. En un solo siglo, el XV, los judíos fueron expulsados de Viena y Linz en 1421, de Colonia en 1424, Augsburgo en 1439, Bavaria en 1442, Moravia en 1454, Perugia en 1485, Vicenza en 1486, Parma en 1488, Milán y Luca en 1489, España en 1492 y Portugal en 1497.[8]

¿Cómo sobrevivieron con su identidad intacta, su fe, aunque severamente amenazada, aún sólida? Porque creyeron que Dios estaba con ellos, aún en el exilio. Porque estaban sostenidos por la frase del salmo (23:4): "Aunque transite por el valle de la sombra de la muerte, no temeré mal alguno, porque Tú estás conmigo". Porque todavía tenían la Torá, el pacto inquebrantable con Dios, con la promesa de que "A pesar de esto,

7. El Pentateuco, traducción con comentario de Samson Raphael Hirsch (Gateshead: Judaica Press, 1982), 2:434–35.
8. Paul Johnson, *A History of the Jews* (Weidenfeld and Nicolson, 1987), 230–31.

cuando ellos estén en la tierra de sus enemigos, no los rechazaré ni los aborreceré como para destruirlos completamente, rompiendo mi pacto con ellos. Yo soy el Eterno su Dios" (Levítico 26:44). Porque era un pueblo acostumbrado a la travesía, sabiendo que aun un campamento es solamente una morada temporal.

Emil Fackenheim, el distinguido teólogo, era un sobreviviente del Holocausto. Nacido en 1916 en Halle, Alemania, fue arrestado en Kristallnacht, la noche de los cristales rotos, y llevado al campo de concentración Sachsenhausen, del cual eventualmente escapó. Recordó una pintura colgada en la casa de sus padres cuando era niño:

> No era nuestro tipo de imagen... porque lo que retrataba no era una experiencia judeo-alemana: judíos huyendo de un pogromo. Aún así me conmovió profundamente, y la recuerdo bien. Los judíos huyendo en la pintura son ancianos barbudos, aterrorizados, pero no lo suficiente como para dejar atrás lo más preciado para ellos. En opinión de los antisemitas, estos judíos sin duda llevarían consigo bolsas con oro. De hecho, cada uno de ellos lleva un rollo de Torá.[9]

En la historia no hay nada parecido a esta habilidad judía de viajar, de seguir adelante, acompañados nada más que de la palabra divina, la promesa, el llamado, con la fe puesta en el destino final. Así fue como comenzó la historia judía, con el llamado de Dios a Abraham de dejar su tierra, su lugar de nacimiento y la casa de su padre (Génesis 12:1). Así ha continuado la historia judía durante más de cuatro mil años. Fuera de Israel, la única seguridad de los judíos era la fe misma y su registro eterno en la Torá, la carta de amor de Dios al pueblo judío, Su vínculo inquebrantable. Y durante todos esos siglos, aunque fueron ridiculizados como "el judío errante",[10] se convirtieron en testimonio viviente de la posibilidad de la fe en medio de la incertidumbre, del Dios que hizo posible esta fe, el Dios de todos lados, simbolizado por el Tabernáculo, Su hogar portátil.

9. Emil Fackenheim, *What Is Judaism?* (New York: Macmillan, 1987), 60.
10. Ver Galit Hasan-Rokem y Alan Dundes, *The Wandering Jew: Essays in the Interpretation of a Christian Legend* (Bloomington: Indiana University Press, 1986).

Y cuando llegó el momento de que los judíos hicieran un viaje más, a la tierra prometida por primera vez a Abraham, y hacia la cual Moisés empleó su vida como líder viajando, lo hicieron sin vacilación u objeción. Escenas de despedida se repitieron una y otra vez durante los años 1948 a 1951, cuando una tras otra, las comunidades judías establecidas en tierras árabes –el Magreb, Irak, Yemen– dijeron adiós a los hogares en los que habitaron durante siglos y partieron hacia Israel. También ellos sabían que esas casas eran meros campamentos, etapas en la travesía cuyo último destino yacía en otro lado.

En 1990, el Dalai Lama, que vivió exiliado del Tíbet desde 1951, invitó a un grupo de eruditos judíos a visitarlo en el norte de India. Al darse cuenta de que él y sus seguidores tendrían que pasar muchos años en exilio antes de que se les permitiera regresar, había reflexionado sobre la pregunta, ¿cómo se sostiene una forma de vida lejos de casa? Se dio cuenta que un grupo por sobre todos los demás había enfrentado y solucionado ese problema: los judíos. Entonces recurrió a ellos en busca de consejo.[11]

Si la respuesta judía –que tiene que ver con la fe en el Dios de la historia– es aplicable o no al budismo es un punto discutible, pero el encuentro fue fascinante de todos modos, porque demostró que hasta el Dalai Lama, líder de un grupo muy alejado del judaísmo, reconoció que hay algo inigualable en la capacidad judía de permanecer leal a los términos de su existencia a pesar de la dispersión, nunca perdiendo la fe de que algún día los exiliados regresarían a su tierra.

Cómo y por qué ocurrió, está expresado en esas simples palabras de Rashi al final de Éxodo. Aún en estado de reposo, los judíos sabían que algún día debían levantar campamento, desmantelar el Tabernáculo y seguir adelante. "Incluso un campamento es llamado una travesía". Un pueblo que nunca deja de viajar es un pueblo que no envejece, que no se vuelve viciado ni complaciente. Puede vivir en el aquí-y-ahora, pero está siempre consciente del pasado distante y del llamado del futuro. "Pero yo tengo promesas que cumplir / y millas por recorrer antes de dormir".

CB

11. La historia completa del encuentro está contada en el libro de Roger Kamenetz, *The Jew in the Lotus* (HarperOne, 2007).

# *Éxodo: la estructura narrativa*

Ha llegado el momento de que analicemos la estructura del libro de Éxodo en su conjunto. Superficialmente parece una narración histórica marcada por varias leyes, en cuyo tercio final predomina un relato que gira en torno al Santuario, el cual no se adapta fácilmente a lo que ha sucedido con anterioridad. Leído secuencialmente parece decir: eso y aquello ocurrieron en un cierto orden cronológico y este es el reporte de esos eventos.

Específicamente, se lee como un relato de intervención divina en el curso de la historia de la humanidad, cambiándola para siempre. Los israelitas estaban esclavizados; Dios los liberó. Los milagros del libro de Éxodo son de una escala sin paralelo en otros libros de la Biblia, en cualquier otra época de la historia judía y en cualquier otra literatura religiosa. Las diez plagas, la división del Mar de los Juncos, la revelación en el Monte Sinaí, el maná que desciende del cielo, el agua proveniente de una roca: estos son eventos sobrenaturales que han dejado su marca en la consciencia judía desde entonces. Y no solo en la conciencia judía: el libro de Éxodo inspiró la Revolución Inglesa en el siglo XVII, a la Revolución Norteamericana en el siglo XVIII y a los movimientos de liberación del siglo XX desde América del Sur hasta

Sudáfrica. El éxodo es la meta-narrativa de la esperanza de Occidente, su inextinguible relato de libertad.

Sin embargo, la Torá nunca registra la *mera* historia. El libro de Éxodo representa la historia con un propósito, con un tema subyacente, con una estructura moral, con un punto de inicio y de destino. Es una historia que no está forjada únicamente por las decisiones humanas de los protagonistas humanos. Porque Dios también es una parte esencial del relato, tanto en su rol de director como de actor protagónico. Esto tampoco es accidental. Egipto, "la casa de la esclavitud", donde todo el pueblo es subyugado y amenazado con la destrucción, es lo que ocurre cuando seres humanos –faraones, gobernantes y tiranos– se consideran a sí mismos dioses: cuando el legislador está por encima de la ley. Todavía sucede. Basta con pensar en la Alemania nazi, la Rusia estalinista y los numerosos regímenes asesinos en el poder hoy en día, para comprender por qué la historia del éxodo no es mera historia, algo interesante únicamente porque sucedió hace mucho tiempo. Los temas de la Torá son eternos y no dejarán de ser relevantes mientras los seres humanos busquen dominar a los demás mediante el uso del poder.

Cuidadosamente leído y prestando atención a los matices y a la estructura, el libro de Éxodo tampoco es simplemente un drama divino en el que todos los actos importantes pertenecen a Dios. Hay un subtexto, una contranarrativa que atraviesa el libro y nos cuenta una historia muy diferente. Esta segunda historia es sobre la repetida devolución de responsabilidad de Dios a los seres humanos. Se trata menos del poder divino y más del empoderamiento divino. Es como si Dios les hubiera dicho a los israelitas: Yo los salvaré, pero luego les enseñaré cómo salvarse ustedes mismos. Los entregaré a la libertad, pero luego quiero que aprendan cómo crear una sociedad libre. El Dios educador es tan notorio en el libro de Éxodo como el Dios libertador, y lo mismo ocurre con la figura humana central en este drama, Moisés. Hay mucho que es sobrenatural en el libro de Éxodo, pero también mucho que es natural. Dios nos muestra el camino, pero luego espera que lo sigamos y aprendamos a leer el mapa de la redención, y a navegar por nuestra propia ruta a través del desierto del tiempo sorteando los peligros que amenazan constantemente la búsqueda de la libertad.

Al examinar el libro en su totalidad, vemos que la narrativa está dividida en dos grandes arcos, cada uno de los cuales posee una estructura de imagen espejo o quiasmo. El primero, del capítulo 1 hasta el 24, es la historia que podríamos titular: "De la esclavitud a la libertad". Este arco, dice lo siguiente:

Sociedad injusta (capítulos 1-6)
Liberación: diez plagas (capítulos 7-13)
División del Mar de los Juncos (capítulos 14-18)
Libertad: diez mandamientos (capítulos 19-20)
Sociedad justa (capítulos 21-24)

La historia comienza con la esclavitud en Egipto. Termina con un código de leyes que incluye la liberación de los esclavos en el séptimo año y un número de leyes que se refieren específicamente a la experiencia de los israelitas en Egipto. "No hieras los sentimientos del extranjero ni lo oprimas porque ustedes fueron extranjeros en Egipto" (22:20). "No oprimas al extranjero. Ustedes saben cómo se siente ser extranjero ya que fueron extranjeros en Egipto" (23:9). La sociedad que se le ordenó construir a los israelitas no tendría nada de la grandeza imperial de Egipto. Sería un anti- o contra-Egipto, basado no en el poder sino en el respeto por la libertad y la dignidad humana.

La Torá no abole la esclavitud, pero la mitiga y restringe de manera tal que orienta a la nación hacia su eventual abolición. Tendemos a olvidar cuánto tiempo llevó esto, incluso en las sociedades más avanzadas. La esclavitud no fue abolida en Gran Bretaña y en los Estados Unidos sino hasta el siglo XIX; e incluso entonces, en los Estados Unidos, no ocurrió sin una guerra civil. La fuerza más poderosa que tendía en esta dirección era el Shabat: "Seis días trabajarás y realizarás toda tu labor. Pero el séptimo día es el Shabat para Dios, tu Señor. No hagas labor alguna: ni tú, ni tu hijo, ni tu hija, ni tu esclavo, ni tu sierva, ni tu animal, ni el extranjero que se encuentra dentro de tus portones" (20:9-10). Un día de cada siete, el esclavo respiraba el aire expansivo de la libertad. Nada fue más revolucionario que esto: que la esclavitud dejara de ser un hecho y un destino de nacimiento para pasar a ser una condición temporal y revocable.

Esta es la primera narrativa altamente estructurada, con la división del Mar de los Juncos como punto de inflexión, cuando el pueblo cruzó desde Egipto –el dominio de Faraón– al desierto –la tierra de nadie– en donde nada se interpuso entre los israelitas y Dios. Dos escenas similares tienen lugar al inicio y al final. En la primera vemos a Moisés en "Horeb, la montaña de Dios" (3:1), a solas con el Creador junto a la zarza ardiente. En la segunda vemos a Moisés en la misma montaña (Horeb = Sinaí), a solas con Dios mientras "la aparición de la gloria de Dios en la cima de la montaña se asemejaba a una llama devoradora" (24:17). Entre estos dos eventos, todo ha cambiado. Moisés se ha convertido en un líder. El pueblo ha sido liberado. Han ocurrido milagros. Un tirano ha sido derrotado. Pero como para poner énfasis en la simetría especular de la narración, la historia finaliza tal como comenzó, con Dios dirigiéndose a Moisés en la montaña en medio del fuego. El elenco del drama ha sido enorme –la nación egipcia y los ya numerosos hijos de Israel– pero en las escenas que enmarcan al relato hay solo un hombre, Moisés, y la voz divina, como diciendo que así es como la historia ha cambiado, por medio del diálogo interno entre una sola alma y el Dios de la libertad y la dignidad.

El segundo arco trata menos de política y más de espiritualidad, y del lugar de Dios en la sociedad. Su símbolo es el Santuario, y su estructura es la siguiente:

Tabernáculo: instrucción (25-31:11)
    Shabat (31:12-18)
        Becerro de oro (32-34)
    Shabat (35:1-3)
Tabernáculo: construcción (35:4-40)

Aquí la estructura gira en torno al episodio del becerro de oro, y el problema que aborda es lo que Max Weber denominó "la rutinización del carisma".[1] ¿Cómo conviertes eventos épicos en rutinas diarias? ¿Cómo mantienes la inspiración cuando el líder carismático ya no está? El episodio del becerro de oro ocurrió cuando el efecto de la revelación del

1. Max Weber, *Theory of Social Economic Organization*, trans. A.R. Anderson and Talcott Parsons (New York: Oxford University Press, 1947).

Sinaí comenzó a desvanecerse y Moisés se encontraba ausente, quizás temiendo que se hubiera ido para siempre. Es este temor a la ausencia, más que la idolatría, lo que se esconde tras la elaboración del becerro.

Fue Sigmund Freud, quien en un contexto bastante diferente, aportó una idea que nos conduce al centro del problema. Para Freud, el drama central del ser humano es la tensión entre padres e hijos. Los niños resienten la presencia del padre, que distrae la atención de la madre hacia ellos. Pero cuando el padre está ausente, sienten una mezcla de culpa y miedo que los lleva a construir un tipo de padre sustituto.[2] Esto es el becerro de oro: el sustituto de un Dios invisible y de un líder y figura paterna desaparecida, Moisés.

Freud pensó que somos niños que anhelan una figura paterna, aunque la resintamos, y esto tiene consecuencias para las naciones. Esto explica el anhelo por poseer líderes fuertes –un Napoleón, un Hitler– que nos hagan sentir seguros incluso cuando nos roban nuestra libertad. Entonces, en cierto sentido, el becerro de oro posee también una dimensión política. Cuando una nación se desintegra en ausencia de un líder fuerte, demuestra que aún no está preparada para la libertad.

De ahí que el Santuario tenga dos significados bastante diferentes. El primero fue el Santuario en sí mismo, símbolo visible de la presencia de Dios en medio del pueblo. Esto fue para asegurarles que Dios estaba allí entre ellos y no debían temer Su ausencia o abandono.

El segundo, no menos importante, fue la *construcción* del Santuario. Hasta ese momento todo estaba hecho *para* la gente y poco o nada hecho *por* ellos mismos. Tal como sostuve en un capítulo anterior, lo que nos cambia es lo que nosotros hacemos y no lo que se hace por nosotros. Por una vez se les encomendó a los israelitas una tarea constructiva en la que cada uno podía contribuir, y la respuesta fue notable. Si bien las contribuciones fueron voluntarias, el pueblo dio de buena gana al punto que Moisés tuvo que detener la colecta. Ya se había donado demasiado. La construcción del Santuario fue la primera oportunidad que los israelitas tuvieron para actuar como seres humanos libres y creativos. Era parte de su aprendizaje en libertad.

2. Freud desarrolló este argumento en su obra *Tótem y Tabú* (1913); *El porvenir de una ilusión* (1927); *El malestar en la cultura* (1930) y *Moisés y la religión monoteísta* (1939).

El Santuario, con su orden diario de culto, fue la rutinización del carisma. Era una especie de Sinaí portátil, y significaba que el fuego de Dios estaba con ellos no solo una vez durante la revelación, sino todos los días donde fuera que estuvieran. También implicó un nuevo tipo de liderazgo: el del sacerdote, en contraposición al del profeta. Los profetas entregan la palabra de Dios para un tiempo y un lugar específico. Los sacerdotes viven la palabra de Dios en todo momento y lugar. Los profetas son carismáticos, los sacerdotes no lo son. La labor sacerdotal no implica espontaneidad sino continuidad.

A primera vista, la primera y segunda parte del libro de Éxodo no están relacionadas, pero he argumentado lo contrario. La tesis radical del libro de Éxodo y del judaísmo en su conjunto, es que la sociedad necesita la presencia de Dios en su seno si es que se desea evitar la represión y la corrupción, la tiranía y la injusticia. La esencia del pacto en el Sinaí, único en los anales de la religión, es que Israel es *una nación bajo la soberanía de Dios*. Puede tener líderes humanos: Moisés fue un tipo de estos, los jueces otro, los reyes un tercero, y en el contemporáneo Estado de Israel tenemos una *Kneset* electa democráticamente. Pero en el judaísmo todo poder humano está circunscrito por la autoridad suprema de Dios. El poder es secundario al derecho. Un profeta puede criticar a un rey. Ningún gobernante está por encima de la ley. Hay límites morales para el poder. Estos son los cimientos mismos de una sociedad libre tanto entonces como en la actualidad.

Cuando la gente se olvida de rendir culto a Dios comienza a adorar a seres humanos, y de allí a la tiranía la distancia es muy corta. Por lo tanto, la legislación social del libro de Éxodo (capítulos 21-23) está íntimamente relacionada con la construcción del Santuario, el símbolo de la Presencia Divina en el centro del campamento, el corazón de una sociedad libre.

Hay un arco narrativo adicional que permanece oculto hasta el final del libro. Tal como hemos visto en un ensayo anterior, "El hogar que hacemos para Dios", es precisamente al final del largo relato del Santuario que escuchamos palabras que nos retrotraen al principio de la Torá y a la creación del universo:

| Creación del universo | Construcción del Santuario |
|---|---|
| Y Dios **vio todo** lo que había **hecho** y **he aquí** que era muy bueno... Para el séptimo día Dios había **culminado** el **trabajo** que había estado haciendo; entonces el séptimo día descansó de todo Su trabajo. Y Dios **bendijo** al séptimo día y lo santificó, porque en él descansó de todo el trabajo de crear que había hecho (Génesis 1:31, 2:2-3). | Cuando Moisés **vio todo** el trabajo –y **he aquí** que lo habían **hecho** como el Eterno había ordenado– Moisés los **bendijo** (Éxodo 39:43). Entonces Moisés **culminó** el **trabajo**. Entonces la nube cubrió la Tienda de Reunión, y la gloria del Eterno llenó el Tabernáculo (Éxodo 40:33-34). |

Las resonancias verbales resultan inconfundibles. "Vio", "todo", "hecho", "he aquí", "culminado", "trabajo", "bendijo" –estas siete palabras aparecen en ambos pasajes. Tal como hemos visto, el número siete juega un rol clave en el último capítulo de Éxodo. La expresión "como el Eterno había ordenado a Moisés" aparece siete veces durante el relato de la confección de las vestimentas sacerdotales (39:1-31), y siete veces en el relato del levantamiento del Tabernáculo por parte de Moisés (40:17-33). La consagración de los sacerdotes y el altar llevó siete días (29:35-37). Estos resultan paralelos con los siete días de la creación y las siete veces que está escrito: "Dios vio que era bueno".

La construcción del Tabernáculo por parte de los israelitas refleja la creación del universo por parte de Dios. De hecho, la *fecha* de finalización del Tabernáculo –el día primero del mes primero (40:17)– es el aniversario de la creación, así como también el día en el cual apareció por primera vez tierra seca tras el Diluvio (Génesis 8:13), el inicio del universo recreado tras la gran destrucción. Es así como la creación humana refleja la creación divina. El hogar que Dios hace para la humanidad está contrarrestado por el hogar que la humanidad hace para Dios. El final de Éxodo nos retrotrae al comienzo del Génesis.

Esta es una verdadera sorpresa literaria. A lo largo del libro de Éxodo hemos estado a un mundo de distancia de los temas metafísicos de los capítulos iniciales del libro de Génesis. Éxodo es sobre historia; Génesis 1-2 son sobre cosmología. Pero este giro inesperado revela algo notable sobre el relato bíblico hasta el momento: Génesis y Éxodo están unidos como una única imagen simétrica especular cuya estructura es la siguiente:

Creación del universo (Génesis 1-3)
    La humanidad y sus fracasos (3-6)
        Diluvio (7-10)
            Arrogancia: la Torre de Babel (11)
                La familia del pacto (12-50)
                El pueblo del pacto (Éxodo 1-4)
            Arrogancia: Faraón (5-6)
        Plagas (7-11)
    El pueblo y sus fracasos (12-18; 32-33)
Creación del Santuario (25-31, 34-40)

Como podemos ver, la diferencia entre Génesis y Éxodo es que la familia del pacto se ha convertido en el pueblo del pacto. Pero la arrogancia de Faraón coincide con la de los constructores de Babel que pensaban que podían tomar el lugar de Dios. Las plagas son para Egipto lo que el Diluvio fue para el mundo. La violencia de los humanos que hace que Dios se arrepienta de haberlos creado (Génesis 6:5-6), se corresponde con la rebeldía de los israelitas que hace que Dios se arrepienta de haberlos escogido (Éxodo 32:9-10). Enmarcando la narración como un todo hay dos escenas paralelas: el universo y el Tabernáculo, macrocosmos y microcosmos, ambos precisamente ordenados en tres dominios (día/noche, aguas superiores/inferiores, mar/tierra seca; recinto exterior, recinto interior y lugar del sanctasanctórum). Ambos son el resultado de la orden de Dios, y ambos estaban llenos de la Presencia Divina.

En el corazón de los libros de Génesis y Éxodo hay viajes: el de Abraham desde el Oriente en Génesis, y el de Moisés desde el Occidente en Éxodo. La narración implica que existe un camino de vuelta desde el pecado hacia la armonía, del exilio hacia el regreso. Visto desde esta perspectiva, el Santuario es más que una expiación por el pecado del becerro de oro. Es una especie de expiación por el pecado de Adán y Eva en el Edén. Tras el Diluvio, Dios acepta el hecho de la pecaminosidad humana. Después del becerro de oro, acepta el hecho de la pecaminosidad de Israel. Cuando las personas se sacrifican –cuando ofrecen algo de sí mismas a Dios– Él concede la expiación. Las segundas tablas que permanecieron en el Arca como señal permanente del perdón divino son, para Israel, la contraparte del arco iris de los días de Noaj con su promesa de que Dios nunca más destruiría toda la vida. Dios es justo, pero Dios perdona. Los seres humanos son pecadores, pero pueden ser perdonados.

El tema general de ambos libros es la tensión entre el orden y el caos. En esto la Torá no es única. El orden y el caos han sido las polaridades gemelas del pensamiento humano desde el nacimiento de la civilización y lo siguen siendo hoy, ya sea en la sociedad o en la naturaleza (la ciencia moderna ha producido una nueva disciplina llamada teoría del caos). Lo que hace única a la Torá es el modo en que conceptualiza las dos.

Tanto en el mito como en la ciencia, el caos está integrado en la estructura del universo. Los dioses luchan, los elementos colisionan, las placas tectónicas se desplazan. La entropía –el potencial de desorden– aumenta con el tiempo. Por lo tanto el orden es siempre frágil. El judaísmo, con su creencia de que el universo es el resultado de una sola voluntad creativa, sostiene por el contrario que el orden es natural y está principalmente amenazado por el descarrío de la humanidad. Somos nosotros quienes creamos el caos por medio del pecado, el cual conduce a la violencia y al abuso de poder, y eventualmente al asesinato o la esclavización, robando a otros seres humanos sus vidas o sus libertades.

Pero *hay un orden moral en el universo*. Eso es lo que quiere decir Génesis 1 cuando describe reiteradamente a la creación como "buena". Eso es también lo que yace bajo la forma literaria de gran parte de la Torá, es decir, el quiasmo o la simetría de imagen especular: A-B-C-B-A. Nos dice que lo que nos pasa a nosotros es un reflejo de lo que hacemos. Si hacemos el bien, nos hacen el bien. Si infligimos daño, somos dañados. Es esto alrededor de lo cual giran Génesis y Éxodo. Hacia el final del libro de Génesis, los hermanos de José procuran matarlo y finalmente lo venden como esclavo. Al comienzo del libro de Éxodo, Faraón busca matar a los israelitas o al menos a sus hijos varones, y eventualmente los convierte en esclavos. Toda la experiencia de la esclavitud en Egipto es para enseñar a los israelitas qué se siente ser esclavizado para que no esclavicen a otros.

Según la Torá, la sociedad ideal es una de *libertad ordenada,* generada por el estado de derecho. Entonces la presencia del Santuario con sus espacios precisamente ordenados en el corazón del campamento, no es solo un símbolo de la presencia de Dios, sino también del orden divino que caracteriza tanto a la creación (orden natural, ciencia) como a la redención (orden social, justicia). La sociedad ordenada que se le encomienda establecer a los israelitas, da una especie de cierre a la historia con la cual comenzó la Torá, la creación de Dios de un universo ordenado.

La belleza de la narrativa es que, así como tenemos que esmerarnos para ver su estructura altamente unificada bajo el aparente caos de los acontecimientos, de igual manera en la vida debemos esforzarnos para ver la unidad de Dios bajo la aparente aleatoriedad de la historia y las circunstancias. Génesis-Éxodo es una única unidad literaria, en la cual el significado del universo y nuestro sitio en él son explorados a través de una serie de dramas, algunos de tipo personal, otros políticos, pero que suman a una propuesta trascendental: que así como Dios creó el orden en el universo, de igual manera nosotros somos llamados a crear orden en nuestra vida personal y en la sociedad en general. Somos la imagen de Dios; somos hijos de Dios; somos socios de Dios. En nuestro interior se encuentra el aliento de Dios. A nuestro alrededor está la presencia de Dios. Cerca de nosotros está el hogar que construimos para Dios. Delante de nosotros se encuentra la tarea encomendada por Dios: ser Sus agentes de justicia y compasión. Nunca se ha dado una explicación más noble de la condición humana, y aún nos desafía.

ID

# *Sobre el autor*

Líder religioso internacional, filósofo, autor galardonado y voz moral respetada, el Rabino Lord Jonathan Sacks (1948-2020) fue laureado con el *Templeton Prize* 2016 en reconocimiento a sus «contribuciones excepcionales para afirmar la dimensión espiritual de la vida». Descrito en su tiempo por Su Alteza Real el Rey Carlos III del Reino Unido como «una luz para esta nación» y por el ex-Primer Ministro Británico Tony Blair como «un gigante intelectual», el rabino Sacks fue un frecuente y solicitado colaborador en la radio, la televisión y la prensa, tanto en Gran Bretaña como alrededor del mundo.

Sirvió por veintidós años (1991-2013) como Gran Rabino de las Congregaciones Hebreas Unidas del Commonwealth. Le fueron conferidos diecisiete títulos honorarios, incluido un Doctorado en Divinidad otorgado por Lord Carey, el entonces Arzobispo de Canterbury, para conmemorar sus primeros diez años en el cargo de Gran Rabino.

En reconocimiento a su trabajo, el rabino Sacks obtuvo también varios premios internacionales, incluyendo el *Jerusalem Prize* en 1995 por su contribución a la vida judía de la diáspora, el *Ladislaus Laszt Ecumenical and Social Concern Award* de parte de la Universidad Ben-Gurion en Israel en 2011, el *Guardian of Zion Award* de parte del Ingeborg Rennert Center for Jerusalem Studies de la Universidad de Bar-Ilan, y el *Katz*

*Award* en 2014 en reconocimiento a su contribución al análisis práctico y la aplicación de la halajá en la vida moderna. Fue nombrado Caballero vitalicio por Su Majestad la Reina Isabel II en 2005, ocupando su asiento en la Cámara de los Lores en Octubre de 2009.

Autor de más de treinta libros, varios de los cuales ganaron premios literarios. *No en nombre de Dios (Not in God's Name)* fue galardonado con el *National Jewish Book Award* de los Estados Unidos de América en 2015 y fue uno de los diez libros más vendidos del Sunday Times en el Reino Unido. *La dignidad de la diferencia (The Dignity of Difference)* obtuvo el *Grawemeyer Award* en religión en 2004 por su éxito en la definición de un marco para el diálogo interreligioso. Sus comentarios sobre la porción semanal de la Torá, *Pacto y Conversación,* traducidos al hebreo, español, portugués y turco, son leídos en comunidades judías alrededor del mundo.

Después de graduarse en filosofía del Gonville & Caius College de Cambridge con los más altos honores, realizó estudios de posgrado en Oxford y en Londres, obteniendo su doctorado en 1981 y recibiendo su ordenación rabínica del Jews' College y Yeshivat Etz Chaim. Sirvió como rabino de las sinagogas Golders Green y Marble Arch en Londres, antes de convertirse en el director del Jews' College.

El rabino Sacks estuvo casado con Elaine durante cincuenta años. Tuvieron tres hijos y varios nietos.

www.rabbisacks.org / @RabbiSacks

*Las fuentes utilizadas en este libro son de la familia Arno.*

*Maggid Books*
*Lo mejor del pensamiento judío contemporáneo*
*de Koren Publishers Jerusalem Ltd.*